監修●野村俊明・青木紀久代・堀越勝

これからの対人援助を考える
くらしの中の心理臨床

パーソナリティ障害

編●林直樹・松本俊彦・野村俊明

❷

福村出版

[JCOPY] 〈(社)出版者著作権管理機構 委託出版物〉
本書の無断複写は著作権法上での例外を除き禁じられています。複写される場合は、そのつど事前に、(社)出版者著作権管理機構(電話 03-3513-6969、FAX 03-3513-6979、e-mail: info@jcopy.or.jp)の許諾を得てください。

はじめに

　従来の心理臨床についての議論は、病院などの専門機関における特定の理論に基づくものに限定されることが通例であった。しかし、私たちの毎日の生活は多くの場面に広がって営まれているものである。それゆえ、従来の治療場面のみで行われる特定のアプローチには、多くの限界があったと考えなくてはならない。
　ここで加えて検討されるべきは、複数の生活場面での幅広いアプローチである。この「生活場面でのアプローチ」という考え方は、医療施設における「治療から地域でのケアへ」という現在のトレンドと一致している。このように、治療・援助を広く捉えようとすることは、時代の要請となっていると考えることができる。
　「くらし・生活」の視点から心理臨床を捉え直そうとする本書では、援助対象者の生活全般に視野を広げて、さまざまな生活場面における援助のあり方が検討される。さらにここでは、多職種スタッフのさまざまな視点が提示され、それらを統合することが目指される。このような試みには、多様な問題に新しい光を投げかけるばかりでなく、それによってわれわれの援助が対象者の生活をいっそう効果的に支えるものとなることが期待される。
　本書のテーマであるパーソナリティ障害は、とりわけ「くらし・生活」が問題となる精神障害である。パーソナリティ障害に生活全般に影響を及ぼす性質があることは、世界保健機関（WHO）や米国精神医学会（APA）の診断基準において記述されている。すなわち、その障害を抱えている人々は、多くの生活場面で問題に巻き込まれる（もしくは問題を引き起こす）のが特徴である。さらにその生活場面では、彼らが意外な粘り強さを発揮したり、回復のきっかけを得たりすることもしばしば観察される。生活は、病理や問題が発現する舞台であるばかりでなく、彼らの回復の場でもある。この視点からは、生活場面において積み重ねられる当事者の努力こそ、回復に直接的に結びつくものと考えることができる。
　生活の場で彼らを援助するために、われわれはさまざまな方法を準備しておくことが重要であろう。それは、地域医療・精神保健・福祉的援助、リハビリ、就労支援、そして身体合併症医療や専門医療、さらに家族などのサポーターへの支援などである。このような援助では、医療、精神保健、福祉といった領域のスタッフによる多職種チームによる援助や、関係機関の連携の視点も重視されなけれ

ばならない。

　本書では、まず、パーソナリティ障害の概念を論じ、その後にパーソナリティ障害を抱える人々の生活の記述を含んだ事例報告と、それについてのさまざまな立場からの検討が行われる。そしてさらに、その人々の生活における問題の把握やそれへの援助のあり方が論じられる。このような議論によって、パーソナリティ障害に関する多様な見方が総合され、その援助を次の段階へと進めることが目指される。

2016年　初春
編者　林直樹・松本俊彦・野村俊明

シリーズ刊行の趣旨

生活全体を視野に入れた心理的援助のあり方の模索

　これからの心理的援助は、医療施設や相談室の内部での心理面接という枠から離れて、クライエントの「生活」を援助するという観点をもった援助のあり方を検討することが、ますます重要となると思われます。これは病院・施設での医療やケアから地域での医療・ケアへという社会全体の動きに連なるものであり、これまで以上にそのニーズが加速していくのは必至であると思われます。

　診察室、面接室での臨床が基本であることは間違いありませんが、家庭・学校・職場・地域などで援助を求めているクライエントも少なくないと思われます。面接室だけにこだわっていると、適切な援助ができないこともあるかもしれません。

　面接室の外に目を転ずれば、必然的にさまざまな専門家（および非専門家）との協働作業（コラボレーション）が意識されることになります。医師・看護師・ケースワーカー・作業療法士・理学療法士等、医療関係者だけでもさまざまな職種があります。医療施設の外に出るならば、クライエントは家族・教師・職場の上司や同僚・福祉関係者等、もっと多くの人々との人間関係の中で生活していることが分かります。

　面接室の中では専門家として完結することができるかもしれませんが、面接室を飛び出せば、おのずとさまざまな専門家あるいは非専門家との交流の中で、自分が何をなすべきかを模索せざるをえなくなります。こうした文脈の中で私たちはどのような役割を担うことができるのか、これも本シリーズで考えてみたいことです。

シリーズのキーワード

　これまでに、精神医療や心理的援助についての専門書は数多く出版されていますが、そのほとんどが面接室での臨床に焦点が当てられています。本書のシリーズでは、次の三点をキーワードとして企画・編集がなされています。

　①生活の場での心理的援助
　②理論や技法にこだわらない状況に応じた援助

③対人援助職のコラボレーション

こうした観点から、医学的な知識を積極的に活用しつつ、「生活全体を視野に入れて記述された事例」の実際を紹介することで、生活のさまざまな場面で、心理的援助を行う際に役立つ情報を提供することを目指します。

本書の構成と活用方法

本書は、およそ次のような構成となっています。最初から順を追って読んでも良いし、目次や索引から、興味のあるところを読み進めてもらってかまいません。活用方法と合わせてまとめておきます。

● 第Ⅰ部・事例編

本書の中心は、前半の事例編です。いくつかの生活領域ごとに章立てがなされており、各巻のテーマとなる事例が掲載されています。どんな事例が含まれているのか、またその領域の特徴などについて、各章の最初に簡潔に述べられています。

本書の構成（事例編）

各事例には、最初に❶ケースの概要が書かれています。そこから心理的援助のための❷見立てが行われます。当然ながら、単なる診断事例と異なり、援助を行う場によって、概要のところで記載できる情報は、さまざまです。例えば医療機関のように、初診から比較的多くの情報が得られるところから、くらしの中でだんだんと問題が浮き彫りにされ、どう援助機関につながるかが中心的な問題になってくるところまであり、時間的な経過で得られる情報の特徴が異なります。

　次に、最初の情報からどういった❸援助の経過をたどったのかが記載されています。各ページには、本文とコラムの欄があります。重要な❹キーワードの解説と、関連するページや参考文献が記されていますので、必要に応じて確認してくださると理解が深まるでしょう。

　各事例の最後に❺考察がまとめられています。心理の基礎知識に加えて、医療的な知識が多く書かれていることは、他分野の援助者にとって助けになることが多いと思います。

　なお、各事例は執筆者の実際の経験から構成されていますが、患者さん（クライエント）が特定できないよう配慮されて記述されています。

が語られた。心理士はどう応えてよいのか分からず沈黙するしかなかった。患者の家族は、患者が心理士に会うのを楽しみにしていると医師や心理士に感謝の言葉を述べた。

　面接を始めて数年経った頃、大腿骨頭の破壊が進み、痛みが増悪したため人工股関節に置換する手術を受けることになった。大きな手術であり、患者の不安は強かった。臨床心理士は患者の希望により医師が患者と家族に手術の説明をするのに立ち会った。

　この患者との面接は、およそ10年にわたり続けられた。相談に来る頻度はだんだん減っていき、最後は数か月ごとに近況を報告に来る程度になった。その間にも病気は進行し、患者は寝たきりに近い生活になっていった。患者が面接に来られなくなってからは、時折手紙のやりとりをするようになった。今も年賀状と暑中見舞いのやり取りが続いている。

自己免疫疾患
何らかの理由で、本来は外敵（細菌やウイルスなど）に対して生体を防御する機能である免疫系が、自己の成分を攻撃してしまうことにより生じる疾患。膠原病・リウマチ性疾患・内分泌性疾患など多岐にわたる。

ステロイド
ペルヒドロシクロペンタノフェナントレン骨格をもつ化合物の総称。コレステロールやステロイドホルモンなどがある。
ステロイドを含む薬物は強い抗炎症作用と抗自己免疫作用を有し、幅広く使用されている。アトピー性皮膚炎における外用薬、臓器移植後の免疫抑制のためのステロイドパ

❺
考察
　関節リウマチ rheumatoid arthritis は、原因不明の慢性的な関節炎を主徴とする疾患である。**自己免疫疾患**のひとつと考えられている。女性に多く発病し、0.3-0.5%の有病率が推定されている。すべての滑膜関節に炎症が生じるが、手指から始まることが多い。関節滑膜が破壊され、関節が変形、癒着し、可動性を失う。関節炎以外に、血管炎・心外膜炎・肺線維症などの合併をみることがある。患者は痛み・運動制限に悩み、QOLが著しく低下する。美容上の問題も大きい。さまざまな薬物療法が試みられているが、いまだ決定的な治

ながら過ごすことを余儀なくされる。最善の治療を受けても、多くの患者は病気が進行していく。患者のQOLを維持するうえで、関節拘縮を防ぎ、可動範囲を狭めないための根気よいリハビリテーションを続けることが大切である。痛みに耐えながら、治癒する希望を持ちにくい、進行を遅らせることを目標とするリハビリテーションを続けるのは辛抱がいることである。

　医療関係者にできることは、患者を支え、慰め、励ますことである。**慢性疾患**、特に進行性の慢性疾患をもつ患者は、長く生きればそれだけ長く痛みや苦しみとつきあうことになるという逆説を生きることになる。特に、この患者は本来なら一番楽しいはずの若い時代からその苦しみの中に投げ出されている。このような患者をどのように支えるのかは、すべての医療スタッフに課せられた大きな課題である。患者が投げやりになって治療を受けることを放棄し、リハビリを止めてしまえば、病気の進行を早めることになる。

　患者を支えるためには、現実生活の中で患者が直面する具体的な問題にともに取り組むことも必要である。主婦であれば、家事・育児に支障が生じるし、性生活を含む夫婦関係の問題が浮かび上がってくることも少なくない。面接を通して心理的精神的に支えるとともに、患者の生活全体を支えていくという姿勢が求められるだろう。この患者の治療やケアの過程では、心理士の果たした役割は大変大きなものがあったと思われる。重篤な慢性疾患の患者とのかかわりは、心理士に課せられた重要な役割のひとつであろう。　　（野村俊明）

● 第Ⅱ部・理論編／第Ⅲ部・資料編

　各巻のテーマにそって、心理的援助に必要な専門的理論がまとめられています。治療論や社会的問題、学術的動向に関する論考などが含まれています。また、統計的資料や援助機関の情報などが、資料編で提供されています。

用語の表記

　各巻によって統一を図っていますが、職種によって表記の慣例が異なるものや、その臨床領域によって使用される頻度の異なる用語が多くあります。監修において、いくつか話題になったものを以下に挙げておきます。

● 心理的援助の担い手について

　特定の資格名称でないものとして、「心理臨床家」、「心理職」などを採用しました。「心理臨床家」という用語は、臨床心理学の専門家にとって馴染みのある言葉だと思いますが、医療関係者の間では、あまり使われないようです。さまざまな場で心理相談を行う職務があり、職場によって心理の専門家のポストを表す名称が異なることも多くあります。このようなことから、事例の中にふさわしい職名がある場合には、できるだけそれを優先させています。

　また本書では、心理の専門資格名称として「臨床心理士」を使用しています。この資格は、公益財団法人が認定しているもので、心理的援助を行う専門家の養成を行う指定の大学院修士課程を修了した者に受験資格があります。5年の更新制度などによって常に研鑽が求められています。30年近くの間に約3万人が取得し、さまざまな分野で活躍しており、社会的に広く認知されています。本書の執筆者の多くがこの資格を有しており、事例に登場する心の専門家は、基本的に臨床心理士養成課程を修めた水準にある人を想定しています。

　現在心理職は、国家資格の整備が進められており、数年後には国家資格を併せ持った臨床心理士が誕生することとなります。国家資格化とともに、心理職の活用される場が一層広がることが期待されます。心の援助とは何か、またその専門性とはどういうものなのか、といったことが、社会的にも大きく問われていくことになるでしょう。

　本シリーズでは、各巻のテーマにそくわしい個々の現実的な事例に立ち返りながら、基本を学ぶことを大切にしたいと考えています。その上で、これからの対人援助のあり方について、広く問うていくことを目指しています。

●心理的援助について

　医療では、「診断」、「治療」という言葉が当たり前ですが、生活場面で直接これを心理の専門家が行うことはありません。そのためこの2つの用語は、医療場面に限定して使用しています。

　他の場面では、「ケア」、「援助」あるいは「支援」という用語が多用されています。治療の目標は治癒することですが、「ケア」という言葉は症状の改善を目的とする狭義の治療ではなく、クライエントを全人的に支えることを目指した関わりになります。心の援助が必要な人には、障害や治癒を望めない状況にある人も含まれています。

　「援助」と「支援」は、使い方の定義が明確にはいかず、医療、福祉、心理、教育など、専門分野によっても違いが見られます。少なくとも心理の場合は、「援助」というとクライエントに直接的な対応をしており、「支援」というと制度や環境などの間接的な対応も広く含まれてくるニュアンスが見受けられますが、これも統一されていません。本書でも、既存の専門用語以外は、ほぼ同義として使用されています。

●心理療法について

　精神科で行われているものは、「精神療法」、それ以外の場で心理職が行う場合は、「心理療法」と呼ぶことが多いと思います。どちらもpsychotherapy（サイコセラピー）であって、内容が大きく変わるわけではありません。誰がどこで行うものか、という援助者側の問題が反映されています。また特定の心理療法の訓練を受け、それを行う人を「セラピスト」あるいは「治療者」と呼ぶことがありますが、本書では、「心理」という言葉が入るように統一しました。

　これ以外の用語については、各巻の編者を中心に取り決められています。生活場面によって、用法が大きく異なるものは、各章で触れられています。

　このシリーズは、私たちが長らく開催してきた「協働的心理臨床を考える会」から発想が生まれ、福村出版の協力で企画が実現しました。すべての協力者に、感謝いたします。

2015年　秋

シリーズ監修者　野村俊明・青木紀久代・堀越勝

目次

はじめに 3
シリーズ刊行の趣旨 5

イントロダクション　パーソナリティ障害概念の現在　14

第Ⅰ部　事例編

第1章　地域・家庭　26

事例1　暴力・反社会的行動　28
　　　－他害傾向の強い患者の地域生活サポート－

事例2　自己破壊的行動（自殺未遂・自傷行為）　36
　　　－当事者の視点から考える地域生活の支援－

事例3　自己破壊的行動（家族の視点から）　44
　　　－自傷行為を繰り返す女子生徒の家族支援－

事例4　薬物依存・乱用・食行動異常　48
　　　－症状の意味を捉え、多職種チームで支える－

事例5　対人関係トラブル・恋愛問題　54
　　　－親に対する恨みから長期にわたって行動化を繰り返した女性－

事例6　ひきこもり・退却　59
　　　－対人的に傷つきやすく、ひきこもっていた20代女性－

事例7　奇妙で風変わりな行動　64
　　　－地域でトラブルを起こした患者に対する多機関の連携と継続的支援－

第2章　学校　70

事例8　自己破壊的行動　72
　　　　－学校内で発生した自傷行為への対応－

事例9　対人関係のトラブル　77
　　　　－自己愛の問題を背景にもつ児童・保護者への対応－

事例10　長期化したひきこもり　82
　　　　－チームによる支援－

第3章　職場　86

事例11　職場における対人関係トラブル　88
　　　　－職場における境界性パーソナリティ障害のマネージメント－

事例12　職場からの退却（出社拒否）　92
　　　　－今までとちがう自分の発見－

第4章　医療　98

事例13　救急医療における暴力・非行・他害・反社会的行動　100
　　　　－入院医療における治療構造、家族支援－

事例14　精神科入院における薬物依存・乱用・食行動異常　105
　　　　－物ではなく人に頼ることを支援する－

事例15　総合病院におけるリエゾンケース　110
　　　　－児童虐待への介入－

事例16　認知の歪みへの介入を地域スタッフと協力して進めたケース　116
　　　　－生活の中で猜疑的な姿勢を和らげる－

事例17　自閉症スペクトラム障害と境界性パーソナリティ障害　121
　　　　－学校・職場と連携をとりながら治療を続けたケース－

第5章　矯正施設などの施設　*126*

事例18　自己破壊的行動　*128*
　　　　　－その評価と対応－

事例19　薬物依存・乱用・食行動異常　*132*
　　　　　－刑事施設の処遇の有効性と限界－

事例20　対人関係トラブルの解決への歩み　*137*
　　　　　－過剰適応と援助希求の狭間での苦悩－

事例21　演技的行動とそれへの対応　*142*
　　　　　－演じることで注目を惹く：演技性パーソナリティ障害－

事例22　奇抜な行動と自己愛の問題　*147*
　　　　　－カウンセリングの行われた事例－

事例一覧　*152*

第Ⅱ部　理論編

1　パーソナリティ障害の対応と治療（概説）　*156*
2　認知行動療法・スキーマ療法　*165*
3　力動的精神療法の考え方を地域ケアに活かす　*170*
4　弁証法的行動療法　*175*
5　家族介入、家族援助　*180*
6　物質使用障害とパーソナリティ障害　*186*
7　精神科訪問看護と子育て世帯への支援　*193*
8　アメリカにおけるパーソナリティ障害の心理臨床の状況　*199*
9　オーストラリアにおけるパーソナリティ障害治療の状況　*205*
10　パーソナリティ障害の薬物療法　*210*

第Ⅲ部　資料編

1　パーソナリティ障害に関する統計資料　*220*
2　パーソナリティ障害の診断基準　*226*
3　相談・治療機関　*230*

索引　*236*
執筆者一覧　*238*

イントロダクション　パーソナリティ障害概念の現在

　近年、パーソナリティ障害（personality disorders）の概念には、大きな変革が相次いで起きている。その理由は、パーソナリティ障害の概念が比較的新しいものであり不完全な部分を多く残していること、最近のパーソナリティ障害の概念に関する研究の進歩によって変革の圧力が強まっていることを挙げることができる。

　ここでは、パーソナリティ障害概念の現状を概観し、その中で明らかになるパーソナリティ障害の特質を整理し、次いで成因論、病態論についての知見を概説することにしたい。

1）パーソナリティ障害概念の変革とその基本的特徴

1●DSM-Ⅲの変革

　ここでは、米国精神医学会（American Psychiatric Association: APA）の診断基準第3版（Diagnostic and Statistical Manual of Mental Disorders, 3rd Edition: DSM-Ⅲ）（APA, 1980）の前後から、その診断基準第5版（DSM-5）（APA, 2013）の代替診断モデルに至る道筋を見てゆくことにしたい。

　DSM-Ⅲは、パーソナリティ障害の概念や診断の枠組みが現在の形となる重要な契機であった。そこで行われた変革を、その前に発表されていた世界保健機構（World Health Organization: WHO）の国際疾病分類第9版（The International Classification of Diseases, 9th revision: ICD-9）（WHO, 1978）と比較しながら解説しよう。

　DSM-Ⅲには、パーソナリティ障害概念の発展史にとってごく重要な変革が盛り込まれていた。その中で特に重要なのは、ミロン（Millon, T）の理論に基づくタイプ分類の採用と、その診断における多神論的記述的症候論モデル（Polythetic descriptive syndromal model）の導入である。

ミロンの理論に基づくタイプ分類

　DSM-Ⅲのパーソナリティ障害のタイプは、ミロンの作成したパーソナリティ評価表（ミロン臨床多軸目録）から理論的に導かれたものとして規定されている。このミ

ロンの理論では、2種の行動パターン(能動・受動)と4種の対人関係(依存・独立・両価・分離)の組み合わせで8 (2×4) 種のタイプが規定されている。例えば、依存性パーソナリティ障害は受動・依存によって特徴づけられるタイプとされる。また、回避性パーソナリティ障害は、従来規定されていなかったが、能動・分離を特徴とするものとして新たに作られたタイプであった。これに対して、ICD-9に収載されていたパーソナリティ障害のタイプは、シュナイダー(Schneider, K)の精神病質パーソナリティ(1923)、クレッチマー(Kretschmer, E)の気質(病質)概念(1955)、精神分析に由来する肛門期性格、口唇期性格といった当時に流布していた類型を集めて類似のものをまとめたものであった。DSM-IIIで導入された理論的にパーソナリティ障害の多様性を捉えようとする方向は、その後も追求されることになる。

多神論的記述的症候論モデルの導入

多神論的記述的症候論モデルとは、患者にパーソナリティ障害タイプの診断基準項目が定められた数以上当てはまるなら、そのタイプが診断されるという診断方法である。この操作的診断手法の最大の利点は、診断の信頼性を高めることができる点にある。従来、ICD-9までに行われていた患者の全体的な特徴から直観的にパーソナリティ障害タイプを診断するカテゴリカルモデルによる診断法は、信頼性が低く、専門家の間で診断が十分に一致しないという重大な問題があった。

これらのDSM-IIIの変革は、ICD-10 (WHO, 1992)、さらにAPAの診断基準第4版 (DSM-IV) (APA, 1994) に引き継がれることになった。

2◉ICD-10、DSM-IV、DSM-5

DSM-IV、DSM-5のパーソナリティ障害の定義は、「社会的状況に対する個人の柔軟性を欠く広範な反応パターンである。これらのタイプは、個々の文化における平均的な個人の感じ方、考え方、他者との関わり方から、極端に相違し偏っている。そしてこれらは変化を受け付けず、行動面および心理機能の多くの側面に影響を及ぼす性質がある。また、常にではないが、しばしばさまざまな程度の主観的苦痛や社会的機能の障害を伴っている」とされている。これは、ICD-9、ICD-10などの従来の定義を踏襲するものである。

ICD-10 (研究用診断基準DCR) (WHO, 1993)、DSM-IV、DSM-5では、それぞれの特定のパーソナリティ障害診断基準もしくは全般的診断基準として、パーソナリティ障害の基本的特徴もしくは定義に関わる積極的記述が加えられている。その

要点は、

- パーソナリティ障害の偏った内的体験および行動の持続的パターンは、(1)認知、(2)感情、(3)対人関係機能、(4)衝動コントロールの4領域のうち2つ以上に表れていること (ICD-10 DCRの基準G1、DSM-IV, 5の基準A)
- そのパターンには、柔軟性がなく、個人的および社会的状況の幅広い範囲に広がっていること (ICD-10 DCRの基準G2、DSM-IV, 5の基準B)

などである。

これは、パーソナリティ障害の基本的特性の記述としてごく重要なものである。

3◉ディメンジョナルモデル

　もともとパーソナリティ心理学では、因子分析などの統計学的方法を使って信頼性の高いパーソナリティ傾向のディメンジョナルな評価が確立されていた。他方、パーソナリティ障害の診断では、DSM-IIIの多神論的記述的症候論モデルが導入されても、まだ信頼性が他の精神障害のレベルに達しないなどの問題点が残されていた。1994年のDSM-IVでは、これへの対策として、ウィディガーら (Widiger, 1996) の見解に基づいて、ディメンジョナルモデルの導入が提唱されている。

　その後、コスタとマカエ (Costa, P. T. and McCrae, R. R.) の主要5因子モデル (Five Factor Model) (1990) から発展した5次元(ディメンジョン)モデル（神経症傾向、外向性(内向性)、開放性、調和性、誠実性からパーソナリティを評価する）や、トゥルルら (Trull, T. J., et al.) (2007) による4次元モデル（神経症傾向・否定的感情、感情調節障害・外向性・肯定的感情、非社会的・敵対的行動、制縛性・強迫性・良心的であること）などを基礎にして、DSM-5に向けて評価法の開発が試みられていた。このような評価法が実現すれば、パーソナリティ障害の診断の信頼性を高めるだけでなく、その概念を理論的に確かなものとすることも期待しうるのである。

4◉DSM-5代替診断基準の考え方

　DSM-5代替診断基準は、ディメンジョナルモデルとカテゴリカルモデルを融合させたハイブリッドモデルと称されている。これを「代替」と呼ぶのは、従来の現行の診断基準との連続性を保つためだと説明されているが、実際は、代替診断基準が革新的すぎたということであろう。これは、DSM-5の一冊の書籍の中に、

DSM-IVとほとんど同じ旧来の診断基準と、新しい代替診断基準との2つが収載されるという異例の事態をもたらした。

DSM-5代替診断基準の全般的診断基準では、パーソナリティ障害がパーソナリティ機能の障害であることが明快に規定されている。これは、従来の定義と比較すると非常に大きな進歩である。そのパーソナリティ機能を表0-1に示す。それは、自己機能、対人関係機能の2つに分けられ、さらにそれぞれが二分されている。

代替診断基準では、これらのパーソナリティ機能の4領域の2つ以上に中等度以上の障害があることが、パーソナリティ障害の診断の条件とされている。

代替診断基準ではさらに、病的パーソナリティ特性が認められることが診断に必要とされる。それらは、否定的感情、離脱、対立、脱抑制、および精神病性の5つの特性である。それぞれの特性領域には、総計25種の特定の特性側面が含ま

表0-1 DSM-5代替診断基準で規定されているパーソナリティ機能の4領域

パーソナリティ機能の領域		説明
自己機能	同一性 (Identity)	自己と他者との明瞭な境界をもって唯一の存在としての自己を体験すること；自尊心の安定性と自己評価の正確さ；幅広い感情を体験し制御する能力
	自己志向性 (Self-direction)	一貫した有意義な短期および人生の目標の追求；建設的で向社会的な行動規範を利用すること；生産的に内省する能力
対人関係機能	共感性 (Empathy)	他者の体験と動機の理解と尊重；異なる見方の容認；自分自身の行動が他者に与える影響の理解
	親密さ (Intimacy)	他者との関係の深さと持続；親密さに対する欲求および適応力；対人行動に反映される配慮の相互性

表0-2 5種の病的パーソナリティ特性と25種の特性側面

病的パーソナリティ特性	説明	特性側面
否定的感情（vs 感情安定）	不安、抑うつ、罪悪感、羞恥心、怒りといった否定的感情が広範囲で高度である。さらに、それに基づく自傷行為などの行動や依存などの対人関係が見られる	不安傾向、分離不安、従順さ、敵意、固執、抑うつ傾向、猜疑心、感情不安定（制限された感情の欠如）
疎隔（vs 外向性）	社会的感情的関わりの忌避。引きこもる、楽しみなどの感情体験を避ける	親密さ回避、アンヘドニア、抑うつ傾向、制限された感情、猜疑心
対抗（vs 協調）	自己イメージが尊大で、自分に特別な取り計らいを求める、他者に嫌悪感・反感を抱く、他者に配慮せず他者を自分のために利用する	虚偽性、誇大性、注意喚起、冷淡、敵意
脱抑制（vs 誠実性）	直接的に欲求の充足を求めて、その場の考えや感情、状況からの刺激に反応して衝動的な行動に走る	衝動性、転導性、無謀さ、硬直した完璧主義（の欠如）
精神病性（vs 明晰性）	文化にそぐわない奇妙な、普通でない行動や認知を示す	奇妙さ、認知と知覚の統制障害

れている。病的パーソナリティ特性とその特性側面を表0-2に示す。

　表0-2において「否定的感情 vs 感情安定」といった形で示されているように、病的パーソナリティ特性は、パーソナリティ障害のディメンジョンを代表するものである。それらは、コスタとマカエの性格評価のための主要5因子モデルのディメンジョン（神経症的傾向、内向性、調和性（調和性のなさ）、誠実性（誠実性のなさ）、開放性（開放性のなさ））とほぼ対応がとれていると考えられている。

5●パーソナリティ障害の特徴とその捉え方

　これまでの議論から、パーソナリティ障害に特徴といえるものをここに記すことにする。

①障害の広さと浅さ

　DSM-IV、DSM-5の全般的診断基準では、その障害が広い機能領域および生活場面に及ぶものであることが記述されている。同時にそこでは、その障害が「他の精神疾患で説明されない」という規定が加えられていることから、特定の精神障害と診断されるほど重症でないことも特徴である。それゆえ、パーソナリティ障害は「広くて浅い病理」と表現することができるだろう。

②一般人口とパーソナリティ障害の人との間に連続性があること

　ディメンジョナルモデルの導入が試みられていることからわかるように、パーソナリティ障害と一般のパーソナリティ傾向との間には、一定の連続性や重なりがあると考えられる。それは、パーソナリティ障害が、精神障害と一般健常者との間に位置づけられるレベルの病態であるともいえる。この特性は、また、後述されるパーソナリティ障害の一般人口における頻度が高い、治療の対象にならないこともあるといった特徴をよく説明するものである。

③障害が比較的持続的であること

　パーソナリティ障害の特徴は、「長期間持続する」と記述されているように、時間的な広がりのあることが特徴である。ただし、この障害の持続性については、DSM-5代替診断基準において、近年の研究の進歩を反映して持続性は「比較的」なものだとする新たな記述が加えられている。

④診断合併が多いこと

　パーソナリティ障害には、それに合併する精神障害がとりわけ多く認められるのが通例である。パーソナリティ障害はそれ自体、精神障害として軽症であることが多いので、患者が治療に入るきっかけは、他の精神障害の合併であることがほとんどである。それゆえ、その診療において、必然的に合併精神障害が重視されなくてはならなくなる。また、パーソナリティ障害タイプ同士の間で診断合併が多く生じることも一般的である。一人の患者に3～4個のパーソナリティ障害タイプが診断されるという状況も報告されている（Widiger, 1996）。このように、パーソナリティ障害で合併診断が多く見られることは、本来それに備わる性質だと考えて、臨床的な評価・治療を進めるべきであろう。

2) パーソナリティ障害のタイプ

　ここでは、パーソナリティ障害タイプの診断の実際と、それぞれのタイプの特徴について概説する。

1◉DSM-IV、DSM-5、およびDSM-5代替診断基準における診断

　DSM-IV、DSM-5におけるパーソナリティ障害タイプの診断は、該当する診断基準項目の数が規定数（閾値）以上であるかどうかによって検討される。

　診断基準の例として境界性パーソナリティ障害を挙げよう。診断基準項目は、(1)見捨てられ体験を避ける努力、(2)不安定な対人関係、(3)同一性障害、(4) 2種以上の衝動的行動（ただし(5)を含まず）、(5)自殺の脅かし、自殺未遂または自傷行為の繰り返し、(6)著明な感情的不安定さ、(7)慢性的な空虚感、退屈、(8)不適切で激しい怒り、(9)ストレスに関連した妄想的念慮もしくは重症の解離症状であり、5つ以上が当てはまるならそれが診断されることになる。

　他のパーソナリティ障害タイプの診断でも、7～9項目の診断基準が準備され、それぞれに定められた3～5の閾値以上の診断基準項目が該当するなら、そのタイプの診断を考慮するという手続きが進められる。

　DSM-5代替診断基準でも、パーソナリティ障害タイプごとに設定された診断基準に従って操作的に診断手続きが行われる。次に境界性パーソナリティ障害の例を示す。

　診断の過程は2つの段階から構成されている。まず、パーソナリティ機能（表

0-1参照)の2項目以上における、中等度またはそれ以上の障害があることが条件になる。

次いで、以下の7つの特性側面（表0-2参照）のうち4つ以上があり、そのうちの少なくとも1つは(5)、(6)、(7)のいずれかでなければならないとされる。それらの側面とは、(1)情動不安定（否定的感情の一側面）、(2)不安傾向（否定的感情の一側面）、(3)分離不安（否定的感情の一側面）、(4)抑うつ傾向（否定的感情の一側面）、(5)衝動性（脱抑制の一側面）、(6)無謀さ（脱抑制の一側面）、(7)敵意（対立の一側面）である。

他のタイプの診断でも、この例のようにパーソナリティ機能の評価と病的パーソナリティ特性側面の評価の両方が実施される。

2●パーソナリティ障害のさまざまなタイプ

DSM-IV、DSM-5のパーソナリティ障害には、10のタイプが措定されている。それらの特徴を表0-3に示す。ICD-10のパーソナリティ障害タイプは、DSM-IV、DSM-5とほぼ同じであるが、名称が異なる場合はICD-10の名称を括弧に入れて示す。

DSM-5代替診断基準では、表0-2の5つの病的パーソナリティ特性の強弱によって、特定のパーソナリティ障害タイプを記述することができる。それを表0-4に示す。

表0-4(22ページ)に見られるように、例えば、反社会性パーソナリティ障害は、対抗と脱抑制という病的パーソナリティ特性の強さから特徴づけられるタイプとして把握される。DSM-5代替診断モデルでは、パーソナリティ障害タイプ同士の診断重複を回避もしくは減らすため、特定されるタイプが反社会性、回避性、境界性、自己愛性、強迫性、統合失調型の6種に限定されている。

3●パーソナリティ障害の疫学

パーソナリティ障害は、一般の人々にも高い比率で見出される。従来の疫学的研究をまとめたコイド（Coid）(2003)の総説によると、構造化面接を用いた研究において一般人口の10～15%に何らかのパーソナリティ障害が見いだされており、個々の類型では、それぞれが一般人口の1～2%に認められると報告されている。プライマリーケアの場や精神科臨床では、有病率が25%程度に上昇する。ただし、疫学研究の所見は、研究ごとに大きなばらつきがある。その理由の一つは、先に指摘したように、パーソナリティ障害が一般人口との間に連続性があり、比較的

表0-3　パーソナリティ障害のタイプとその臨床的特徴

類型	中心的特徴	臨床特徴
A群・奇妙で風変わりな群		
妄想性パーソナリティ障害	広範な対人的不信感や猜疑心、他者への疑念や不信。危害が加えられることを恐れたり、周囲の裏切りの証拠を探し続けたりする。自らの正当性を強く主張し、絶えず周囲との不和や摩擦を引き起こす。認知や判断が自己中心的、偏狭で、自分の個人的事情によって容易に影響される	妄想性障害、妄想型統合失調症を発症しやすい。男性に多い
統合失調質パーソナリティ障害	表出される感情に温かみを感じ取り難い。非社交的、孤立しがちで、他者への関心が希薄。自然科学や芸術など他の人間との密な交流を必要としない領域での活動に専心し、時に大きな業績を挙げる	かつて統合失調症の病前性格とされていたが、否定されている。男性に多い
統合失調型パーソナリティ障害	会話が風変わりで内容が乏しく、脱線しやすい。思考が曖昧で過度に抽象的。感情の幅が狭くしばしば適切さを欠き、対人関係で孤立。奇妙な外見や行動。関係念慮、奇異な信念や魔術的思考、妄想様観念などの精神病症状に近縁の認知・思考の異常	統合失調症に発展しやすいことが確認されている
B群・演技的感情的で移り気な群		
境界性パーソナリティ障害（情緒不安定性・境界型）	感情や対人関係の不安定さ。制御できない激しい怒りや抑うつ、焦燥、孤独に耐えられず、周囲の人を感情的に強く巻き込む、理想化と過小評価の両極端。自傷行為や自殺企図、浪費や薬物乱用など自己を危険に曝す衝動的行動。同一性拡散。妄想反応や解離反応といった精神病症状に近縁の症状	うつ病、物質使用障害などを合併。臨床現場で高頻度。自殺率が8〜10%。医療機関では、女性に多い
自己愛性パーソナリティ障害	自己誇大視が主な特徴。周囲を軽視し、周囲の注目と賞賛を求め、傲慢、尊大な態度を見せる。他者の過剰な理想化が見られることあり。自己評価に強くこだわり、周囲の批判や無関心に、容易に抑うつや激しい怒りを発生させる。他者への共感性が低い	うつ病や物質使用障害が多く合併。男性に多い
反社会性パーソナリティ障害	他者の権利を無視・侵害する反社会的行動パターンが主徴。衝動的、向こう見ずで思慮に欠け、暴力などの攻撃的行動に走る。他者の感情に冷淡で共感を示さず、信頼、正直さに欠ける。自己の逸脱行動に責任を負おうとせず、罪悪感が乏しい	物質使用障害合併が多い。素行症から多く発展する。男性に多い
演技性パーソナリティ障害	他者（特に異性）の注目や関心を集める派手な外見や大げさな演技的行動が特徴。感情表現が表面的でわざとらしく真実味に乏しく、うつろいやすい。被暗示性が強く、周囲から影響を受ける。周囲に認められることを渇望し、外見や身体的魅力にこだわり、異性に対して誘惑的にふるまう	女性に多い
C群・不安で内向的な群		
依存性パーソナリティ障害	他者への過度の依存。自らの行動や決断に他者の助言や指示を常に必要とし、他者に迎合して、依存関係を維持しようとする。同時に自らの責任を担おうとする無責任さを示す。他者の支えがないと、無力感や孤独感を抱く	うつ病、パニック障害に多く合併。女性に多い
強迫性パーソナリティ障害	一定の秩序を保つことに固執する。融通性に欠ける、几帳面、完全主義や細部への拘泥、頑固、過度に良心的、倫理的、吝嗇、温かみのない狭い感情といった特徴を伴う。懐疑的になって優柔不断、決断困難となる。自分自身の感覚を脅かす未知のものや強烈な感情を避ける	男性に多い。比較的機能水準が高く保たれる類型である
回避性（不安性）パーソナリティ障害	自分自身の失敗を恐れ、周囲からの拒絶などの否定的評価や強い刺激をもたらす状況を避けることが特徴。自己への不確実感および劣等感などの自己にまつわる不安や緊張を持続。対人交流に消極的になり、ひきこもることがある	社交不安の合併が多い

※A群・B群・C群は、10種のタイプを把握しやすくするために提案されたクラスター分類である。

表0-4 代替DSM-5モデルの6種のパーソナリティ障害と病的パーソナリティ特性との関連

病的パーソナリティ特性	反社会性パーソナリティ障害	回避性パーソナリティ障害	境界性パーソナリティ障害	自己愛性パーソナリティ障害	強迫性パーソナリティ障害	統合失調型パーソナリティ障害
否定的感情		○	○		○	
疎隔		○			○	○
対抗	○		○	○		
脱抑制	○		○			
精神病傾向						○

の軽症の精神疾患であるので、診断域値や評価方法の変化が大きな有病率の違いを引き起こすことであろう。

3) パーソナリティ障害の病態・病因の理解

パーソナリティ障害の病態・病因については、近年、急速に研究が進められている。それは、遺伝因などの生物学的要因、生育環境などの社会文化的要因に分けることができる。

1●生物学的要因

精神障害の生物学的要因の基底には、遺伝的要因がある。パーソナリティ障害は、その病因の中で生育史的要因が重視されており、社会心理学的要因が比較的強く、遺伝的要因が弱い精神障害だと考えられる。それでもパーソナリティ障害の遺伝的要因は、その特性が同じ家系の人に見出されることが多い、一卵性双生児で二卵性双生児よりも一致しやすい、といった臨床遺伝学的研究によって確認されている。トルゲルセン（Torgersen, S.）らの双生児研究（2000）では、パーソナリティ障害の遺伝性が0.5〜0.6であると算出されている。シルバーマン（Silverman, J.M.）らの家族研究（1991）では、境界性パーソナリティ障害の感情不安定と衝動性とに家族集積性のあることが認められている（林, 2011）。

神経生理学的研究でも、パーソナリティ障害と生物学的特性との間のさまざまな関連が見いだされている（New, Goodman, Triebwasser, and Siever, 2008）。例えば、反社会性、境界性パーソナリティ障害では、その衝動性がセロトニン系の機能低下と関連しているという知見の報告がある。中枢神経系の画像研究でも多くの知見がもたらされている。例えば、境界性パーソナリティ障害では、帯状束のセロトニン系の反応低下といった、辺縁系と前頭葉の回路の機能低下の報告が多くなさ

れている。また、虐待を受けてきた境界性パーソナリティ障害患者において、脳下垂体や海馬が小さいという所見も注目されている。

2●生育環境・社会文化的要因

　パーソナリティ障害の成り立ちにおいては、発達過程や生育環境も重視されなければならない。例えば、境界性・反社会性パーソナリティ障害では、劣悪な養育環境（発達期の虐待、貧困や施設での生育など）が発生要因として関与していると考えられている。1990年代には、境界性パーソナリティ障害の生育史（虐待、親子関係）についての後方視的研究が行われ、養育環境要因の確認が進められた（林，2010）。

　パーソナリティ障害は、特に社会文化的要因の影響を受けやすいと考えられている。例えば、境界性パーソナリティ障害の増加は繰り返し指摘されているが、その原因は社会文化的な影響によるものと考えられている。

おわりに

　パーソナリティ障害概念は、いくつかの変革が重ねられて、急速に進歩している。それを裏付けているのは、その病態論的、病因論的研究の前進である。これらの進展は、パーソナリティ障害の理解、治療法の開発に大きく貢献することが期待される。

（林直樹）

i　境界性、統合失調型、妄想性のタイプは、精神病的特徴があるため、この分類が適用され難いとされていた。
ii　DSM-IV、5の全般的診断基準は、ICD-10 DCRの特定のパーソナリティ障害診断基準を引き継いだものであり、それとほぼ同じ記述である。

参考文献
※主要な文献をここに示す。省略されているものは、筆者が第II部「パーソナリティ障害の対応と治療（概説）」で扱っている。
林直樹（2010）「境界性パーソナリティ障害の生活歴・現病歴・家族関係」『精神科治療学』25(11), pp.1459-1463.
林直樹（2011）「パーソナリティ障害の遺伝因と環境因」『現代のエスプリ』(527), pp.63-72.
American Psychiatric Association (1980) *Diagnostic and Statistical Manual of Mental Disorders,* Third Edition (DSM-III). Washington, D.C.: American Psychiatric Association.（高橋三郎（監訳）(1982)『DSM-III 精神障害の分類と診断の手引』医学書院）.
American Psychiatric Association (1994) *Diagnostic and Statistical Manual of Mental Disorders,* Fourth Edition (DSM-IV). Washington, D.C.: American Psychiatric Association.（高橋三郎・大野裕・染谷俊幸（監訳）(1996)『DSM-IV 精神疾患の診断・統計マニュアル』医学書院）.

American Psychiatric Association (2013) *Diagnostic and Statistical Manual of Mental Disorders*, Fifth edition (DSM-5). Washington, D.C: American Psychiatric Association. (高橋三郎・大野裕 (監訳) (2014)『DSM-5 精神疾患の診断・統計マニュアル』医学書院).

New, A. S., Goodman, M., Triebwasser, J., and Siever, L. J. (2008) Recent advances in the biological study of personality disorders. *The Psychiatric clinics of North America*, 31 (3), pp.441-461, vii. doi:10.1016/j.psc.2008.03.011.

Widiger, T. A (1996) Personality Disorder Dimensional Models. In Widiger, T. A., Frances, A. J. and Pincus, H. A. (Eds.), *DSM-IV Sourcebook, Volume 2*. Washington, D.C.: American Psychiatric Association.

World Health Organization (WHO) (1978) *International Classification of Diseases, Ninth Revision, Clinical Modification*. Geneva: World Health Organization (WHO). (厚生省大臣官房統計情報部 (編) (1979)『疾病,傷害および死因統計分類提要〈昭和54年版 第2巻〉』厚生省大臣官房統計情報部).

World Health Organization (WHO) (1992) *The ICD-10 Classification of Mental and Behavioural Disorders Clinical descriptions and diagnostic guidelines*. Geneva: WHO. (融道男・中根允文・小見山実ほか (監訳) (2005)『ICD-10 精神および行動の障害――臨床記述と診断ガイドライン (新訂版)』医学書院.

第Ⅰ部 事例編／第1章 地域・家庭

事例1　暴力・反社会的行動
　　　　　　　　　　　－他害傾向の強い患者の地域生活サポート－

事例2　自己破壊的行動（自殺未遂・自傷行為）
　　　　　　　　　　　－当事者の視点から考える地域生活の支援－

事例3　自己破壊的行動（家族の視点から）
　　　　　　　　　　　－自傷行為を繰り返す女子生徒の家族支援－

事例4　薬物依存・乱用・食行動異常
　　　　　　　　　　　－症状の意味を捉え、多職種チームで支える－

事例5　対人関係トラブル・恋愛問題
　　　　　　　　　　　－親に対する恨みから長期にわたって行動化を繰り返した女性－

事例6　ひきこもり・退却
　　　　　　　　　　　－対人的に傷つきやすく、ひきこもっていた20代女性－

事例7　奇妙で風変わりな行動
　　　　　　　　　　　－地域でトラブルを起こした患者に対する
　　　　　　　　　　　　　　　　　　多機関の連携と継続的支援－

● 地域は、私たちの基本的な生活の場である。それは、この事例編で取り上げる家庭、学校や職場、さまざまな施設といった多くの場から構成されているといえる。それぞれの生活場面でのパーソナリティ障害をかかえる当事者の課題は、そこにおいて安全な場所を確保し、それを拡大しながら生活を組み立てることだと考えられる。

● 本章では、自傷行為・自殺未遂、家庭内外の暴力、薬物依存、ひきこもりといった問題行動を示すパーソナリティ障害の事例を提示し、その対応・治療についての検討が行われる。

● 事例1は、暴力などの周囲の人々の脅威となる行動が問題になっていたケースである。治療では、病院から地域に戻る際に多大の調整の努力が必要となり、退院後もグループホームでの生活や家族関係における問題への対応が重ねられていた。事例2では、繰り返されていた自殺未遂を防止するために基本的な生活技能や対人関係技能の習得が必要であった。この事例報告で興味深いのは、2人のスタッフの異なる立場からの見方が提示されていることである。やはり自傷行為が問題になっていた事例3では、学校と精神保健福祉センターとの連携によって支援が進められ、その結果、当事者と母親とがグループに参加し、さらに支援の終了へと導かれるという経過を辿っている。事例4は、薬物依存、摂食障害をかかえるケースである。そこでは、当事者がグループホームや通所施設のスタッフの支援を受けながら、徐々に安定した生活を築いてゆく過程が記述されている。次の事例5では、種々の衝動行為や自傷行為を見せていた当事者の20年間の経過が提示され、それに基づいて援助者の心構えについての議論が行われている。事例6では、演技性の特徴のある当事者がひきこもりの支援プログラムに参加し、さらに社会と接触する活動を開始する経緯が記述されている。最後の事例7では、孤立する生活の中で頑なに特異な生活習慣を維持していた当事者が、子どもの学校のスタッフによる家庭訪問をきっかけとして徐々に地域の支援を受け入れるようになっていった過程が報告されている。

事例1　暴力・反社会的行動
－他害傾向の強い患者の地域生活サポート－

キーワード 地域移行・地域定着支援事業｜個別支援会議（ケア会議）｜反社会性パーソナリティ障害｜妄想性（猜疑性）パーソナリティ障害｜サイコパシー｜多機関連携

ケースの概要

32歳男性。父は大酒家で、家族に暴力をふるい、ギャンブルのせいで多額の借金を抱えていた。母は仕事をしていたため、患者はおもに母方の祖母によって育てられた。小学校に入学する直前、両親が離婚したため、患者は母に引き取られた。

小学校低学年の頃から、気に入らないことがあるとすぐに相手に殴りかかったり、物を壊したりしたため、同級生から嫌われ、孤立していたが、患者は自分がいじめられていると感じていた。高校を卒業した後、工員として就職し、寮生活を始めたが、この頃に強迫性障害を発症した。手が汚染されたのではないかと不安になって、手洗いを繰り返し、ドアに鍵がかかっているかどうかを何度も確認するようになった。これらの強迫行為のために寮生活が続けられなくなり、2か月で退職し、実家に戻って無為徒食の生活を送るようになった。その後、動悸や過呼吸発作が生じるようになったため、自ら精神科クリニックへの通院をはじめ、強迫性障害やパニック障害の診断で抗不安薬の投与を受け始めた。まもなく、生活保護を受給し、単身生活を始めた。

20歳以降、路上や電車内での対人トラブルをきっかけに傷害事件を数回起こし、25歳から1年余り刑務所に服役した。釈放後、実家に押しかけて居候を始めたが、母や祖母への暴力のため、27歳時、警察の関与によって精神科病院に連れて来られ、母の同意によって本人の意思

に反する形で入院した。

入院中も手洗いなどの強迫行為を繰り返した。また、「他の患者がすれ違いざまにわざとぶつかってきた」、「食事に頭髪を混入された」などと訴えて他者との接触を拒み、隔離室に留まることを希望した。他者の言動に反応して容易に激昂し、相手を脅す、殴りかかる、椅子を振り上げるといった暴力をふるった。一方で、精神状態が比較的安定している時期には作業療法に取り組み、グループホームへの入所を目指して、見学に行ったりしたが、暴力傾向や犯罪歴を理由に入所を断られることが度重なり、そのたびに自棄になって暴力をふるうといったサイクルを繰り返した。種々の向精神薬の調整が行われたものの、持続的な効果が得られなかったが、強迫性障害に対して、抗うつ薬が投与された頃から、強迫症状や不安が軽快し、暴力も減った。

帰住地調整が難航したため、**地域移行・地域定着支援事業**を利用して、地域生活支援センターの地域移行推進員、福祉事務所のケースワーカーと院内の医師や精神保健福祉士、看護師が連携し、**個別支援会議（ケア会議）**を通じて、患者、母とともに社会復帰に向けた調整を重ねた。結果、入院から2年余り経って、ようやく受け入れに前向きなグループホームが見つかり、数回の外泊訓練の後に、通院と作業療法プログラムの継続、暴力をふるわないことを条件に入居が許可され、退院した。

見立て

患者に認められた特徴的なパーソナリティ特性は、過度の疑い深さや不信、情動の易変性、衝動性の高さ、攻撃性、衝動制御能力の乏しさ、他罰的傾向、社会的規範

地域移行・地域定着支援事業
退院可能精神障害者または「社会的入院患者」の退院・地域移行支援を目指して、都道府県などによって実施されている事業。地域の相談支援事業所の精神保健福祉士などの資格をもつ地域移行推進員が病院を訪問して、病院スタッフと連携しながら対象者の退院に向けた支援計画を立てるなどのケアマネジメントを行っていく。

個別支援会議（ケア会議）
対象者とその家族、対象者に医療や福祉サービスを提供している支援者や関係機関が一堂に会して、支援計画を作成するための協議を行い、その後の対象者の生活状況や病状、支援の実施状況などについて必要な情報を共有したり、支援計画の評価や見直しについての検討を行うための会議。
(→38、42、119ページも参照)

の軽視である。これらの特性は、小児期から顕在化しはじめ、青年期を経て、現在に至るまで一貫して認められ、患者の認知、感情、対人関係、衝動制御といった領域に顕著な影響を与えており、その結果、患者は家庭や学校、病院、地域社会などさまざまな場面で暴力をはじめとする問題行動を繰り返し起こしてきた。このことから、患者はパーソナリティ障害（PD）と診断でき、特に**反社会性パーソナリティ障害**と**妄想性（猜疑性）パーソナリティ障害**の特徴を有している。さらに、併存症として強迫性障害が認められた。

患者は刑事施設や精神科病院での経験を非常に不快なものと感じていて、それらを回避し、ようやく享受できるようになった地域社会での生活を続けていくためには、暴力をふるわないことが必須であり、そのために、治療者や福祉事務所ケースワーカーに協力しなければならないと認識していた。

援助の経過

退院後は規則的な通院を続けたが、作業療法の利用は集団場面への苦手意識を理由に怠りがちであった。半年後、グループホームの女性利用者へのストーカー行為や彼女の交際相手への暴力によって警察沙汰になり、グループホームを退去することになった。同時に生活保護が廃止された。患者は母に助けを求め、母の支援によってアパートに入居できることになり、別の福祉事務所から新たに生活保護を受給することになった。

しかし、アパートが母の住まいと近接していたため、患者が母宅にたびたび押しかけて、金の無心をしたり、食事や洗濯など日常生活の援助や通院時の同伴などさまざ

**反社会性
パーソナリティ障害**
この障害をもつ人では、社会的良心をそもそも獲得できていない、欲求不満や不安などの内的葛藤を抱えた際に攻撃的な行動を起こしやすい、他人からの脅威を感じた際に相手より優位に立とうとする、衝動性が高い、妄想性パーソナリティ障害やアルコールや薬物の依存症を併存しやすいといった理由で暴力のリスクが高まるとされる。

**妄想性（猜疑性）
パーソナリティ障害**
この障害をもつ人は、周囲の状況を実際よりもより挑発的で敵対的なものと認識して、身の安全が脅かされていると感じやすい。そのような脅威に対する即時の反応として、または脅威がそれ以上増幅するのを防ぐための先制攻撃として、あるいは報復として暴力に及ぶことがある。
（→21, 227ページも参照）

まな要求をしたため、母が疲弊して、「これ以上面倒は見られない、患者を入院させてほしい」と主治医に訴えるようになった。患者は入院に対して強い拒絶反応を示した。患者、母に加えて、院内の精神保健福祉士と訪問看護師、さらに保健所の保健師と福祉事務所のケースワーカーにも同席してもらってケア会議を開催し、両者の適度な距離を維持するための具体的な方策を話し合った結果、連絡は訪問や電話ではなく、相互にメモのポスティングで行う、生活保護費は母が管理し、一定金額の現金を封筒に入れて定期的に患者宅のポストに入れる、食事は自分でまかなう、公共料金の支払いは母が代行する、訪問看護を利用する、これらの約束が守れない場合には任意入院する、という約束（支援計画）を交わした。その後も定期的にケア会議を開催し、約束が守られているかどうかを一緒に確認することにした。

　患者は金銭のやりくりがうまくできず、食生活は不規則であった。時間が経つにつれて母への接触や要求が増え、自立を促す母の言葉を批判や拒絶と解釈して、腹を立て、母に暴言を吐いたり、その場にあった自転車を蹴飛ばしたりして、警察沙汰になり、緊急受診をするようなこともあった。一方で、患者なりに自立しなければいけないとの自覚は持ち続け、新たに導入された男性看護師による定期的な訪問にも慣れて、訪問を楽しみに待つようになった。また、薬物療法の効果についても自覚しており、服薬アドヒアランスは良好であった。トラブル回避を理由に自室に閉じこもる時間が長かったが、趣味の音楽鑑賞でストレスを解消し、イライラや怒りが高じた際には向精神薬の頓服を利用するなどして、自己コントロールに努めた。

　単身生活を始めて1年後、母が体調を崩して入院する

ことになり、金銭管理や家事を患者自身がせざるを得ない事態が発生した。母の入院は数か月に及んだが、患者は訪問看護師など支援者の助言を受け入れながら、徐々に自立した生活に慣れ、金銭管理もうまくできるようになった。

　患者はそれ以前から、病院に来ることによって過去の入院時の不快な記憶がよみがえる、通院時の長距離の移動が負担である、途中で必然的に大勢の人と接することになり、トラブルに巻き込まれるリスクが高まる、といった理由で、自宅から徒歩圏内にある精神科クリニックへの転院を希望していた。医療機関が変わることによって、主治医や訪問看護師との関係が絶たれることをきっかけに治療が中断してしまうことが懸念された。また、患者の暴力傾向や犯罪歴から、引き受けてくれるクリニックがあるかどうかも不明であった。このような事柄をケア会議で患者も交えて話し合ったが、患者の転院希望が強く、最終的には転院先探しを支援することになった。

　保健師が地元にあるクリニックのリストを渡し、患者が自ら電話で予約をとって、受診してもらうことになった。診療情報提供書の内容についても患者と話し合い、それで転院がうまくいかなくなったとしても、犯罪歴を含めて客観的事実を正直に記すことについて了承してもらい、あらかじめ内容を一緒に確認した上で手渡した。幸い、デイケアが併設された近隣のクリニックへの転院が実現した。診療情報提供書には、病状悪化や暴力の再発などのために入院が必要になった場合には当院で対応する旨を記載したが、転院後1年が経った現在、クリニックからの連絡はない。

考察

　反社会性パーソナリティ障害や猜疑性パーソナリティ障害を

もつ人が自ら治療を求めることはまれであり、この事例のように、暴力を契機に刑事司法手続きに取り込まれる中で、本人の意思に反した入院という形で治療が開始されることが少なくない。北米や欧州では、パーソナリティ障害と暴力傾向を併せもつ人に対して、刑事施設や司法精神科病院への収容中、あるいは地域で保護観察を受けている期間に心理療法プログラムが提供されることがあり、中でも認知行動療法の有用性が示唆されているが、明瞭なエビデンスが示された治療法は現在までのところ存在していない。薬物療法についてもエビデンスは存在せず、特に反社会性パーソナリティ障害の場合はアドヒアランスや乱用リスクの観点から、薬物療法が有効とされる併存症がない限り、原則として投薬すべきではないといわれている。このような人々に治療を提供する際の原則として、以下のような諸点が強調されている。

① 治療は患者と治療者双方にとって安全性と効果が明らかな場合に限って提供されるべきである。
② 鑑別診断や併存症の有無に関する評価を入念に行い、併存症に対しては薬物療法を含む標準的な治療を行う。
③ アルコールや薬物の乱用がある場合、これを優先度の高い治療課題とする。
④ **サイコパシー**（psychopathy）の程度、愛着行動を示す能力、対人関係を築く能力、不安を抱く傾向、援助希求能力や動機づけについても評価する。
⑤ 反社会的行動をエスカレートさせる可能性のある状況的・環境的要因を同定（し、介入する）。
⑥ 生活費や安全な住まいの確保、再び刑務所に入らないといった現実的な治療目標を患者と共有する。
⑦ パーソナリティ障害の基本的特徴を修正するのは容易ではないため、基本的特徴から派生した二次的な問題（不安、怒りなどの情緒的問題や衝動性や暴力などの行動的問題）への介入を先に試みる。

サイコパシー
アメリカの精神科医クレックリーによると、みかけは魅力的で知的にも優れているが、自己中心的で人情味がなく、衝動性や攻撃性が高く、平気で嘘をつき、他人を食い物にできるような人物。
1970年代以降、カナダの心理学者ヘアが中心となって、サイコパシーを抽出するために統計学的に標準化されたサイコパシー・チェックリスト（PCL-R）が開発された。暴力リスクとの相関が高いことから、欧米では、司法精神科医療の臨床場面で暴力的な患者の評価や処遇方法の決定の際に汎用されている。サイコパシー傾向と反社会性パーソナリティ障害の特性は一部で重複するが、同義ではない。

⑧患者との適度な距離感や集団療法における境界線の維持に配慮し、首尾一貫した態度を堅持する。
⑨治療者自身の情緒的反応や逆転移反応に留意し、必要に応じてスーパービジョンを受ける。
⑩規則破りの可能性があることを前提に、約束事は必要最小限にとどめる。
⑪治療者が患者に騙されたり、操作されたりする可能性について意識する。
⑫反社会性パーソナリティ障害では集団療法が有効な場合が多いのに対して、猜疑性パーソナリティ障害の場合、一般には集団療法は極力避けるのがよい。
⑬生じる可能性のある危機的状況の同定と発生時の対処方法について事前に患者と話し合って準備し、関係者間で共有する。

 そもそもわが国には、欧米で提供されているような専門治療を実施するための土壌がまだ育っていないため、この事例に対しても既存の精神科医療の枠組みの中で上記の原則を意識しつつ、できることをするしかなかった。
 本事例では、強迫性障害が併存しており、その影響もあって不安や衝動性、攻撃性が増強されていたが、薬物療法が奏功してこれらの症状がある程度改善した。刑事施設や精神科病院に戻らないためには警察沙汰にならないような生活を送らなければならず、そのためには通院治療を継続し、服薬を続け、支援者に協力しなければならないと患者自身が認識していた。そして、途中から導入された訪問看護師の関与をポジティブにとらえるなど、患者には対人関係を築いたり、愛着行動を示したり、援助を求める能力が備わっていた。おそらくこのような理由で、治療が軌道に乗りはじめ、予期せぬ形で突然生じた母の入院という事態を患者は自立へ向けた好機ととらえて、よりいっそうの回復と自律的な生活を獲得するのに役立てることができたのであろう。

猜疑性パーソナリティ障害の特徴も有していることを考えると、集団生活を強いられるような病院やグループホームでの生活は患者の不安感を増幅させ、暴力へ駆り立てる要因になっていた可能性がある。アパートでの一人暮らしに移行して、ほとんどの時間を自室で過ごすという生活パターンは一見すると向社会的とは言えないが、刑事施設や精神科病院に戻らないことを最優先目標と考えれば、理に適ったものだったのかもしれない。

本事例では福祉事務所や保健所など、複数の機関が**多機関連携**の形で協働して患者の支援に当たったが、このような枠組みを利用できたことは、患者が複合的でより専門的な支援を受けられただけでなく、治療者側にも臨床的な立場からの支援に専念できるというメリットがあった。　　　（黒田治）

多機関連携
医療、保健、福祉、刑事司法など多くの領域にまたがる多様なニーズを抱えた対象者に対して、それぞれの支援・関係機関が連携して対象者の支援に当たるやり方。冒頭で紹介した地域移行・地域定着支援事業、医療観察法による医療、非行少年や認知症患者への対策など、さまざまな分野で多機関連携の重要性が認識されつつある。

参考文献
Carroll A. (2009) Are you looking at me? Understanding and managing paranoid personality disorder. *Advances in Psychiatric Treatment*, 15 (1), pp.40-48.
Thomson L. and Darjee R. (2012) Associations between psychiatric disorder and offending. In *New Oxford Textbook of Psychiatry* (2nd edn), pp.1917-1926. New York: Oxford University Press.
UK Ministry of Justice. (2011) *Working with Personality Disordered Offenders. A practitioner's guide*. Ministry of Justice Offender Management Service, Crown Copyright.
Yakeley, J. and Williams A. (2014) Antisocial personality disorder: New directions. *Advances in Psychiatric Treatment*, 20(2), pp.132-143.

事例2　自己破壊的行動（自殺未遂・自傷行為）
－当事者の視点から考える地域生活の支援－

キーワード 個別支援会議｜自己決定｜自助

ケースの概要

　30代の女性Aさんは、自殺未遂を頻回に行うため一年間に精神科病院に4～5回の入退院を繰り返していた。
　このケースの第一の特徴は、持続的に強い不安、抑うつを訴えていたことである。第二は、対人関係における距離感や葛藤に由来する苦しみから、強い依存（愛情欲求の強さ）と絶望感（不信感）が生じていることである。彼女は、「相談機関が休みになる連休になると不安や孤独感が強まって死にたくなる」と表現する一方で、「予期せぬ相手の言動に絶望し人間関係を断ち切ってしまいたくなる」と述べている。その結果、支援者を含め対人関係は不安定であった。第三は、低い自己評価と自殺傾向・衝動性である。彼女は、20代前半に重大な身体損傷を伴う自殺未遂をするというエピソードがある。また、彼女の刺激に弱いというストレス耐性、感情の波の激しさに苦しめられるという感情統制力の低さも重大な問題であった。彼女は「きちんとしたいのに書類手続きがうまくいかないと、すべてを投げ出して死にたくなる」と述べることがあった。この自殺傾向や衝動性は、生育史的背景のある自己評価の脆さによって説明できると思われる。
　Aさんの生育史は苦難の連続であった。彼女は養育期に繰り返し重大な心的外傷を負っており、10代より抑うつ気分、不安、不眠、拒食、下剤乱用、強迫症状等を認め、精神科受診を開始し入退院を繰り返していた。両親は自殺などで早世しており、同胞はなく親族とは疎遠で

ある。20代前半にグループホームに入居し、その後は単身アパート生活をしている。20代後半より地域生活支援センターに登録し、生活困難についての相談をするなどの支援を受けている。支援チームの援助を得てから現在、ややひきこもりがちではあるものの、入院せずに２年以上地域での生活を続けることができている。

見立て

　Aさんは繰り返し過量服薬等の重大な自己破壊行動を起こし、入院治療が繰り返されてきた。生活上の困難や対人関係のつまずきから強い不安や抑うつ状態が起こり、支援者への期待が高まり、距離感が近くなると愛情欲求が強まる状況となる。相手が期待に応えられなかったり、予想外の言動をしたりすると、「冷たい対応をされた」と支援者への不信感、疎外感を募らせ、さらに怒り・衝動行為を爆発させることがあった。また、態度や意見のめまぐるしい転換や白か黒かという二極思考などが明らかであった。このような特徴から、Aさんはパーソナリティ障害と診断される。

　このように、治療・支援関係が不安定な状況になりやすいときには、その前提として、感情の爆発や自己破壊行動の裏にある気持ちの共感や内面の理解を進めることによって、自己を統制しようとする本人の意思を強めることが重要である。特に地域生活を支えるためには、治療全体を通じて、治療・支援関係を少しでも強化し、支える体制を構築する努力を続けることが必要である。

援助の経過

Aさんは、治療・支援の中で自殺企図に至るまでの生活上の困難や不安、対人関係での摩擦・葛藤や孤立感、治療への思いを少しずつ表現できるようになっていった。

その過程の中で特に重要な役割を果たしたのは、地域生活支援センターのスタッフが提案して入院中に行われた**個別支援会議**であった。そこでは、当事者Aさんを中心に担当医、看護師、地域生活支援センターの職員など関係機関のスタッフが参加して、当事者の気持ちに寄り沿いながら、それまでの経過を振り返り、地域での生活のイメージを確認するなどして、サポート体制を作り上げていく作業が進められた。ⅱ

Aさんはそこで、「制約が多く閉鎖された空間での入院生活では、私は退行してしまって怒って思いきり暴れてしまい、何度も保護室で拘束される結果となり、本当につらい思いをしました」、「保護室で床に置かれたマットレスをビリビリ破ったり、女性看護師と取っ組み合いをしたりしました」、「スタッフに乱暴な患者と思われて、そのように対応されていることがつらかった、自分が暴れてしまったせいで、いっそうつらい状況に追い込まれて悪循環になってしまった」などと心情を吐露することができた。彼女の説明により、支援チームは彼女の思いをより深く理解し、共有することができた。

退院後の治療・支援では、外来診察（週1回）、保健師の相談・訪問（適宜）や訪問看護、地域生活支援センターの相談が行われていた。退院直後のAさんには、さまざまな生活上の出来事によって不安が高まり、頓服薬に依存する傾向があった。支援者は、生活の不安に対して適宜相談に乗り、「自分のことは自分で決め、できるだけ自分でやる」ことを原則とし、彼女が自分なりに今まで生

個別支援会議
当事者の置かれている状況や問題行動が生じた経緯を理解し、その理解を共有し、今後その対策をともに検討することを目的として、当事者に加えて医療、看護、福祉等の各関係スタッフが参加して行われるミーティング。
（→29, 42, 119ページも参照）

活してきたことを一つ一つ支持しながら、Aさんの依頼があれば問題解決の手助けをした。

あるときAさんは、地域生活支援センターのスタッフに「今回の年末年始は自宅で年越しをしたい」という決意を語った。それ以前の数年、彼女は、年末年始に相談機関が利用できなくなる強い不安や家族のいない孤立感が強くなって死にたくなるために、入院を余儀なくされていた。支援チームは、その決断を応援するため、彼女と一緒に「年越し乗り越え計画」を立てることになった。そこでは、予測される不安や孤独感、うつ状態の様子を示す折れ線グラフを描き、それに利用可能な社会資源や知人・友人関係を書き入れて計画表を作成した。また、できるだけ外来診察、支援センターや保健師の相談や訪問看護の訪問の間隔を空けないよう工夫をし、元旦などはAさんがあまり期待を多く持ちすぎずに知人や友人とのつながりを感じられるよう、軽い挨拶程度の電話やメールをすることが計画された。

年明けには、計画表に記されたAさんの日記を見ながら、Aさんと支援スタッフによる振り返りが行われた。Aさんは、「大晦日や元旦には孤独感で死にたい気持ちに襲われたが、計画表どおり箱根駅伝のテレビ中継を見るなどして、一日一日を過ごしていった。計画表に書かれた言葉やイラストが励ましになった」と述べていた。その後も長い休みの前に計画の作成が行われたが、ほどなく、「今まで作成した計画表を『お守り』にしてやってみます」と言って、自力で乗り越えることができるようになった。

また、「不安でパニックになり、いろいろな人に相談しすぎると逆に揺れてしまうから」と考えて一人で気持ちを鎮めようとする試みや、自己破壊行動に代わる対処方法（家事で気を紛らわす、クッションを投げてみるなど）の開

発を進めた。その成果は、頓服薬を使う回数の減少に顕れている。また、自殺行動は、早めに支援チームの援助を求めることによって抑えることができている。

退院後1年の時期、「顔にラップを巻かれているようで、生きている実感がない」と離人症様の訴えがあったが、支援を利用しつつ感情の波に対処しながら回復した。支援や対処の選択肢が増え、すぐに入院を検討する必要性も減った。また外来頻度も2～3週間に1回となった。

彼女は現在、「死にたくなる」という気持ちになっても自殺行動に走ることなく、入院をせずに地域生活を継続している。「小さな『噴火』はあるけど、大爆発をする前に鎮火できている気がします。救助隊が来てくれるから」ということである。

考察

◉担当医の見方

Aさんは、絶望感や諦念が支配的であるが、その反面で、対人関係における距離感や葛藤に由来する苦しみから生じる他者への依存欲求が満たされないときに衝動行為に走ってしまうというパーソナリティの脆弱性がみられる。それを補うためには、極端な認知の偏りの修正や自己統制力を強めることが必要であるが、その前に安定した治療・支援関係を形成するための基礎固めが必要となる。それは、支援者がAさんを受容し、理解・共感する中で、生活上の不安や対人関係の混乱を収束させ、問題のありかを認識し、言語化することである。この過程の中で治療・支援関係を築き、それによって「治療同盟」を強化することで、自殺行動や衝動行為をせずに地域生活を守ろうという当事者の意思をサポートすることが可能になる。

地域生活における支援の中で特に重要なのは、当事者自身

の考え方を尊重して**自己決定**を促進することである。地域生活は、当事者の考えを基本として組み立てられるものだからだ。当事者の不適応的行動を批判したり、価値観を押し付けたり、過度に管理的になったり、反対に過保護になったりしないように注意するべきである。当事者を生活者として尊重し、共感や受容によって信頼関係を築くことが重要といえる。

　当事者とともに問題に取り組む場として、個別支援会議を設けることは有用だ。支援チームは、チームメンバーのさまざまな視点を統合して当事者の全体像をとらえ、それをチームで共有し、包括的に本人とともに問題に取り組むことを目指すべきである。問題解決のためには、時に支援者は当事者と同じ生活者としての視点で当事者と知恵を出し合う。さらに、当事者自身がその協議に主体的に参加し、それに基づき、問題が発生した際に適切なSOSを出して解決していくことが、当事者の自信の回復、**自助**能力の向上に結びつく。Aさんは、支援チームとの信頼関係が強まるうちに、孤独感が和らぎ、自分の行動や心境を振り返る能力や、孤独耐性、感情統制力の強化が進んだことが認められている。

◉地域生活支援センタースタッフの見方

　Aさんの自己破壊行動の裏には、強い「自責の念」があると考えている。「きちんとしたいのにできない」、「自分でなんとか対処したいのにできない」と、むしろそのことに関して強迫的になり、自分へのプレッシャーがとても大きくなってしまう。うまくいかないときに「こんな自分が嫌で世界中から嫌われているのではないか」、「こんな自分では見捨てられて当然なのではないか」という自責の感情から絶望し、「消えてしまいたくなる」、「見捨てられる前に自分から断ち切ってしまおうと思ってしまう」と語ってくれている。自分への厳しさ、完璧さを求め危機的な状況に陥ってしまうと支援者への期待も大きくなり、それによる葛藤や摩擦が起こると考えている。誰しも危機的な状況に陥ると退行してしまうのは

自己決定
自分の生き方を自由に選択し決定していくこと。当事者一人で決定することが困難であれば本人が主体となり支援を求め、助言を受けて決定する。

自助
「患者」でなく「当事者」が、自己決定により立場や状況を主体的に改善すること。治療を一方的に受ける受動的過程でなく、自身も参加する協働的過程である。

当然として、養育期にさまざまな苦労をされたことの影響も感じる。自己破壊行動の裏にある不安や絶望を伝えてもらい、そこを支援チームで理解し支える。その対処を一緒にやっていき、本人が自信をつけることが、大きな自己破壊行動の予防につながると考えている。

治療や支援において、その過程への当事者自身の主体的な参加なしには、当事者の自立、自信の回復は実現しない。地域での支援において重要なのは、「当事者本人の自己決定を尊重すること」、「ともに問題に取り組むという人間としての関わりを実践すること」、「本人の気持ちに寄り添い、共感と受容をもって関わること」である。

地域での支援では、重大な逸脱行動があったとしても、当事者の考え方や行動を批判したり、管理的な確認や指示をしたりするだけではよい支援にならない。当事者の行動の根底にある不安や葛藤などの気持ちに寄り添おうという態度をもって関わってこそ、信頼感に裏づけられた支援関係が始まるのである。その中で当事者の理解を深め、そこにおける当事者の努力や苦悩を認めることが協力関係の基礎になる。さらにさまざまな背景を持つ他の支援者の理解を共有することによって、多角的に当事者の全体像を捉えること、そしてその見地から当事者の抱える問題にどう取り組むかを検討することが重要である。

支援チームと当事者が参加する個別支援会議では、当事者の置かれている状況や問題行動が生じた経緯を理解し、その理解を共有することが目指される。Aさんのケースでは、まず問題行動の背後にある気持ちを表出してもらい、そこから対人関係の問題や生活上の不安や葛藤が認識され、当事者の自覚が深まり、それに対処するサポート体制を共に考えることができるようになった。また、この会議によって、危機介入時や当事者と一部のスタッフとの葛藤が生じた際などにも相互サポートが行われ、当事者・支援者ともに孤立したり、葛藤を強めたりすることを回避することができた。

このような支援者のチームとしての活動には、長期に安定的な支援の継続を可能にするという利点のあることが強調されるべきだろう。ここでは、多職種のメンバーによる職種や部署を越えた連携のネットワークが形成される。このようにして作られた多職種チームは当事者・支援者にとって互いに顔が見えるものであり、それぞれの役割・守備範囲や支援のスタンスを確認し合え、各支援者が孤立して過度に責任を感じたり、悩みを一人で抱え込んだりしないことに貢献する。また、異動や支援の過程によってメンバーが交代しても、支援の流れは変わらずに状況の変化に対応しうる。

地域生活の支援では、当事者の自己決定を援助するため、支援者も共にいくつもの選択肢の間を揺れながら検討するという作業が行われる。答えは一つでなく、さまざまな考え方があり、この迷いや揺れの過程を共有することも当事者の自己対処能力を高めることにつながるだろう。そこでは、支援スタッフのそれぞれが、生活者としてのさまざまな価値観や切り口で当事者と語り合うことも有効であると思われる。

（玉置夕起子・内山裕之）

i この症例提示は、当事者Aさんが地域生活を送る上で必要となった支援を、地域生活支援センターのスタッフ（玉置）と担当医（内山）がそれぞれの立場から行った記録をまとめたものである。
ii 筆者の一人（玉置）は、別稿で個別支援会議について発表（玉置, 2011）を行っている。

参考文献
玉置夕起子（2011）「当事者の自助能力を支える個別支援会議の重要性」『精神科治療学』26(9), pp.1093-1097.

事例3　自己破壊的行動（家族の視点から）
－自傷行為を繰り返す女子生徒の家族支援－

キーワード　精神保健福祉センター思春期・青年期相談｜境界性パーソナリティ障害｜メンタライゼーション｜弁証法的行動療法家族技能訓練｜家族グループ

ケースの概要

　高校2年の女子生徒Bは、共働きの両親と弟の4人家族であった。親から見ると「家族想いのよい子」で、近くに住む母方の祖父母も気にかける優しい子どもであったという。しかし、高2の1学期に慕っていた祖父が他界、その後母親の仕事が忙しくなり家にいる時間が短くなった夏休み頃からふさぎ込みがちになり、夜入浴後に「誰かの足が見えた」など気になる言動が見られたという。学校の担任からも最近学校で寝てばかりいる、今までとまったく様子が違う、ときどき体調不良で早退しているが大丈夫かという連絡があった。

　学校での様子に驚いた母親が早退の理由を問いつめると、Bは母親を部屋から押し出して立て籠もった。仕事から帰宅した父親がドアを押し開けて入室すると、Bは手首から出血しており、無数の傷跡が見られた。傷が深くなかったため、自宅で手当てをし、もうやらない約束をさせたものの、それ以降、自宅や学校での生活態度を注意したときなどに自傷行為を繰り返した。母親を拒否する態度を見せたかと思うと、入眠時は不安そうに添い寝を求めてくるなど、揺れ動くBの対応に苦慮した両親がスクールカウンセラーに相談、**精神保健福祉センター思春期・青年期相談**を紹介され、精神科医師と心理士の面接を受けることになった。

精神保健福祉センター思春期・青年期相談
「精神保健及び精神障害者福祉に関する法律」第6条に定められた「精神保健の向上及び精神障害者の福祉の増進を図るための機関」。都道府県、政令市が設置している。同法には、「精神保健及び精神障害者の福祉に関する相談及び指導のうち複雑又は困難なものを行うこと」とあり、各センターで特色のある取り組みが行われている。思春期・青年期を対象にしたグループを実施しているセンターもある。

境界性パーソナリティ障害
→21, 227ページ参照

メンタライゼーション
自他の行動がその人の心の動きや状態から生じるものであることを理解する能力を示す。アレンとフォナギーによって提唱された。境界性パーソナリティ障害者は、自分の状態を他者や自己の心の動きと関連付けて捉えることが難しいとされ、このために個人療法、集団療法、薬物療法などからなる統合的な「メンタライゼーション療法」が開発された。

見立て

　精神科医師の面接では、まず幻覚が疑われるBの訴えが精神病のものであるかが検討された。さらにうつ病との鑑別診断が行われた。ひと月の鑑別診断の期間、Bはかなり落ち着きを取り戻していた。心理士による心理検査所見からも、Bの混乱は両親、主に母親との関係性の反映であり、**境界性パーソナリティ障害**が疑われると判断された。

　Bがまた豹変するのではないか、このままではBに手をかけてしまうのではないかという母親の強い不安があったため、Bの個人治療は入院施設のある病院を紹介し、精神保健福祉センターでは家族支援およびBのグループ体験の場を提供することになった。

援助の経過

　Bが受診した病院の精神科では、精神科医師による薬物治療と心理士のカウンセリングが行われた。カウンセリングでは、**メンタライゼーション**を意図した面接が実施され、カウンセラーとの「いま、ここ」でのやりとりを通じ、徐々にBの自己理解が促進された。精神保健センターでは、家族が心理士と**弁証法的行動療法家族技能訓練**に取り組んだ。また、センターで実施されている**家族グループ**に母親が参加し、メンバーとの交流によってBとのかかわりにおける緊張が少しずつ緩和されていった。

　その背景として、Bが定期的にセンターの思春期グループに参加し、グループを居場所にすることができたことが大きかった。母親は、「グループでのBの様子を聞いて、子どもっぽさや不安なところ、逆に頼もしいところなどBの多様な姿をあらためて知った。祖父が亡くなってか

弁証法的行動療法家族技能訓練
自傷、自殺関連行動に効果があるとされる弁証法的行動療法（Dialectical Behavior Therapy: DBT）をベースにした家族支援の技法。DBTの技法（感情制御不全を中心に、対人関係制御不全、行動の制御不全、認知的制御不全、自己の機能不全を体系化したスキル訓練システム）を家族が身に付けることによって、クライエントである家族との困難な生活に対処するとともに、家族のDBTスキル獲得を支援する（遊佐, 2013）。

家族グループ
家族グループは現在、アルコール依存や摂食障害等の自助グループから集団家族療法グループまでさまざまな形態がある。家族グループで実施されることの一つに、家族の心理教育がある。家族心理教育の基本要素は、教育セッション（病気・治療・リハビリテーションについての知識と情報の共有）と、対処能力セッション（問題解決技法、コミュニケーション・スキル・トレーニング）からなる（後藤, 2013）。

ら、『もう子どもじゃないんだから』と何でも自分でやらせすぎたかもしれない。自分も父が亡くなったショックから仕事に没頭し、Bと急に距離ができたと思う。Bは寂しかったのかもしれない」と心理士にしみじみ語った。

家族の了解を得て、支援に際しての情報共有は心理士同士が行い、それぞれの場所で心理士が精神科医師とケース理解を深め、さらにその理解を心理士同士が共有するという構造を作った。治療が開始されたあとも、学校でのストレスがあったときなどに自傷が見られたが、医師と心理士、そして家族の協働によって不安が拡大することを防ぎ、Bの行動の理解と現実的対処が検討された。この中で次第にBと家族は落ち着いてゆき、「大学受験に集中したいから」と高3の夏にBがグループ活動を終了、高校卒業時に服薬も中止となった。

大学に進学して1年半が経った頃、「お互い心配なところもありますが、何とかやっていけそうです」とBと家族の治療はいったん終結となった。その後は再来していない。

考察

クライエントが自己破壊的行動を示すとき、家族が無理にその行為をやめるよう働きかけたり、逆に問題を軽視し重大な事故に結びつくことが少なくない。ここでは、家族に投げかけられるクライエントの言語化できない不安を、家族がどう受け止めることができるかが焦点となる。すなわち、クライエントの行動が家族を脅かし、その結果家族に大きな不安が生じ、さらにクライエントとの距離が開いていくという悪循環を変えるための援助・介入が求められる。自己破壊行動に対しては、それをきちんと扱うこと（ホートン、松本ほか）が重要になる。

このために、子どもの自己破壊行動にとらわれ、「理解できない」と突き放すのではなく、現在の状況を踏まえればクライエントの行動には無理からぬ部分があると受け入れ、問題解決の方略を探っていく弁証法的行動療法家族技能訓練が重要な治療モデルを提供したと考えられる。また、母親が精神保健福祉センターの家族グループに参加したことも、他のメンバーの語りを通じて自分たちの置かれた状況を俯瞰的に見るという貴重な体験となったのではないか。地域にはさまざまな資源がある。自己破壊行動という「つながり」を無理矢理切ろうとする行動化に対しては、クライエント・家族のニーズや状況（症状）に応じた援助ネットワークの構築が望ましい。

この際、重要な留意事項がある。それは、援助ネットワーク（援助チーム）にもクライエントや家族の不安が投影され、援助者同士の関係が危機に瀕する場合があるということだ。自己破壊行動の支援では、援助チームのメンバーもまた「承認し合える」体制を構築していく必要がある。精神科医と心理職による情報共有のルーティン化は、治療構造が悪循環に陥らないための安全装置になったと考えられる。

最後に、自己破壊行動の家族支援では家族だから持ちこたえられるのではなく、家族であるからこそ逃げることができずに苦しいという前提に立ち、閉塞状況にあるお互いの関係を再吟味するための具体的介入が必要になることを確認しておきたい。

（村松健司）

参考文献

後藤雅博 (2012)『家族心理教育から地域精神保健福祉まで』金剛出版.
松本俊彦 (2009)『自傷行為の理解と援助――「故意に自分の健康を害する」若者たち』日本評論社.
遊佐安一郎 (2013)「境界性パーソナリティ障害」『家族療法テキストブック』, pp.258-264. 金剛出版.
アレン, J.G.、フォナギー, P.(編) 狩野力八郎 (監訳) 池田暁史 (訳) (2011)『メンタライゼーション・ハンドブック――MBTの基礎と臨床』岩崎学術出版社.
ホートン, K.、ロドハム, K.、エヴァンズ, E.(著) 松本俊彦・河西千秋 (監訳) (2008)『自傷と自殺――思春期における予防と介入の手引き』金剛出版.
リネハン, M.M.(著) 大野裕 (監訳) (2007)『境界性パーソナリティ障害の弁証法的行動療法――DBTによるBPDの治療』誠心書房.

事例4　薬物依存・乱用・食行動異常
－症状の意味を捉え、多職種チームで支える－

キーワード AUDIT｜BMI｜自己治療仮説

ケースの概要

　28歳女性。3人姉妹の次女で、姉や妹と容姿や学校の成績で比較されることが多い幼少期を過ごす。両親ともに公務員で多忙なため、姉妹の身の回りの世話は母方祖母が担っていた。

　中学校時代、親友だと思っていた人が首謀者となる陰湿ないじめに苦しみ、人間関係に対して不安が強くなる。東京の大学へ進学するが、都会での生活に戸惑う。一足先に大学生となっていた姉が美しく変身していくことに羨望を覚えて、ダイエットを開始した。半年で10キロ以上体重が減少し、生理が止まる。拒食から一転し過食嘔吐が始まり、同時にアルコールと市販の睡眠剤を併用するなどが続くため大学にはほとんど行かず、20歳で中退し実家へ戻る。朝から飲酒し、冷蔵庫や買い置きの食材を食べ尽くす。母親に叱責されると逆上して2階の自室から飛び降り、リストカットするなどして家族を混乱させた。

　21歳時、睡眠薬による朦朧状態で自動車事故を起こし外科に入院となる。その後精神科病院へ転院し、24歳までに3回入院した。状況は好転せず、母親の探した依存症者の社会復帰施設に入所となる。施設では適応的に振る舞う一方で、入所者同士の関係が作れず次第に孤立していたところ、些細な入所者の言葉に反応し、果物ナイフを向けたことで強制退所となった。

　母親から一緒には暮らせないと拒絶され、本人は生活

保護を受給しながら単身生活を開始。半年ほど経過して筆者が主宰する社会復帰施設（通所施設）の利用を希望し、本人が一人で来所した。「食べ吐きも、アルコールや薬のまとめ飲みもしたくない。でも気持ちが追い込まれると同じことの繰り返し。母親からも拒絶されて辛い。どうしたらいいかわからない」とのことだった。一人でいると時間を過ごせない、することがないと食べ吐きと飲酒で終わることから通所が始まった。

見立て

アルコール依存症に関しては**AUDIT**で16点。摂食障害に関しては大量過食と自己誘発性嘔吐、利尿剤と下剤の乱用が見られ、**BMI**＝17であった。精神科病院では境界性パーソナリティ障害、アルコール依存症とその都度診断名が違ったというが、本人は人から嫌われる不安が一番辛いという。手首から腕にかけて多数のリストカット痕があるほか、衝動的な飛び降りなど自傷行為の経過を確認した。

援助開始にあたって、本人は摂食行動に関して主治医に指示されたことができなかったし、そういう自分にがっかりされるのが怖くて事実を伝えられないと話した。また身体的な不調も気になるが、現実を知る怖さがあるという。そこで筆者が連携してきた女性の精神科医と内科医で摂食障害の治療に協力してくれる女医の二人で双方に情報交換してもらい、筆者から二人の主治医に本人の生活や援助の経過を伝え処遇方針を協議することとした。

自傷行為や依存症の症状は、本人にとってどのような意味をもつのか。筆者は**自己治療仮説**に基づきながら、まず生活全体を丁寧に観察し、本人の語りを否定せずに聞

AUDIT
アルコール依存症のスクリーニングテストとして用いられている。Core AUDITと呼ばれる10項目が使われることが多く、過去1年間の飲酒に関する質問に答えて、答えについている数字の合計を出す。日本で行われた研究では12点以上を問題飲酒、15点以上を依存症とすると言われている。

BMI（ボディマス指数）
ボディマス指数とは、体重と身長の関係から算出される人の肥満度を指す。体重を身長の二乗で除した値が17.5以下を摂食障害の鑑別点としている。

自己治療仮説
カンツィアンとアルバニーズによって唱えられた理論。物質への依存や嗜癖的行動が繰り返されるのは、それが心理的な痛みを軽減し取り去る効果があるためで、本人にとって「自己治療的」な意味がある。またどの物質に効果があるかを本人は試し、その経験の中から選択していると述べる。そのため依存や嗜癖行動を止めるだけでなく、生活における個別ニーズに対して包括的援助が必要だとしている。

き取ることから始めた。

援助の経過

　筆者が代表を務めるNPO法人は、2か所のグループホームと通所施設を運営する。さまざまな被害体験を契機として精神疾患や生活障害を抱える女性を援助の対象としている。通所施設は週5日開設しており、午前と午後に90分のグループワークを行うほか、個別面接や就労支援に力を入れている。

　通所開始後、間もなく飲酒が止まる。しかし摂食行動は悪化し、スーパー内の徘徊が続いた。通所開始半年で職業準備訓練を通じてOA事務を学び、疾病を非開示でアルバイト就労を開始。頑張っている自分でないと評価できないし、評価されないはずだと頑なさが目立つ。しかし不安が強く、頻回に施設に電話をしてきては確認を繰り返していた。仕事が中心の生活になったため、施設利用をいったん終了とした。二人の主治医の診察は不定期ながら継続した。

　援助開始から9か月経過したある日、本人が万引きにて逮捕されたと警察より電話が入る。スーパーでは度重なる万引きをモニターにて確認していたところであったという。本人の希望で身元を引き受ける。仕事が覚えられない、何度も同じ間違いをしてこのままでは首になるのではないかと怖かったと泣きじゃくる。今までのことが無駄なのではない、何を整理する必要があるのか再考するために、生活全体を見直す提案をおこなう。アルバイトは辞め、施設の利用を再開するにあたり条件を提示した。第一に、生活環境を変えてグループホーム（マンションタイプ・独立生活型）に入所し、同時に通所施設に通

いながら生活を見直すと共に、摂食行動に関して定期的な面接を受けること。第二に、自分の気分や体調に焦点を当てて、それを素直に表現する練習をすること。第三に、スタッフからの提案には最初から無理だと否定せずに取り組むこととし、本人がこれを受け容れて援助は新しいステージに入った。

　2週間ごとの面接では、その間の摂食行動を日誌形式で時系列に書き留めつつ、出来事と気分をメモするという「食事日記」を作り持参してもらった。本人の過食行動の背景にあったのは強い「不安」であった。面接では過食行動を変えるのではなく、症状の意味や位置づけについて本人が向きあい、気づいていくことを目的とした。

　両親は本人が小学生の時に数年間別居しているが、さらにその数年前から家庭内で会話がない状況が続いていた。家のなかでポツンと取り残されたような気分で寂しかったこと、姉は友達と遊びに出かけ、妹は祖母が保育園に迎えに行き祖母宅で夕飯までの時間を過ごすのが常だったために、自分は家族の誰からも忘れられた存在のように感じていたという。さらにその孤立感を決定的にしたのは、別居の際に母親に自分と一緒に来るのかと聞かれて、一瞬父親はどうなるのかと戸惑った本人に、母親から「あなたはお父さんにそっくりだから」と言われたことだった。それ以来、いつか自分は見捨てられるのではないかという気持ちが頭から離れなくなったと話した。

　この家族の記憶に関しては、精神科医との診察に引き継がれた。話すことで感情が激しく波立ち怒りが露わになるために、そのことでまた周囲に八つ当たりして孤立する怯えが出て、本人にとって辛い時期であった。しかし、自助グループで同年代の仲間ができたことも本人を支えた。筆者の援助は、面接から具体的な暮らしの援助

へとシフトした。またこの時期に内科での検査および栄養に関するレクチャーを内科医がおこない、食べることの意味づけを変化させる取り組みを始めた。

　援助開始から3年経過し、課題であった部屋の片付けをおこなった。溜め込んだものを捨てるという作業を通じ、自分にとって何が必要なのか、自分の身の丈に合った暮らしとは何かを自覚していった。過食嘔吐は続いたが、それにかける時間もエネルギーも援助開始時と比べ大きく減った。そのことで本人は再度就労へ向かう気持ちとなり、援助開始4年目で軽作業の仕事に就きながら、自助グループではさまざまな役割を担うようになり安定してきたため援助を終了とした。それ以降は仕事における対人関係で不安が強まったとき、あるいは生活保護を辞退する時期についてなど、具体的な相談のテーマが浮上した場合にフォローアップ面接を実施した。

考察

　過度な飲酒や過食嘔吐、リストカットなどはどれも健康に影響を与え、周囲を困惑させる。そのため症状の一つ一つをなんとか止めさせようとすることが先に立ち、本人に結果の重大さを突きつけて「わからせようとする」援助が行われがちである。しかし本人も援助者の前では十分に反省し、むしろ同じことを繰り返してしまう自分に嫌悪感さえ感じている。それなのに事態はなかなか変化しないのである。

　膠着した状態が長く続く事例の場合には、心理的苦痛への自己治療としての症状という捉えが重要である。この事例では他者評価による自己肯定を勝ち取る原動力として、また等身大の自分は否定されるはずという不安の緩和として、飲酒や過食嘔吐が必要だったと言える。これを手放す気持ちを醸成しつつ、具体的な行動を取れたときには必ずそれを賞賛す

ることが重要である。

　この事例では、二人の主治医が本人の症状の語りに付き合う一方で、ソーシャルワーカーである筆者が、生活に現れる不安や怖れに対して具体的な援助を行った。本人は3人とのそれぞれの関係性において時間をかけながら、どのような自分であってもそのままでいてよいと感じられるようになるとともに、症状は消失するか小さくなった。同時にそれまでは優劣が気になり素直になれなかった施設の他の利用者、自助グループの仲間との関係も変化していった。

　事例を通じて見立てを共有し、援助者同士でそれぞれの役割を担えるような関係性を育むことは、援助者が孤立し事例との膠着した関係に突入することを避ける。お互いの専門性を尊重すると同時に、風通しのよい連携とは何かを考え実践することが、地域において困難な事例を支える場合には必須と言える。

　　　　　　　　　　　　　　　　　　　　　（大嶋栄子）

参考文献
上岡陽江・大嶋栄子(2010)『その後の不自由――嵐のあとを生きる人たち』医学書院.
水島広子(2010)『摂食障害の不安に向き合う――対人関係療法によるアプローチ』岩崎学術出版社.
カンツィアン, E.J.、アルバニーズ, M.J.(著)松本俊彦(訳)(2013)『人はなぜ依存症になるのか――自己治療としてのアディクション』星和書店.
「特集　境界性パーソナリティ障害(BPD)の新しい理解と援助のあり方」『精神科治療学』26(9).星和書店.

事例5　対人関係トラブル・恋愛問題
－親に対する恨みから長期にわたって行動化を繰り返した女性－

キーワード　境界性パーソナリティ障害｜自己愛性パーソナリティ障害｜A-Tスプリット｜BPD家族会

ケースの概要

42歳女性。高齢の両親の間に一人っ子として生まれた。元来プライドが高く、社会的地位や金銭面で裕福な人を好んで付き合う偏りあり。両親も過保護、過干渉気味だったと自覚している。問題行動は、受験して入学した私立中学在学時に、情緒不安定からの不登校に始まり、短大2年での就活の失敗（一流企業狙い）による自傷行為で本格化した。ここからメンタルクリニックへの通院治療が始まるが、症状は鎮静するどころかますますエスカレートし、さらには万引きなどの反社会的行動にも拡大。クリニックでの通院治療は限界と判断され、21歳のとき、筆者が当時勤務していた単科の精神科病院へ入院治療を目的に転院してきた。しかしその時は初診のみで受診はいったん途絶えた。ところが約1年後、「ますますエスカレートした」（両親談）ため、再受診に至った。

見立て

不眠や食欲不振、嘔吐、倦怠感等の一連の身体症状や、落ち込みや意欲低下等の精神症状を訴え、患者は「うつ病」との自己診断を下していた。しかし、これらの症状や自傷行為（リストカット、過量服薬など）に至る事象や自身の思考の説明は非常にエネルギッシュで流暢であった。後述するような極端な激しい対人関係の持ち方、衝動のコントロールの困難さ等の長期継続からは、**境界性パー**

境界性パーソナリティ障害
対人関係の不安定さや見捨てられ不安、自分らしさがわからないといった特徴を持つ、情緒面感情面での不安定さが強い性格傾向のこと。
（→21, 227ページも参照）

ソナリティ障害（BPD）、また**自己愛性パーソナリティ障害**（NPD）の存在が示唆された。

援助の経過

筆者はいわゆる**A-Tスプリット**で患者の面接を受け持ったが、トラブルの内容、自分の感情を詳細に語り、その正当性を何度も確認することばかりが続いた。さらにこの不適応は、親に厳しく躾けられたトラウマから生じ、自分は心理的虐待によるPTSDであるとも主張した。こうした患者の暴挙は、当然ながら両親に対しても向けられていた。彼らは日々身体的精神的経済的に追い詰められていたが、逆恨みの恐怖や罪の意識から抗えず、そして親の愛情で治療するという信念にもすがり続けていた。そこで院内で発足した**BPD家族会**への参加を促し、疾患認識を深めさせ、同じ体験をしている家族からの具体的なヒントを得させた。

その矢先、当時交際していた男性との間でトラブルが重なって激昂した患者は事件を起こし、警察に逮捕されるに至った。疲労困憊しきった両親に対して別居を勧めるも、「介護の必要な家族がいるから」という理由から、両親はそれでもなお別居を拒んだ。4か月後に執行猶予付きの有罪判決を受けて患者は釈放されたが、その男性からの別れ話で揉め、慰謝料請求でいったんは関係清算としたものの、それを使い果たすと程なくして患者は自殺をほのめかして復縁を迫り、強引に結婚にこぎつけた。

こうして結婚には至ったが、次は多忙な夫に不満を持ち、結婚生活は10か月で破綻した。両親は迷うも、それでもまた自宅に患者を迎え入れた。当然患者本位の生活が再開され、しかもこの間の度重なる失敗体験が、自分

自己愛性パーソナリティ障害
自分は特別な存在という確信を持っており、他人に対する思いやりや共感性が乏しいという特徴を持つ性格傾向のこと。BPDと同じ、B群クラスターというグループに属する。
（→21, 227ページも参照）

A-Tスプリット
一人の患者に対して、精神科医と心理士とで身体・精神医学的管理と心理療法とを役割分担して行う治療構造のこと。

BPD家族会
家族にBPDの人がいる家族が定期的に集まって、疾患について学んで知識を得たり、体験を持ち寄って対処方法を学んだり思いを分かち合う集まり。我が国でこの会はまだ数少ない。

の苦悩を解消してくれない元夫の、あるいは元を正せば両親の自分に対する愛情不足から生じたもの、との歪んだ認識を強化するものとなっていた。

　ところがある日、同居する親族に大怪我を負わせるという出来事に、突然両親が別居に踏み切る決意を固めた。当然患者は強く抵抗したが、その頃ちょうど主治医の転勤が決まり、その主治医の診療を継続することを理由に、何とか他県に移って単身生活に入ることとなった。これを機に、患者本人を主治医が、家族を筆者がそれぞれメインで受け持つという形が整った。まったく土地勘のないところに独りでの生活を強いられることになった患者は、ストーカーのように親の携帯（両親は別居後自宅を売却し、転居先は患者に伏せた）に、この仕打ちの理不尽さに対する恨みと別居撤回の懇願を繰り返した。両親はこの患者の状況に動揺し、確認を求めてくることが増えたが、その都度、自宅を手放した時の決断に触れ、評価し保障した。彼らは地元の保健所にも事情説明をしに出かけた。患者はすでに地元で騒動を起こしていたため、両親の来訪で所内でも情報が一致、主治医ともさっそく連携を図った。それにより、救急隊や警察から夜な夜なかかってくる引き取りの矛先は、両親から保健所や医療機関に向けられた。

　ところが、実は主治医も異動直後で体制の整えのため患者を受けにくい状況にあった。すると患者は筆者との連絡を再開、当面の問題を解決するために必要な人や場所を見つけることが先決で、重要で、現実的ではないかと話し、その解決策をいくつか提案した。そこで先の地域関係機関だけではなく、自分の悩みを話し、時間を過ごせる自助グループやボランティア活動などにも足を運ぶようになった。

このように、この5年ほどさまざまな理由で患者の行動範囲や対人関係は変化した。しかしこれですべて事態が解決したわけではなく、問題行動は年に1〜2回のペースで発生し、現在でも時に警察沙汰になっている。

考察

　出会いから20年のこのケースには、本来有効とされているアプローチを試みられなかったBPD患者の長期経過が見て取れる。すなわち、患者に対する建設的・治療的な働きかけができなくても、タイミングをうまく待ち続けることで変化はもたらされるというモデルの提示である。

　このケースの患者は、虐待等の悲惨な生活背景もなく、まったく体を為さない家族関係でもなかった。客観的に聞くと、人の出会いにも恵まれたケースであった。しかしそれでも場所を変え、対象を変えて長年荒れた。相手の出方次第では、もっと多くの罪状で訴えられても不思議ではない経過である。

　見捨てられ不安や極端に二極化した思考等の外界に対する独特な偏った認知を有する彼女らは、他者に対して強い緊張感と警戒心を持っており、それは常に一触即発の危機にある。近年のDBT（弁証的行動療法）等は、そのための対処スキルの獲得を目指すことを目的にしている。

　しかしたとえスキル獲得が可能になっても、もともと持っているこの心性すべてが消え去るわけではない。したがって、どれだけこちらが知識を積み、場数を踏んで心しても、彼女らの琴線に触れることは多々あって、その都度摩擦が生じることはやむを得ない。そして時に嵐のように誰が何をやっても歯が立たない時期はあり、中には何もしなくてもただただ悪化していくケースもあるのである。

　しかしパーソナリティ障害は「パーソナリティ機能の障害」で、これらの機能の成熟が緩やかな変化をもたらす。したが

って、患者に直接的には何もできなくとも、その成熟までの時間をいかにして持ちこたえるか、周囲はそれを課題の一つとして考えてもいいだろう。すなわち、それはいかにして物理的心理的に安全な距離を確保し、湧き起こる陰性感情に翻弄される時間を短くし、この激戦が収束に向かうまでの時間を凌ぐかを考えることである。この場合の対象は両親と主治医、筆者らであったが、そのキーワードは暗黙のうちに「対象（とその関係者も含め）をとことん嫌にならない」であったろう。筆者らのBPD家族会では、家族らに、行動や思考の主体は親自身で、"やるべきこと"ではなく"どうしたいか、どうできるのか"を考えてもらう。

　この両親は会に足しげく通っていたにもかかわらず、これだけ失ってもなお、患者の抱え込みを長く続けた。その両親の回復に逆行する内容の相談に応じる時間もエネルギーも膨大に費やしたが、やりたいと決めているのは両親で、筆者にはそれを変えられないとの思いに徹したからこそ続けられた。周囲がこのように自己決定でラインを引いたことで、それが結果的に患者にも同様の意識を促し、後半に訪れた前向きな行動を後押ししたのかもしれない。

　ただし繰り返すが、これらはあくまでも「後付け」である。もちろん筆者の知識、技量不足は否めないが、それでも本ケースでは数多くある治療法が、次の爆発の呼び水にはなっても、好転する材料にはならなかった。当時は現実場面では翻弄されることだけだったのは事実である。

　しかし、患者も家族も治療者もさほど変われないとしても、ただ持ちこたえることだけでわずかな変化は訪れる。時間の経過はそれをもたらしてくれる。そういうちょっと他力本願的で逃げ腰な思考を、BPDやNPDらに関わる支援者たちが心のどこかにひそかに持つことも許されたい。　　（武田綾）

事例6　ひきこもり・退却
－対人的に傷つきやすく、ひきこもっていた20代女性－

キーワード ひきこもり｜ひきこもり地域支援センター｜自己愛｜理想化｜自己の断片化

ケースの概要

　25歳女性C。両親、本人、弟との4人家族。弟が生まれたとき、両親はとても喜び、Cはお姉ちゃんらしく振る舞い弟の世話をしていた。Cは小学校に上がると、ピアノ、習字、水泳等の習い事をしたり、学習塾に通ったり、スポーツや勉強に取り組んできた。母親はいつも「もっと頑張りなさい」と言うだけだった。父親は仕事が忙しいと言い、子育ては母親任せであった。

　小学校卒業後、中高一貫の進学校に入学した。入学当初はおしゃべりをする級友がいたが、女子のグループの話についていけず、だんだんと疎遠になっていった。クラスにいることも苦痛となり、学校を休みがちになった。成績は中の上であったが、中学の後半から勉強に集中できず、成績が下がっていった。

　高校では通学途中で腹痛が酷くなり、1年生の夏休み明けに登校しなくなった。家にいる時間が長くなった頃から、過食が始まった。父親がCに学校に行くように言っても、Cからは無視されることが続いた。母親はCにどう関わってよいのか分からず、オロオロする様子であった。また、生活リズムは昼頃起きて、深夜に寝るようになり、昼夜逆転の生活となっていた。

　ある日Cが要求したものを母親が買い忘れたときがあり、母親がCに謝ると、Cは激昂しリビングのドアを蹴り、母親に椅子を投げつけてきた。このように、思い通りにならないと、Cは母親に対して暴力を振るうことがたび

ひきこもり
義務教育を含む就学、非常勤職を含む就労、家の外での仲間との交遊などの社会参加を避けて、6か月以上にわたっておおむね家庭にとどまり続けている状態をさす。夜、人目があまりない中、コンビニエンスストアに行くといった状態も広義のひきこもりに含まれる。
「ふだんは家にいるが、自分の趣味に関する用事の時だけ外出する」者を含む広義のひきこもりは、約70万人と推計されている（内閣府, 2010）。

たび見られた。また、母親が弟と話していると、気持ちが不安定になり、「生きていても仕方ない、死んでやる」と、首をくくろうとすることもあった。

結局、高校は退学し、通信制高校に入りスクーリングを休みながらも通った。しかし、卒業後、再び家にひきこもる生活が続いた。過食の回数は減り、昼食は母親と二人で摂ることはあったが、それ以外は自室で過ごすようになっていった。母親が出かけることを嫌がり、また母親の関心が弟に向かうと情緒的に不安定になり、自傷をにおわせるようなことを言ってきた。また、自室では、インターネットの出会い系サイトを通じて男性と知り合い、メールのやりとりに夢中になっていた。時には、サイトで知り合った男性に会うこともあった。しかし、男性の自分への関心が失われると思うとイライラし、家の中で過食がぶり返した。

Cの異常な様子から精神疾患ではないかと母親は心配し、精神科クリニックを受診した。Cは薬に対して拒否的であり、「薬に依存してしまったら怖い」と中断した。

母親は疲労困憊し、保健所に相談したところ、**ひきこもり地域支援センター**を紹介された。そこでは、地域で若者の居場所づくりをしているNPO法人を紹介された。母親が電話をいれ、スタッフの臨床心理士(以下「心理士」)が母親と面談を行った。Cが母親をコントロールすることで、母親がCの要求に応え、母親の心理的負担が重なっていると心理士は考え、ひきこもりの家族の会への参加を促した。また、母親とは月に1回面談を行うことにした。半年経った後、本人が母親の付き添いで面談にやって来た。

ひきこもり地域支援センター
ひきこもりに特化した専門的な第一次相談窓口として各都道府県に設置されている。地域における関係機関とのネットワークの構築や、ひきこもりの家族等へ必要な情報を広く提供し、地域におけるひきこもり支援の拠点としての役割を担っている。

見立て

　Cは、母親に無理やり連れて来られ、自分は困っていることはないと心理士を非難するような口調で話した。一方で、友達が欲しい、一人でいたくないとぽつりと語り、人を求める気持ちが垣間見えた。また、母親が自分の話を始めるとぷいと横を向きながらも、母親の顔色を絶えず気にしていた。

　母親からの話も踏まえると、Cは母親から愛され承認されたい欲求が強く、それが得られないと自分が傷つけられたと感じているようであった。また、母親の反応に敏感であったり、周囲から自分が拒否されないかをとても気にしていることから、自己愛性パーソナリティ障害の「周囲を過剰に気にかけるタイプ」（ギャバード, 1997）と見立てた。

援助の経過

　心理士は、母親には悩んでいることを親同士で話し合えるように、引き続きひきこもりの家族会に参加してもらった。Cについては中学校を卒業以降、通信制高校を卒業したものの、外出することはほとんどなくひきこもる生活が続いていたため、外出する練習と、人と出会う機会をもつことが必要と考え、支援プログラムの利用を促した。Cが映画を好きだということを母親から聞いていたので、プログラムの中で行っている「映画を観る会」への参加を母親からCに伝えてもらったところ、当日Cは遅れながらもやってきた。会の終了後、心理士が声をかけると、警戒するような目でこちらをうかがっていたが、映画は自分の好きなものだったと話していた。また、心理士がプログラムは自分の好きなものから来てよいと

伝えたところ、興味を示したようであった。
　その後、Cは母親に付き添われてやって来るようになった。Cより少し年上の女性が映画が好きなことが分かると、笑顔で話すことが見られるようになっていった。Cにとって、彼女は、共通の話題があり頼れる存在であった。また、「太った姿を見られたくなかったし、人が自分を見下しているから外が怖く出られなかった。でも、ひきこもって家にいた自分には戻りたくない」と、心理士に話すようになった。
　家の中では、イライラすると母親にあたることは見られたが、母親ができないことには毅然とした態度を示すことで、話し合いを少しずつもてるようになった。Cの過食は以前より減り、家事を手伝うなど自室を出て過ごすようになっていった。

考察

　ひきこもりは男性が多いと言われているが、女性のひきこもりも珍しくない。女性の場合、一般的には男性ほど就労への社会からのプレッシャーが強くないと捉えられ、見落とされがちである。
　自己愛に障害のある人は、他者から愛され賞賛されたいという欲求が過剰であるが、他者への関心や共感は希薄であることが特徴としてあげられる（マックウィリアムズ，2005）。ギャバード（1997）は、対人的関わりの観点から自己愛性パーソナリティには2つのタイプがあると言う。一つは、他の人々の反応を気にすることがなく、いつも注目の中心にいたいと思っている周囲を気にかけないタイプである。もう一つは、他の人々が自分にどのように反応するのかに敏感であり、自分が批判されないかに絶えず注意を払っている「過剰に気にかけるタイプ」である。後者のタイプは、一見誇大的ではない

自己愛
自己愛がどこまで健康的で、どこからが病的なのかと線を引くことは難しい。ただし、他者との関係性の質に注目すると、病的な自己愛では、自分自身の欲求を満たすために他者を利用することが見られる（ギャバード，1997）。
なお、本事例であげた「過剰に気にかけるタイプ」はDSM-5の自己愛性パーソナリティ障害の診断基準には示されていないが、臨床的には有用な指標である。

ように見えるが、内心では自分自身を**理想化**して見せたいが、自分の弱さが露呈し恥をかくことを極度に怖れている。

　Cは、幼少期、弟をかわいがることで、親に対して弟よりも自分に注目してほしいと振る舞っていたのだろう。また、親の期待に添うよう、習い事や勉強に励んできた。インターネットのバーチャルな世界では、男性の自分への関心が失われたと感じると、不安が高まり行動で対処することが見られた。自分に注目して欲しいと思ってもそうでないと、まるで自分は取るに足らない存在なのではないかと感じ、ひきこもるようになっていたと思われる。このように、他者から自分が期待したような対応をされないことで傷つき、**自己の断片化**や抑うつ的になることが自己愛の障害をもつ人には見られる。

　また、Cは「人が自分を見下しているから」と言っているが、本心は自分が他者に見下されないよう内心ビクビクしていた。当初は**万能感**が崩れることを怖れ、ささいないことで無視されたと思っていた。しかし、非現実的な要求には答えられないと母親が限界を示すことで、Cは不満に思いながらも現実の生活に折り合っていくことを少しずつ理解していった。自分の行為の意味を理解することには時間がかかるが、他者が苦しみを少しずつ引き受けることで、攻撃的な行動が減っていたと考えられる。

　とりわけCの場合、自分が一人前として扱ってもらえないのではないかという不安があり、頼れる人を求めていた。安心していられる場所を提供し、人との関係の中で傷つくこともあるが、癒されることもあると本人が理解していくことが大切である。

（谷田征子）

参考文献
内閣府(2010)「若者の意識に関する調査(ひきこもりに関する実態調査)」．
ギャバード, G. O.(著)舘哲郎(監訳)(1997)『精神力動的精神医学――その臨床実践(DSM-IV版) ③臨床編：II軸障害』岩崎学術出版．
マックウィリアムズ, N.(著)成田善弘(監訳)神谷栄治・北村婦美(訳)(2005)『パーソナリティ障害の診断と治療』創元社．

理想化
特別な価値や権力があるという非現実的な空想で、自分あるいは他者に対して用いられる。自己愛が障害された人は、理想化された対象と一体化することで完璧を目指そうとし、他者から肯定されることによって自尊感情を保とうとする。しかし、現実には完璧なものはなく、その幻想が打ち砕かれたとき、理想化していた他者に対する価値下げが生じる。

自己の断片化
自己がばらばらになったように感じられ、気分が落ち込み、考えがまとまらない状態をさす。自己がまとまりをもっていることが健康的であるが、自己愛的な自己をもつ人は、自分のアイデンティティが希薄なため、不意に批判される状況に遭遇すると自分がばらばらになるような感覚になることがある。

万能感
自分が外の世界に影響を及ぼし、コントロールできるという非現実的な心的状態をさす。体験が何事も自分の思う通りになるといった誇大的な態度が見られる。自分が世界を支配しているような空想は成長するにつれて、現実を諦め受け入れていくことがパーソナリティの成熟には必要である。

事例7　奇妙で風変わりな行動
－地域でトラブルを起こした患者に対する多機関の連携と継続的支援－

キーワード 特定妊婦｜プレコックス感｜統合失調型パーソナリティ障害｜民生委員

ケースの概要

　30代後半の女性Dは10年ほど前から生活保護を受け、公営の長屋型の住居に住むようになっていた。Dは障害の申請はしていないものの、歩くときに足を引きずっており、何らかの身体的な障害の可能性が考えられた。公営住宅に入居後しばらく経ってから、Dの部屋からゴミがあふれ始め、近隣から苦情が来るようになった。生活保護担当者は、何度か指導を試みた。いつものDは基本的に担当者に愛想はよく、礼節も保たれていたが、話が何らかの指摘、指導の内容を含み始めると態度が一転し「人権侵害だ」と叫び始め、頑として担当者の指導を聞き入れようとはしなかった。

　そして入居より数年が経った頃、Dは未婚のまま妊娠し、女児Eを出産する。Dは妊娠時から**特定妊婦**として支援を受け、Eが生まれた後も児童相談所などが支援・指導を継続した。その中でDが子どもに対して充分な愛情を持っていることは確認されていたが、住居内がゴミであふれていること、積極的な相談などがないことなど多くのリスクは残されたままであり、Dにとって"干渉"と感じられる、指導や助言に対しては極端な拒絶が示される状況は変わらなかった。

　Eが小学校に入ると、行政から学校に情報の共有が行われ、すぐにスクールカウンセラーが、Eの行動観察および家庭訪問を行った。Eは身体的にも知的にも実年齢より幼く見えた。また家庭訪問に行くと、入口には監視

特定妊婦
妊娠中から出産後の養育におけるハイリスク要因を持つ妊婦のことを指し、出産以前から支援を行うことが特に必要と考えられる妊婦。

カメラが設置されており、ドアには紙が貼りつけられた跡がいくつも残っており、玄関付近はゴミであふれかえっていた。初回の家庭訪問ではDはドアを開けることはなく、室内からの応答だけであったが、学校での面談には応じるとのことであった。監視カメラや張り紙は、以前のゴミに関する近隣トラブルの折にDがつけたもので、カメラなどは実際稼働しているかどうかは疑わしいという行政からの報告であった。面談に来たDは、礼節は保たれており、困ったことはないという。ただDは「外はアレルギー物質が蔓延しており、Eの身体が心配だ」ということを話していた。

　家庭環境の改善などは進まないまま、Eが小学校3年生になったころ、Eが遅くまで幼稚園の園児2名を連れまわすという事件が起こった。Dはこの点に関しては「申し訳ない」と謝罪し、再発防止のために定期的にスクールカウンセラーのもとを来談することを了承した。

見立て

　これまでDは、生活保護などの具体的な支援は受け入れていたが、助言や指導には強い抵抗を示していた。しかし、Eが問題を起こしたことで、Dは"Eの相談"という目的で外部と積極的に関わるようになり始めた。このDの態度の変化は大きく、このEの起こしたトラブルこそが支援の大きな転換点になると考えられた。またD自身については、Dの外界に対する迫害的な受け取りから、統合失調症の可能性が疑われ、また生活を充分に成り立たせられない点からは、知的障害の可能性も考えられた。しかし、Dの迫害感が増大する場面はある程度理解可能であり、直接会った時の**プレコックス感**のようなものは、

プレコックス感
統合失調症の患者に相対したとき観察者のうちに起こる一種言いようのない特有な感情を指すが、明確な基準や定義はない。ただ臨床的な知識、感覚としては有用性がある場合もある。

少なかった。また社会資源の利用やその中でのやり取りから、顕著な知的障害の可能性は低いと考えられた。そのため上記2つの可能性は残しつつ、**統合失調型パーソナリティ障害**（もしくはそれに妄想型パーソナリティ障害が加わったもの）ではないかと考えられた。

援助の経過

　以前よりDとEの母子については、関係諸機関の会議が定期的に行われていた。そしてEの問題行動と、それに伴うDの態度の変化を受け、急遽会議が招集された。参加者は、学校から担任、スクールカウンセラー、管理職、児童相談所から担当福祉士、行政から生活保護担当福祉士、地域から**民生委員**が出席し情報を共有した。

　民生委員からは、母子の日常生活について、最近Dの調子が悪いのか、Eがコンビニなどで弁当を買って帰る姿が目撃されることが多く、また夜遅くにEが独りで出歩いている姿も見られているという報告がなされた。また生活保護担当福祉士からは、定期的な家庭訪問時の様子が報告された。学校、児童相談所からも現状の報告がなされ、支援の役割分担と方向性が決定された。

　まず役割分担として、Eの件でDと定期的な面談が持てるようになったスクールカウンセラーの所属する小学校が、EとDの支援の窓口を担うことが共有された。そして具体的な母子の支援に児童相談所、継続的な情報の収集に生活保護担当福祉士、民生委員が当たることとなった。また支援の方向性としては、EのアセスメントとDの受診の動機を上げることを目的とした。

　実際に支援が動き出すと、Dはいくつもの段階でさまざまな抵抗を示した。

統合失調型パーソナリティ障害
統合失調症との判別が必ずしも容易ではないが、確信を持っていない関係念慮や妄想様の観念、魔術的な思考、奇妙な言動などに特徴づけられる。
（→21, 227ページも参照）

民生委員
厚生労働大臣の委嘱によって決定され、民生委員は児童委員を兼務する。具体的な職務は、老人、各障がい、児童福祉などの福祉全般に関する行政の援助である。また、この中から児童に関することを専門に担当する主任児童委員が選ばれる。

まず児童相談所に通所はしたものの、定期的な通所は負担であり「Eはなおった」と主張し、面談を拒否する時期もあった。しかし、Eが何らかのトラブルを起こすと、その態度は緩和され、また相談が再開されるということが繰り返された。さらにEの心理検査の導入に際しても「検査をするということは障害者だということか。人権侵害だ」と怒り出したりもした。しかし、Eをきちんと理解することで今後の支援がより良いものになるということを、何度かていねいに説明することで、検査を導入することができた。

　またD自身については、民生委員や生活保護担当福祉士の情報から、Dの苦労している点を同定し、Dの心労について共感しつつ、医療への受診を促した。しかし、ここでもDは「私がおかしいと言うのか」と腹を立て、面談を拒否するようなこともあったが、不眠や倦怠感の自覚はあったため、保健所での健康相談という形を取り、保健所への通所を勧めた。Dの来談前に保健所とは事前に協議を行い、Dの受け入れ態勢を整え、Dの来所に備えた。この来所を機に、Eの支援は児童相談所、Dの支援は保健所というように一定の役割が明確になった。その後紆余曲折はあったものの、Dはクリニックを受診し、服薬を開始した。その後生活環境などの課題はありつつも、DとEの母子は外部からの支援を受けつつ生活するようになっていった。

考察

　周囲は支援を受ける必要性があると感じても、本人はそのニーズを認めない場合は少なくない。このようなとき、本人に支援の同意を得ることや治療同盟を結ぶことは困難となる。本事例も、支援は展開したが、その転換点は子どものEであ

り、窓口は小学校やスクールカウンセラーであった。つまり本事例では、はじめにDから得た支援の同意は"Eについて"ということになる。そしてそのきっかけはEの問題行動であった。このことからもわかるように、本人がニーズを認めない場合の支援は、明確な問題が発生した時や本人以外の支援から本人の支援へとつなげていくという方策が必要な場合もある。

特に地域や家庭でトラブルを起こしている人の場合は、本事例でも示したように、さまざまな機関と連携し、支援の選択肢を少しでも広げておく必要がある。また単回の支援で状況が改善されることは少なく、粘り強い継続的な支援が必要となる。

このようなマネージメントが行えるようになるためにも、他機関の持つ役割を知ること、またそれらの機関とうまく連携を取るスキルを得ておくことは、非常に重要であると考えられる。

(福榮太郎)

参考文献
林直樹(2002)『パーソナリティ障害の臨床評価と治療』金剛出版.
町田清・坂本健(2002)『児童相談所援助活動の実際』ミネルヴァ書房.

事例7:奇妙で風変わりな行動　－地域でトラブルを起こした患者に対する多機関の連携と継続的支援－

第1部 事例編／第2章 学校

事例8　自己破壊的行動
　　　　　　　－学校内で発生した自傷行為への対応－
事例9　対人関係のトラブル
　　　　　　　－自己愛の問題を背景にもつ児童・保護者への対応－
事例10　長期化したひきこもり
　　　　　　　　　　　　　　　　－チームによる支援－

● 学校は、若い世代の人々の成長の場である。心理的な成長の過程では、問題が発生して停滞することがしばしばある。しかしそこでは、それらの問題を解決してゆくことこそが成長の契機となると見ることができる。

● 学校の精神保健活動では、担任教師や養護教諭といった学校職員が関与することが特徴である。近年ではスクールカウンセラーやスクールソーシャルワーカーの活動が開始されている。そこではまた、家族との協力がとりわけ重要である。生徒や学生の行動は、家族との関係から強い影響を受けている。その年代の人々にとって家庭は、その外に対人関係を広げるために離れなければならない場であると同時に、自らの進むべき方向を確認することや休養を取るために戻ることのできるいわば基地として役立てられるべき場でもある。それゆえ、家族と精神保健スタッフが力を合わせてこそ、若い世代の人々の成長を効果的に援助することができると考えられる。

● 事例8は、習慣性自傷のケースである。学校内で行われた自傷行為をきっかけに母親や同胞に対する多くの対応・支援が行われた。事例9で問題になったのは、生徒とその父親による担任教師への攻撃的な振る舞いであった。そこでは、問題の背後に自己愛の病理があるという理解に基づいて、学校スタッフによる対応が行われた。事例10では、ひきこもり学生への対応が提示されている。そこでは、心理面接やデイケアでの援助が奏功していると考えられた。

● 本章では、パーソナリティ障害の診断を示す代わりに、問題を生じているパーソナリティ特性や問題行動が示されることが多くなっていることが特徴である。それは、思春期に見られるパーソナリティ特性が比較的短期間に変化することがあるために、パーソナリティ障害の診断には慎重であるべきだと一般に考えられていることから説明されよう。

事例8 自己破壊的行動
－学校内で発生した自傷行為への対応－

キーワード 解離｜ネグレクト｜心理教育｜リスクアセスメント｜承認

ケースの概要

　高校2年生（来談時17歳）の女性。母親と小学校5年生になる弟との3人暮らし。西日本の離島で生まれ育ったが、中学1年生の時に両親が離婚。中学2年生の時に本人が友人の目の前でリストカットをしたことが学校で大きな問題となり、一家で逃げるように都市部に移り住む。母親は糖尿病とうつ病を患い、生活保護を受給していたが、ほぼ毎日パチンコに出掛けて深夜に泥酔して帰宅するといった生活を送っており、本人が弟の世話をしているような状態であった。また、母親は交際中の男性と喧嘩をするたびに自殺未遂騒動を起こし、警察に保護されることもたびたびあった。

　転校後の中学校では、仲のよい友人の支えもあって特に問題なく過ごしていた。高校1年生の秋頃から、時折体調不良を訴えては保健室に顔を出したり、学校を欠席したりすることもあったが、学業成績は比較的良好で、欠席を心配した担任が声をかけてもいつも明るい笑顔で「全然平気です」と答えるため、学校内では特に問題のある生徒という認識はなかった。

　学校の中で彼女の問題が共有されるきっかけとなったのは、高校2年の夏の水泳の授業であった。体育の担当教員が彼女の腕にある傷に気づき、担任と養護教諭、そしてスクールカウンセラー（以下「SC」）に情報共有された。2日後に彼女が保健室に顔を出したとき、養護教諭がそれとなく傷のことに触れつつ困っていることがない

か聞いたところ、家計を支えるためにアルバイトを詰め込んでいるが弟の世話もあってかなり疲れていることや、進路のことで母親と喧嘩をしていることが語られた。養護教諭からSCへの相談を勧められ、翌週から相談室に来談し始めた。しかし、その後も学校を欠席する回数が徐々に増えていき、高校2年生の冬のある日には腕から血を流したまま放心状態で校舎の屋上に上っていくところを教員に保護されるといった事態にまで発展した。

養護教諭が話を聞いたところ、寝不足が続いていたことに加え、登校中の電車の中で「お前なんて死んだ方がいいんだ」という声が聞こえてきたため、それをかき消すためにリストカットをしたとのことであった。本人も精神科受診を希望したため、担任が保護者に連絡をして事情を説明したが、保護者は精神科受診に対して拒否的反応を示し、そのまま本人を家に連れて帰ってしまった。その後、SCとの相談は不定期で続けられたが、結局精神科にはつながらないまま卒業を迎えることとなった。

見立て

クライエントは精神科受診をしておらず、医師の診断は受けていない。ただし、高校2年時に校内で自傷行為が行われた際には、過労も重なり抑うつ状態にあったこと、また一過性の精神病状態もしくは重篤な**解離**状態にあったことが推察される。クライエントは母親との間に葛藤を抱えており、母親とのトラブルがきっかけとなって調子を崩し、自傷行為が生じることが多いため、精神科受診のタイミングを見計らいつつ、関係者が連携して母親への接触を続ける必要があると考えた。他方、クライエントの友人関係は安定しており、知的水準も比較的高い

解離
記憶や同一性の意識、意識による運動のコントロールが失われる障害。
典型的なものには解離性健忘(最近の外傷的な出来事を忘れてしまう。極端なものには、名前・住所・出生などを想起できない全生活史健忘がある)、解離性遁走(不快な体験の後に家庭や職場から離れ行方不明になり、発見されてもその間のことを想起できない)、解離性同一性障害(多重人格とも。互いに異なる人格パートが交替で前景に出る障害)がある。
(→140ページも参照)

ため、そうした長所を強化しながら学校生活の安定を図り、本人の自立過程を支えることも重要であると考えた。

援助の経過

初期の援助では、本人の同意を得たうえで、SCが中心となってクライエントの環境調整が行われた。まず、緊急時にスムーズな受診ができるように、日頃から連携関係のあった精神科の医療相談室と情報交換を行った。また、母親に対しては精神医学的治療の必要性について何度か手紙による説得を行った。さらに、家庭内での**ネグレクト**の問題について、小学生の弟への対応も含めて学校から児童相談所に相談し、関係者を集めたケース会議を開催してもらった。その結果、児童相談所は主に弟の状況について小学校と連携して必要に応じて家庭に介入すること、生活保護担当のケースワーカーが保健師とともに母親への訪問を定期的に行うこと、学校の担任はクライエントの欠席時等に必ず母親に連絡すること、SCが危機時の介入について統括的なコンサルテーションを行うことが確認された。

こうした環境調整と同時並行的に、卒業までの約1年の間、月1回程度不定期でSCとの面接が行われた。自傷行為をやめたいという本人の希望があったため、まず、自傷行為に関する**心理教育**を行った上で、自傷記録によるモニタリングと呼吸法などの置換スキルのトレーニングを行った。また、毎回の面接時には自殺リスクのアセスメントを欠かさず行い、養護教諭にも日常的に自傷行為の傷のアセスメントを実施してもらうようにした。

面接開始段階では、言語による感情表現が難しい様子であったため、クライエントの好きなマンガについて話

ネグレクト
必要なケアをしてもらえないという虐待のタイプ。そこには、衣食住の世話が不十分、危険から守られない、病気になっても治療を受けさせてもらえない、学校に行かせてもらえないといったものが含まれる。

心理教育
クライエント（患者）と症状や行動が生じるメカニズムについて共有すること。それによって、自分の気分や体調への気づきを促し、適切な対処がとれるようにする。

をする中で、キャラクターの心情表現などを活用しながらコミュニケーションをとるよう工夫した。また、普段の友人関係やアルバイト先での働きぶりにも焦点を当て、クライエントが日頃うまく対処している点をていねいにフィードバックしていくことを心掛けた。

　面接が始まって3か月ほど経過し、進路の話が具体化してくるにつれ、本人の抱える空虚感や不安定な自己像についての話題が徐々に増えていった。また、幼いころに母親の交際男性から性的嫌がらせを受けた経験があり、自分の性に違和感を抱いているといった話題も出てきた。いずれも重要な問題ではあったが、まずは学校生活を安定して送ることに重点を置くことを本人とも確認し、進路決定という現実的な場面で母親との葛藤を扱うことを目指した。最後の面接では、クライエントなりにどうやって母親と今後付き合っていくのかについて整理ができつつあることと、自傷行為が止まっていることが報告された。

考察

　自傷行為の多くは不快感情への対処行動として行われるものであるが、長期的にみると自殺企図の重要な危険因子であり、傷の状態、行為の意味や機能的側面、自殺念慮の強さなどを毎回丁寧に確認し、**リスクアセスメント**を行う必要がある。また、自傷行為自体は中高生の約1割が経験しているものの、専門家に援助要請する者は少なく、しかも自傷行為以外の問題も複数抱えていることが多い。したがって、まずは自傷行為をやめることを目標とするよりも、援助者との信頼関係を構築しつつ、日常生活の中でのストレス対処スキルや、困ったときに他者に相談するといった新しい対処行動を身に付けていくことを目標に据える方が有益である。その際、クライエ

リスクアセスメント
自殺念慮の強さ(「一番つらい時を100とすると、今の死にたい気持ちの強さは?」)や具体的な自殺の計画の有無、あるいは絶望感の程度などについて聞き取りを行い、自殺の切迫度を評価すること。

> **承認**
> →103, 177ページも参照。

ントのさまざまな行動に価値判断を交えずに関心を持ち、それらを「環境に働きかける能動的対応」や「対処行動」としてとらえ直そうとする**承認**的関わりが援助者には求められる。

　また、当然のことながら自己破壊的行動への対応は、保護者も含め多職種での連携と役割分担が必要不可欠である。ただし、そうした環境調整を行う際にも事前にクライエントと十分に話し合い、本人と協働で計画を進めることが重要である。

（勝又陽太郎）

参考文献

松本俊彦（2009）『自傷行為の理解と援助――「故意に自分の健康を害する」若者たち』日本評論社.

ミラー, A. L.、レイサス, J. H.、リネハン, M. M.（著）高橋祥友（訳）（2008）『弁証法的行動療法――思春期患者のための自殺予防マニュアル』金剛出版.

事例9 対人関係のトラブル
－自己愛の問題を背景にもつ児童・保護者への対応－

キーワード スクールカウンセラー｜自己愛｜AD/HD｜自己愛性パーソナリティ障害

ケースの概要

　男児Fは、低学年の頃から勝ち負けに非常にこだわりが強い児童であった。そんなFは、5年生に進学した頃から担任教師に対し非常に反抗的な態度を示すようになり、あからさまな授業妨害と、担任教師の人格を否定するような罵詈雑言を浴びせるようになった。授業運営に支障をきたした担任教師は、保護者に連絡し面談するはこびとなった。

　面談時間にFの両親はそろってあらわれた。Fの父親は大手企業の管理職。母親は専業主婦。Fの母親は担任教師とほぼ同じ年齢であったが、Fの父親は一回り年長であった。Fの父親は、担任教師を「無能」と罵倒し、「自分の能力が至らない点を棚上げし、息子を悪者扱いする」と教師を責め立てた。担任教師はいたたまれない気持ちになった。その間、傍らにいるFの母親は一言も言葉を発しなかった。

　その後も、Fの授業態度は変わらず、担任教師を馬鹿にする態度は他の生徒にも広がっていった。加えて、Fの父親から担任教師に対するクレームの電話が頻回となり、担任教師は疲弊していった。

見立て

　Fの在籍する小学校には、**スクールカウンセラー**が派遣されていた。担任教師からFに関して相談を受けたス

スクールカウンセラー
いじめの深刻化や不登校児童の増加など、児童生徒の心のありようと関わるさまざまな問題が生じていることを背景に、文部科学省が「心の専門家」として臨床心理士などを配置したもの。平成7年に全国154校に配置された（村山・山本, 1995）。

クールカウンセラーは、Fのいるクラスに顔を出し、行動観察を行った。すると、担任教師が他の児童の指導に手を取られると、すかさずFが罵詈雑言を浴びせることがわかった。一方、習熟度別のクラス編成の教科授業で、別の教員の授業を受ける際には、能力の高いFは皆の模範となり、嬉しそうに授業を受けていることがわかった。

その頃、たまたま開催された運動会でも、スクールカウンセラーは行動観察を行った。徒競走でFの順番がくると、父親はことさら大きな声援を送り、Fより目立つほどだった。徒競走の結果、Fは健闘むなしく2位となった。すると、Fの父親はその場に崩れ落ち、頭を抱えてしゃがみこんでしまった。Fの母親は、その傍らで必死になって父親を慰めており、そんな両親の姿を見つけたFは茫然自失の様子だった。これらの結果を踏まえ、スクールカウンセラーは、F、およびその父親は、自分が一番でないことに耐えられないという、**自己愛**の問題を抱えていると理解した。

担任教師とスクールカウンセラー、そして校長はミーティングを開き、F、およびFの父親への対応策について話し合った。その際、スクールカウンセラーは、Fの尊大な態度が担任教師にだけ向けられており、それ以外の場面では比較的落ち着いていることから、**AD/HD**などの発達障害の可能性は低いという理解を伝えた。続いて、Fが運動面で自尊心が傷ついたり、授業の中で自分が特別に目を向けてもらえなかったりしたときに激しく怒るところに皆の注意を促した。そして、Fが「自尊心」の問題を抱えており、それが傷つくことに耐えられない生徒であるという理解を共有した。

さらに、スクールカウンセラーは、Fの父親もF同様、自尊心の問題を抱えているのではないかと示唆した。す

自己愛
コフート（Kohut, 1971）は、幼児期の発達において、子どもがもつ、自己を評価されたいという欲求（自己愛欲求）が満たされることが必須であると考え、独自の自己心理学を創始した。

AD/HD
注意欠如・多動性障害。DSM-5（APA, 2013）には①不注意、②多動性・衝動性が12歳以前から存在し、2つ以上の状況において6か月以上認められるものと規定されている。

ると校長は、運動会で目立っていたFの父親の様子を思い出し、Fの父親のようにプライドの高い保護者に対しては、ことさら丁寧に対応する必要があると語った。ミーティングに参加したメンバーは、FおよびFの父親の自尊心を尊重する関わりが不可欠であるという結論に至った。

援助の経過

　スクールカウンセラーは、Fのクラスに出向き、休み時間にFに声をかけた。Fは開口一番「俺は悪くない」とまくし立て、反抗的な態度をとった。そこでスクールカウンセラーは、Fを叱責するために声をかけたわけではないと説明し、習熟度別の授業で皆の模範になって頑張っているFの努力を認めた。急に気を良くしたFに対し、スクールカウンセラーは、どうしてFが普段の授業中に荒れた態度をとるのか不思議だ、と首をかしげて見せた。するとFは、「俺だって担任の先生がいつも○○先生（習熟度別の教科担任）みたいにしてくれたら」と口を尖らせた。スクールカウンセラーは、担任にFの言動を伝え、担任は、授業の合間に必ずFをほめるように心がけた。すると、徐々にFの反抗的な態度は収まっていった。

　その後、校長は、再度Fの保護者を学校に呼び出した。再びそろってあらわれたFの両親に対し、校長、担任、スクールカウンセラーが出迎えた。校長は、多忙な中わざわざそろって学校に足を運んでくれたFの両親に感謝の意を表した。そして、前回の面談時に自分が同席できなかったことを謝罪した。Fの父親は態度を軟化させ、自分たちも決して悪意があって担任教師を責めているわけではないと語った。そして、担任教師にFの模範となるような立派な教師になってほしいと訴えた。校長および

担任教師は、期待に応えられるよう努力すると伝えた。

　Fの父親は用事があると言って先に帰宅し、その後、Fの母親が重い口を開いた。Fの父親はその年の春、職場で自分よりも年若い社員が上司となったことをきっかけに、自宅でふさぎ込んだり、急に声を荒げたりと、不安定な状態になっていたという。その時期と、Fが学校で荒れ出した頃とがちょうど重なっていた。その後、Fの父親は精神科の治療を受け始めたのだが、幸い新しい上司がほどなく転職したことも功を奏したのか、比較的短期間で回復したという。

　しかし、自信満々だった父親が意気消沈する姿を初めて見たFは、相当ショックを受けていた。Fの母親は、主治医から「うつ状態を呈しているが、その背景に**自己愛性パーソナリティ障害**の可能性があり、プライドが傷つけられると調子を崩しやすいので支えてあげて下さい」と指摘されていたそうである。

　ほどなくFは、皆の模範となるように率先して授業を引っ張るようになっていった。また、Fの父親からのクレームの電話も消退した。

**自己愛性
パーソナリティ障害**
DSM-5（APA, 2013）には、①誇大的な感覚、②限りない成功の空想、③自分が特別であるという信念、④過剰な賛美を求める、⑤特権意識、⑥対人関係で相手を不当に利用する、⑦共感の欠如、⑧他人に嫉妬する、⑨尊大で傲慢な態度、として規定されている。
（→21, 227ページも参照）

考察

　昨今、学校場面で衝動制御に問題がある児童が見つかると、AD/HDを疑われることが少なくない。むしろ、AD/HDの啓発が急速に進められた反面、学級崩壊の原因と誤解される、あるいは、教師の指導に乗りにくい子どもの保護者に、投薬治療をむやみに勧める学校が増えてきていると指摘（山崎, 2005）されるほどである。本事例の場合は、スクールカウンセラーが、さまざまな場面でFやFの父親の言動を観察した結果、二人の示す攻撃性、怒りの問題の背景に、自己愛の問題が横たわっていることを理解した。そして、こうした理解を担任教

師、および管理職との間で共有し、FやFの父親の自己愛を尊重する対応に積極的に取り組んだ。その結果、Fの状態は落ち着き、Fの父親の態度も改善した。

　少子化の時代、一人一人の児童に対する親の期待は大きく、教員は厳しい評価の目にさらされており、学校場面はストレスが絶えない。そんな中、児童やその保護者の対応に際して、担任教師に加えてスクールカウンセラーや、校長・副校長、養護教員など複数の職員が連携して対処するコラボレーション・アプローチがますます求められると言える。その際、スクールカウンセラーは、人格理論や発達論などの臨床心理学的な知見を持った上で、行動観察や直接的な介入、そしてコンサルテーションを行うことが必要とされる。　　（堀江桂吾）

参考文献
村山正治・山本和郎（編）(1995)『スクールカウンセラー――その理論と展望』ミネルヴァ書房.
山崎晃資(2005)「注意欠陥／多動性障害」『精神医学』47(2), pp.169-172.
American Psychiatric Association (2013) *Diagnostic and Statistical Manual of Mental Disorders: DSM-5*. Washinton DC: American Psychiatric Publication.（日本精神神経学会（監修）(2014)『DSM-5 精神疾患の診断・統計マニュアル』医学書院）.
Kohut, H. (1971) *The Analysis of the Self*. New York: International Universities Press.（水野信義・笠原嘉（監訳）(1994)『自己の分析』みすず書房）.

事例10 長期化したひきこもり
－チームによる支援－

キーワード 学生支援士｜随伴症状と診断｜自己愛の傷つき｜ジョイニング｜就職支援機関

ケースの概要

新学期が始まってすぐ、大学3年の男子学生Gの父親が学生相談室に駆け込んできた。「大学から送られてきた息子の成績票を見たが、ほとんど単位を取れてない。急いで上京し、アパートを訪ねたが、出てこない」と父親は焦燥気味に状況を説明した。まずはGを過度に責めたりせず、落ち着いて話し合いをすることを確認し、学内でも関係部局と対応を協議することになった。

その中で、Gが1年生のときたびたび教務課窓口に履修相談に来ていたことが分かり、担当していた教務課職員と**学生支援士**の資格を持つ学生課職員が2週間に一度ほど自宅訪問することになった。父親は遠方に居住していたが、月に一回上京し、学生相談室カウンセラーと面談することを希望した。

夏休みに父親が大学関係者と待ち合わせてG宅を訪ねたところ、ようやく会うことができ、夏休み中には学生相談室に行くと話したという。その言葉通り、Gは後期開始直前に父親と大学職員に付き添われて来室した。Gはとても硬い表情だったが、生活状況を確かめていくと、日常の生活習慣は保たれており奇異なエピソードはない。学生が少なくなる夕方だったら相談室に来られるという。履修に関しては教務課職員および必要に応じて学科の教員が、学外機関との連携が必要になったときには学生課職員が、Gと両親の心理相談はカウンセラーが担当するチーム支援体制を確認した。

学生支援士
大学における教職員の学生支援スキルを充実させるために日本学生相談学会が認定する民間資格。大学の心理カウンセラーと連携・協働して学生支援にあたる。

見立て

　3年次が終わる頃、卒業を目指すのか、中退して就職先を探すのか考え込んだGは「自分に自信がない」と繰り返し口にし、不安と憂うつが強まった。そして、カウンセラーから紹介された精神科クリニックを受診した。
　精神科医師の診察では、Gのひきこもりにともなう**随伴症状と診断**が検討された。対人恐怖と抑うつ気分が強いものの、現在の生活スタイルを無理に変えなければ増悪する可能性が低いこと、またGが精神病である可能性も低く、今後発達障害と回避性パーソナリティ障害の鑑別診断が必要になることが関係者と共有された。支援当初、母親は「仕事があるから」とまったく来談しなかったが、Gが受診する際にカウンセラーから声をかけると両親で来室した。両親はほとんどお互いの顔を見て話すことがなく、関係がよくないことが察せられた。この家族の強い緊張関係がGの**自己愛の傷つき**に影響を与えていると考えられたため、家族のシステムに**ジョイニング**しながら、コミュニケーションの再構築が目指されることになった。

援助の経過

　翌年度からGの講義参加とグループ体験が検討され、まずは相談室主催のティータイム会に参加することになった。その後、1年かけて精神科クリニックで実施している思春期・青年期デイケアにも通うようになる頃には、Gの対人恐怖はかなり和らぎ、ネットで知り合った趣味仲間とイベントで合流して一緒に食事をしてくることがあった。また、これまでの生育史等の吟味から回避性パーソナリティ障害の診断が確定した。

随伴症状と診断
ひきこもりにともなう随伴症状には、対人恐怖症状（自己臭、醜形恐怖を含む）、被害関係念慮、強迫症状、家庭内暴力、不眠、抑うつ気分、希死念慮、摂食障害、心身症状、心気症状などがある（斎藤, 2011）。
さらに診断に際しては、第三者（主に家族）からの情報を中心に、統合失調症、気分障害（うつ病）、広汎性発達障害（アスペルガー障害・高機能自閉症）、神経症（パニック障害、強迫性障害、社会不安障害）、パーソナリティ障害（自己愛性パーソナリティ障害、分裂質パーソナリティ障害、回避性パーソナリティ障害）、診断のつかない群（「一次性ひきこもり」）の6種の疾患が想定される（諏訪, 2005）。

自己愛の傷つき
斎藤（2007）は、ひきこもり者は「自己愛が弱すぎるがゆえに追い込まれている」と指摘している。ゆえに、彼らの支援では自信を取り戻すこと、とりわけ他者からの「承認」が重要であるという。

ジョイニング
支援の初期に家族との信頼関係を構築し、家族システムに介入していく技法。（→182ページも参照）

Gの心理面接では、自らの性格などについて語ることはできずにいたが、趣味や時事問題の話を通じて次第に「これまでは人に言えなかったこと」を語れるようになっていった。「今日は思い切って話してみます」と決意して、一歩踏み込んだ趣味の話をするGからカウンセラーも教わることが多く、時事問題などの解説を依頼することもしばしばだった。両親のもとに帰省した折にも、そういった何気ない会話をして帰ってくることが増えた。両親面接では「そういえば、これまでいろいろゆとりがなく『今日はどんなことがあったの？』と純粋にGのことに関心を持てたことが少なかったかもしれません。『勉強はどうなの？』と聞くことはありましたが。あらためて、Gはこんなことが好きだったんだと気がつくことができたように思います。これからも焦らずにGの社会参加を見守っていきたいと思います」と語られた。

　Gへの教務課職員と学科教員のサポートにより、標準的修学年限は超えたものの大学を卒業することができた。学生課職員とキャリア支援担当職員がGの就職相談に関わっていたが、卒業後すぐの就労は難しいかもしれないと判断し、学外の**就職支援機関**とGの在学時から連携を模索した。結果的に卒業時には就職が決まらなかったため、就職支援機関に相談が引き継がれた。Gの心理面接はクリニック担当医師が引き継ぐことになり、Gの卒業と同時に大学としての支援は終了した。

考察

　「ひきこもりの評価・支援に関するガイドライン」(厚生労働省, 2010) によれば、ひきこもりは思春期・青年期男性に多く、6か月以上社会参加を回避する者を示し、出現率は総世帯数の約0.5％と指摘されている。平成21 (2009) 年から「ひきこ

就職支援機関
青年の就労支援機関は、厚生労働省が勧めるわかもの(ヤング)ハローワーク、厚生労働省からの委託を受けたNPO法人や株式会社などによる地域若者サポートステーション、都道府県が設置・運営するジョブカフェなど、青年のニーズに応じたさまざまな取り組みがある。

もり地域支援センター設置運営事業」による地域におけるネットワーク支援が開始された。訪問看護など、必要に応じたアウトリーチ型の支援は有力であるが、あくまで本人と家族の状況を踏まえたものでありたい。

ひきこもり学生への支援は、学生相談室だけでは到底担えないため、本事例でも当初からチーム支援を目指した。心理面接でコミュニケーションの幅を広げるとともに、複数の支援者との間でもそれぞれに特徴ある関係づくりを行ったことは、移行期にある青年の不安を受け止めるソーシャル・ネットワークを形成していくことになったと考えられる。このネットワークの中で、青年は信頼できる相談相手(メンター)と出会い、自分にとって有益な自己評価を与えてくれる他者を発見する。ひきこもり者は、そのネットワークに支えられて、自信を獲得していくのではないか。ただ、チーム支援によってつながること自体が「葛藤」を生じさせるものであるため(下川, 2012)、常にチーム機能の評価が必要となる。

ともすればひきこもりは当事者自身の行動変化のみに注意が向きやすいが、斎藤(2011)が指摘するように、ひきこもり者の家族関係(とくに夫婦関係)には困難があることが少なくなく、当事者が安心して外の世界に踏み出すために家族支援が必須となる。この際に、家族療法に基づく支援が重要な治療モデルを提供することを指摘しておきたい。　　(村松健司)

参考文献
厚生労働省(2010)『ひきこもりの評価・支援に関するガイドライン』(http://www.ncgmkohnodai.go.jp/pdf/jidouseishin/22ncgm_hikikomori.pdf).
斎藤環(2007)『ひきこもりはなぜ「治る」のか?──精神分析的アプローチ』中央法規出版.
斎藤環(2011)「ひきこもりの心理状態への理解と対応」、内閣府子ども若者・子育て施策総合推進室(編)『ひきこもり支援者読本　PDF版』(http://www8.cao.go.jp/youth/kenkyu/hikikomori/handbook/pdf/1-1.pdf).
下川昭夫(編)(2012)『コミュニティ臨床への招待──つながりの中での心理臨床』新曜社.
諏訪真美(2005)「青年期の社会的ひきこもり──その背景となる病理の鑑別」『医療福祉研究』1, pp.78-84.

第Ⅰ部 事例編／第3章 職場

事例11　職場における対人関係トラブル
　　　　　－職場における境界性パーソナリティ障害のマネージメント－
事例12　職場からの退却（出社拒否）
　　　　　　　－今までとちがう自分の発見－

● 職場は生活のための資金や資材を得るための仕事をする場であり、その生活全体に占める比重は相当に大きい。そこでは、業務上の役割や義務、上司や部下との関係といったさまざまな特別な条件がある。職場の精神保健上の問題への対応では、それらの条件を考慮することが必要になる。

● そこでのパーソナリティ障害に由来する問題への対応は、難しいことが少なくない。問題が疾患のためというより、一般のトラブルの延長のように見られることが多いし、介入を、それによって生じる周囲への影響を把握した上で、慎重に行うことが必要になるからである。さらに、パーソナリティ障害の診断は、職場において不適格と受け止められるおそれがあり、かえって職場の精神保健活動が困難になることがありうる。また、パーソナリティ障害の勤務者が、そのせいで職場の健康管理スタッフとの関わりを避けることもある。

● 実際の援助では、職場の健康管理スタッフが、勤務者の健康を守ることを目的としており、通常業務のラインから独立であることといった自らの立場を明確にしておくことが必要である。さらにパーソナリティ障害では、疾患の理解や援助内容が不明確になることがあるので、職場の健康管理スタッフのできることと、できないことをあらかじめ明確にしておくことも重要である。健康管理スタッフは、自らの業務の範囲をよく確認して、勤務者を特別扱いして優遇することも、それに過度に厳しく対応することも避けるべきである。関わりの場の条件や自らの立場に合わせた、パーソナリティ障害に対するスタンスの取り方において、スタッフの専門家としての見識が顕れるといえる。

● 本章の最初に収載されている事例11は、複雑で激しい対人関係が展開する状況で、精神保健スタッフの位置取りに高度な判断が必要になったケースである。次の事例12では、回避的、抑うつ的パーソナリティ特性を示している当事者に対して、自己評価を客観的なものにする支援が重ねられた結果、安定して出勤できる状態が達成されたことが報告されている。

事例11 職場における対人関係トラブル
－職場における境界性パーソナリティ障害のマネージメント－

キーワード セクシャル・ハラスメント｜境界性パーソナリティ障害｜弁証法的行動療法｜職場のメンタルヘルス対策｜見捨てられ抑うつ

ケースの概要

社内で将来を有望視されていた20代後半のH（女性）は、ある日職場でミスを犯し、しばらく会社を休んだ。心配した課長Ｉ（男性）が話を聞いたところ、不在がちな両親のもとで育ったHは、小学校の頃から希死念慮があり、高校時代以降は、恋愛のもつれで自殺企図を繰り返していた。そして、今回もミスをきっかけに自責の念が高じリストカットをしていた。Ｉはその話を聞き、自分がHを守ってあげなくてはいけないと感じた。

その後、Ｉは折に触れHに声をかけ、親身に相談に乗った。やがて、HはＩからの連絡がないとＩに電話やメールを頻回によこすようになった。さらに、Ｉに恋愛感情を抱いていると告げ、Ｉの返事が遅いと「辛い」「消えたい」と訴え、リストカットの傷口を撮影した写真をメールに添付して送りつけた。ＩはHに心配と好意を抱いていたが、今やHが自殺するのではないかという不安の方が強くなった。Hを重荷に感じたＩは、「Hのことは恋愛の対象とは考えていないが、会社にとっても自分にとっても大切な存在なので、これからも相談に乗る」と答えた。

その後、HはＩから**セクシャル・ハラスメント**を受けているとＪ部長に相談した。Hは、Ｉから頻繁にメールで誘われた、性的関係も迫られた、など涙ながらに訴えた。メールの一部を見せられたＪは、Hに対して同情的になり、Ｉを呼び出し厳しく注意した。驚いたＩがHに問いただしたところ、Hは「Ｉに相談してよかったことなど一度

セクシャル・ハラスメント
ハラスメントの定義は、他者に対する発言・行動などが、本人の意図とは関係なく相手を不快にさせたり、尊厳を傷つけたり、不利益を与えたり、脅威を与えることされている。セクシャル・ハラスメントは、特に性的な言動によるハラスメントを指す。

もなかった」と激しくなじった。Iが傷つきと怒りに震えてHを非難すると、HはIのカップを壁に叩き付けた。激しい物音は他の職員の聞こえるところになり、驚いた同僚が駆けつけた。

人事部職員から相談を受けた産業医は、会社の健康相談室に所属する臨床心理士とともに、H、I、Jそれぞれと面談を行った。Hは、自分はIにセクシャル・ハラスメントを受けた被害者であり、今回の暴力はIによって追い詰められ我を失ったゆえに起きたのだと息巻いた。臨床心理士は、Hの怒りの激しさに戸惑いつつ、このような事態になったことでHが感じているだろう不安や戸惑いに焦点をあてて言葉をかけた。Hがトーンダウンしたところで、臨床心理士は、Hがこれまで衝動性の問題で困ったことはなかったのかと尋ねた。するとHはうなずき、ときどき理由もわからず死にたくなってリストカットをしてしまうと涙をこぼした。産業医は、Hには精神科的治療が必要であり、しばらく休職して治療に専念するよう勧めた。

一方Iは、「自分が見放すとHが自殺するのではないか」とひたすらHの身の上を心配していた。なおJは、今回生じたHの衝動行為はIに非があるに違いないと、一貫してIを非難する立場に立っていた。

見立て

産業医と臨床心理士は、Hの他者の意向を配慮できない点や、親密な関係において問題行動が引き起こされやすいこと、衝動性の激しさ、危険な行動、あからさまな敵意などを考慮し、**境界性パーソナリティ障害**と見立てた。果たしてHが受診した医療機関からの返信には、H

**境界性
パーソナリティ障害**
DSM-5（APA, 2013）によると、①自己同一性、②自己の方向性、③共感性、④親密さのうち2つ以上の項目で中等度以上健康を損なっていることに加え、①情緒不安定性、②心配性、③分離不安、④抑うつ性、⑤衝動性、⑥危険覚悟、⑦敵意のうち4つ以上、少なくとも⑤、⑥、⑦のうち1つを満たすことが診断基準となっている。
（→21, 227ページも参照）

がしばらく仕事を休み治療に専念すること、薬物療法に加え、境界性パーソナリティ障害向けの集中的な専門治療の一種である**弁証法的行動療法**を提供する旨記載されていた。

援助の経過

　臨床心理士は、I、Jそれぞれと個別面談を行い、Hとの関わりを仕事上必要な事務的対応のみに限定すること、個人的な相談事の電話やメールには返事をしないことを提案した。Hの身の上を心配するIは、その提案に抵抗を示したが、Iのやさしさがかえってはしがみつきを助長していると指摘され、自制することができた。一方Jは、当初Hの言動に完全に巻き込まれていたが、臨床心理士とともに、HとIの間に起きた出来事を冷静に評価する中で、セクシャル・ハラスメントに該当する事実がないことに気付いた。そして、Hとの関わりが消退するに伴い、JのIに対する評価も妥当なものに変わっていった。

　続いて、産業医と臨床心理士は、**職場のメンタルヘルス対策**として、「職場の人間関係を円滑にするために」というテーマでレクチャーし、職場においては、必ずしもすべての人と親密で安定した関係を作る必要はないこと、「あたらずさわらず、距離をおいて」（中井・山口, 2004）接することの重要性を説いた。

　その間Hは休職し、外来通院しながら弁証法的行動療法に参加した。1年が過ぎ、Hは自分自身のパーソナリティ傾向について内省していった。やがて、Hは復職プログラムを受けるため、産業医に面談を申し込むに至った。

弁証法的行動療法
Linehan（1993）による、境界性パーソナリティ障害をもつ患者に対する包括的な治療。スキルの獲得を目指す集団療法、個人心理療法、24時間対応の電話相談、治療スタッフ対象のコンサルテーションミーティングなど、高度に構造化された治療である。日本では、医療コストの面から、その簡便法が用いられることが多い。

職場の
メンタルヘルス対策
従来は疾病の早期発見・早期治療を指す二次予防、再発防止を指す三次予防が中心であったが、健康な人々への健康増進や疾病の発生予防をめざす一次予防（児玉, 1999）の必要性もうたわれるようになった。

考察

　Hの行動は、**見捨てられ抑うつ**を防衛するための対象へのしがみつき、すなわち、境界性パーソナリティ障害に典型的に表れる対人関係の問題行動と言える。専門家に求められるのは、問題行動が明らかになった時点で、速やかに正確なアセスメントを行うことである。境界性パーソナリティ障害は、自分自身や他者に対する破壊的な行動化が生じやすいため、専門的な治療が不可欠である。産業医や臨床心理士は、「職場は病院でもリハビリテーション施設でもない」(大西, 2015) ことをよく理解し、自分たちだけでなんとかしようとせず、適切な医療機関にリファーすることが必要となってくる。

　一方、社内全体に向けた教育・講演や、巻き込まれた社員へのフォローといった、事前・事後の地道な援助こそが、問題が起きたときにそれを最小限に抑えるために有効な手立てと言える。このような多角的アプローチを行うためにも、臨床心理士は、産業医や人事担当職員など社内のさまざまな職種の人々と、普段から風通しの良い人間関係を作っておくことが不可欠である。

（堀江桂吾）

見捨てられ抑うつ
Masterson (1980) は、境界性パーソナリティ障害の患者は自立にあたって親からの情緒的支持を撤去されると感じ、抑うつ、怒りと憤怒、恐怖、罪悪感、受動性と無力感、空虚とむなしさといった感情を経験すると考えた。そして、こうした感情の複合体を、見捨てられ抑うつと名付けた。

参考文献

大西守 (2015)「職場のメンタルヘルス実践教室」『外来精神医療』15(1), pp. 21-23.

児玉隆治 (1999)「産業メンタルヘルスの可能性とカウンセラーの役割」, 鍋田恭孝・福島哲夫 (編著)『心理療法のできることできないこと』日本評論社.

中井久夫・山口直彦 (2004)『看護のための精神医学 第2版』医学書院.

American Psychiatric Association (2013) *Diagnostic and Statistical Manual of Mental Disorders: DSM-5*. Washington, D.C.: American Psychiatric Publication. (日本精神神経学会 (監修) (2014)『DSM-5 精神疾患の診断・統計マニュアル』医学書院).

Linehan, M. (1993) *Cognitive-Behavioral Treatment of Borderline Personality Disorder*. New York: Guilford Press.

Masterson, J. (1980) *From Borderline Adolescent to Functioning Adult: The Test of Time*. London: Routledge. (マスターソン, J.F. (著) 作田勉・眞智彦・大野裕・前田陽子 (訳) (1982)『青年期境界例の精神療法──その治療効果と時間的経過』星和書店).

事例12 職場からの退却（出社拒否）
－今までとちがう自分の発見－

キーワード 心理検査｜行動実験

ケースの概要

　20歳代後半の女性。幼少時は活発であったが、学齢期に親の転勤に伴う転校が多く、仲間はずれにされた経験から次第に引っ込み思案になる。少数の友人はいたが、その子たちからも拒絶されるかもしれないという恐れから、相手の話に表面的に合わせるのみであった。高校以降は親しい友人は作らず、授業外の行事や活動にはほとんど参加せず、人との関わりを極力避けるようになった。大学卒業後に事務職として就職。入職後、寝付きが悪い状態が続いたためしばらく心療内科に通院したが、仕事上で大きな問題はみられなかった。ただし、書類上の誤字など小さなミスが指摘されると、その後確認に時間を要して仕事が仕上がるまでに非常に時間がかかるようになったり、翌日に仕事に行くのが怖くなり体調不良を理由に休みを申し出ることがあった。

　3年前、職場の配置転換後から間もなく、直属の上司と折が合わないと感じ、居心地の悪さを覚えるようになった。配置転換から半年経った頃より、後輩の教育係を務めることとなり、クライエントは熱心に指導を行った。しかし、後輩がミスをした際に上司から「後輩のミスは、教育係のあなたの責任。こんな簡単なことも指導できずに仕事を続けていられる神経が信じられない」となじられることがあった。それ以後、上司と顔を合わせることが怖くなり、勤務時間中は常に緊張するようになった。上司の視線が気になって仕事に集中できず、クライエント

自身もミスを連発するようになった。上司に注意されるたびにますます居づらくなり、たびたび会社を休むようになった。当初は1日休むと次の日には出社していたが、次第に職場に電話をするのも怖くなり、一度連絡せずに出社しなかったのを機に連続欠勤となった。

上司が人事部に状況を報告し、人事からの勧めで産業医の診察を受け、保健師とも数回の面談を行った。両者の薦めで、以前通っていた心療内科への通院を再開し、当面1か月の休職をすることとなった。同時期にカウンセリングを開始した。

見立て

主治医の診断は「うつ状態」にて、1か月の療養を要するというものであった。カウンセリングを担当する心理士が**心理検査**を実施したところ、知的な能力は平均より優れている一方で、人格機能上ではパーソナリティ障害レベルであることが示唆された。平素は常識的な対応が可能であるが、対人緊張が高く、ストレスがかかると迫害的な不安が喚起され、茫漠とした認知になり現実吟味が困難になること、回避性のパーソナリティのタイプであることが示された。上記より、カウンセリングでは、受容的、支持的な関わりを行うとともに、クライエントが迫害的なポジションに陥った際に、自分で立て直しができる手立てを身につけるサポートを行う必要があると考えた。

心理検査
問題の状況や背景を探り、援助の指針を立てるために行う心理アセスメントの一環として行われる。
具体的な心理検査の方法には、知能検査、人格検査（質問紙法、投映法）、作業検査などの方法がある。

援助の経過

カウンセリング開始時、クライエントは、今回起こった

ことに対する強い自責の念とともに、再び同じことが起きないように努めたいという希望を述べる一方で、「自分では、どうしてこんなことになってしまったのかわからなくて。ただただ会社に行くのが怖くて、身動きがとれなくなってしまったんです」と戸惑いを口にした。心理士からは、心理検査の結果のフィードバックとして、知的には平均以上に優れていること、頭の回転が早いがためにいろいろ考えすぎてしまうこと、ストレスがかかると実際以上に状況を悪く見積もる傾向があるため、今回の来談のきっかけとなった上司との関係も本来よりも悲観している可能性が考えられることなどを伝え、今後の面接の方針を話し合った。

　結果を聞いた本人は「意外でした。ずっと、自分は劣っているから人に責められるんだと思ってきました」と述べたほか、性格については思い当たるところがあると語った。心理検査の報告書を職場の健康管理室に提出したいと希望されたため、心理士は了承した。

　休職後は心身ともに大きな崩れはなく、残業なしを条件に1か月の休職のみで職場へ復帰した。しかし上司への恐怖心は変わらず、職場に身を置くと過度に緊張して仕事が手に着かない状態が続いた。早退や欠勤が次第に増え、1か月経つと再び職場に行けなくなった。そうした事態を受け、健康管理室と人事部との調整により、配置転換をする方針となった。再び1か月の休職後、配置転換後の部署で仕事に復帰した。

　配置転換直後は上司に否定的に評価されることを恐れて極度に緊張していたが、健康管理室での面談や通院に際しては、勤務時間中に行くことが認められており、それが適度な息抜きになっていたようであった。3か月もすると、職場にも慣れ、以前ほどはストレスを感じずに

勤務することができるようになった。こうした経過から、健康管理室での面談頻度は次第に減らし、復帰後1年半で心療内科への通院も終了した。

カウンセリングについては、仕事はうまくいっているが人間関係についての不安がぬぐいされないというクライエントの申し出により、以後1年半にわたり継続した。その間、クライエントが一歩身を引いてしまうような人との関わりに焦点をあて、**行動実験**課題を設定することを重ねた。クライエントは、計画は立てるものの実際には実行できないことが多く、そのたびに「せっかく設定していただいたのに、申し訳ありません」と恐縮していた。それに対して心理士は、クライエントの臆病さをユーモアで肯定的に捉え直すようにし、クライエントはそれに対してほっとした表情を浮かべるといったやり取りが繰り返された。

そんな折、クライエントが職場で再び教育係をまかされる機会があり、以前とはちがった手応えを感じられることがあった。その出来事をきっかけとして、クライエントは自分に自信が持てたといい、今後もストレスフルなことはあるだろうが自分で乗り越えられるような気がすると述べて、面接の終結を申し出、カウンセリングは終了となった。

> **行動実験**
> 自分の考えがどの程度確からしいかを確かめるために、実際に行動して、科学者のようにデータを収集、分析すること。もともと持っていた考えと実験の結果を照らし合わせて、自身の考えを現実的なものへと再構成していく。

考察

回避性パーソナリティの人は、自己評価が低く、そのように劣った自分が他者から非難、拒絶、あるいは嘲笑されたりするのを恐れ、対人関係上ではできるだけ無難にやりすごせるように努める。そのため、大きなストレスイベントがなければ、パーソナリティの問題は明らかにならないことも多い。

本ケースでは、職場での上司との関係に、後輩の指導とい

う負荷が加わり、他者からの批判を避けようとするクライエントの対処が破綻したために、出社を拒否するという極端な行動に出たと思われる。その際、自分の至らなさのせいで後輩がミスをしたともとから考えていたところに、上司の一言が後押しとなって一気に迫害的な不安が高まり、場面から退却することで自身を守ろうとしたのであろう。

　心理士の関わりでは、心理検査結果のフィードバックにより、クライエントが劣った存在ではないことをデータとして示すとともに、クライエントが体験している恐ろしい世界は虚構である可能性を示すことで、クライエントの体験とは別の視点の存在を提案した。面接を重ねる中で、自分が思っていたのとはちがう現実があるということを、身をもって体験したことが、終結に至った条件と考えられる。

　回避傾向のあるクライエントに対しては、クライエントが恐れていることに行動実験等を通して直面する機会を持つことで、現実の捉え方の変容が起きることが治療の要件となる。カウンセリング場面は、クライエントが実験に取り組む準備をする安全な基地として、また、その体験をポジティブなものとして位置づけることができるようなふり返りの場として機能することができると考える。　　　　　　　（髙岸百合子）

事例12：職場からの退却（出社拒否）　－今までとちがう自分の発見－

第I部 事例編／第4章 医療

事例13　救急医療における暴力・非行・他害・反社会的行動
　　　　　　　　　　　　　－入院医療における治療構造、家族支援－
事例14　精神科入院における薬物依存・乱用・食行動異常
　　　　　　　　　　　　　－物ではなく人に頼ることを支援する－
事例15　総合病院におけるリエゾンケース
　　　　　　　　　　　　　－児童虐待への介入－
事例16　認知の歪みへの介入を
　　　　地域スタッフと協力して進めたケース
　　　　　　　　　　　　　－生活の中で猜疑的な姿勢を和らげる－
事例17　自閉症スペクトラム障害と境界性パーソナリティ障害
　　　　　　　　　　　　　－学校・職場と連携をとりながら治療を続けたケース－

● 精神科医療機関は、パーソナリティ障害の病理が本格的に扱われる場である。併せてそこでは、患者を家庭などのより開かれた地域の生活の場に戻すことが重要な任務となっている。ここでも、援助を必要とする領域が広いために、多職種による関わりが重視されることになる。すなわち、患者の問題行動や精神症状を抑えることが目標となる治療の局面では、看護スタッフや精神科医、臨床心理士、ケースワーカーといった医療機関に所属するスタッフが中心的な援助の担い手となるが、地域に戻す過程では、家族や地域の精神保健スタッフとの協力・協働が重要な課題となる。

● 事例13は、暴力を契機として救急入院となったケースである。そこでは、治療関係で生じた歪みを乗り越えて、退院準備が進められた経過が記述されている。事例14は、薬物依存や種々の衝動行為を示す患者である。そこでは、治療チームとの関わりや自助グループへの参加が改善の契機となっていた。事例15では、子どもの病院受診を契機として、その母親に対する父親（夫）の暴力が明らかになり、その暴力への対応が進められる過程が報告されている。事例16は、妄想性障害を発展させて措置入院となった妄想性パーソナリティ障害の患者である。この事例では、入院中も退院後も生じる猜疑心を修正する介入が継続されている。事例17は、発達障害とパーソナリティ障害の合併と診断されるケースである。この事例では、短期の入院治療が繰り返されつつも、継続的に患者の学校、職場のスタッフと連携しての援助が行われている。

事例13 救急医療における暴力・非行・他害・反社会的行動
－入院医療における治療構造、家族支援－

キーワード スーパー救急病棟｜制限設定｜承認

ケースの概要

　27歳女性。同胞2名の第2子。優秀な兄と常に比較され育った。母は感情の起伏が激しく本人を溺愛し、借金までして有名ブランドの服を着せ、ピアノ・バレエ・日本舞踊・英語塾など、多くの習い事をさせた。父は仕事中心で家庭を顧みず、社会的地位はあったが、酒を飲んでは母に暴力を振るい、警察介入となることもあった。本人曰く、「父は消し」て、母の機嫌をとることに必死で、「家庭には居場所がなかった」と振り返った。高校でいじめに遭い中退し、以降、短期のアルバイト歴がある。入院前は交際男性と同居し、交際相手の多額の借金を本人が売春し返済していた。

　高校でいじめにあった頃より、慢性的な抑うつ気分や空虚感、希死念慮が出現した。17歳時に近隣のクリニックを初診し「うつ病」と診断され、ドクターショッピングを繰り返した。26歳頃より、母との関係が不良になり、喧嘩が増え、包丁を取り出し「自傷する」と脅すようになった。27歳頃より、交際相手の多忙から喧嘩が絶えないようになり、別れを切り出されるたび、自傷のそぶりをみせるようになった。交際相手との喧嘩の最中に「刺せ！」と幻聴が聞こえ、交際相手に包丁で斬りかかったため、110番通報され、精神保健福祉法23条通報により当院を初診し、即日緊急措置入院となり、翌日の措置診察でも要措置と診断され、措置入院となった。

見立て

　入院後、オランザピン10mgなどの内服で精神病症状は速やかに改善したが、「あいつ（交際相手）が悪い。あいつを入院させろ」と他罰的で、担当医に対し「話を聞いてくれるから落ちつける」と述べる一方で「あいつ使えねぇ」とこき下ろした。経過および横断的臨床像から、衝動性、見捨てられ不安、スプリッティング、慢性的な空虚感と抑うつ気分、不安定な対人コミュニケーションパターン、自傷の脅しなどの症状が青年期早期から持続して認められたため、境界性パーソナリティ障害と診断し、入院前の幻聴は、パーソナリティ障害に随伴する小精神病エピソード（micropsychosis）であったと考えた。

援助の経過

　入院当初の担当は若手女性医師であった。入院当初は本人の要求のままに一日の面接時間の大半を本人の面接時間に割くなどし、一見信頼関係が構築されたかに思えた。しかし、次第に要求はエスカレートしていき、要求がかなえられないと分かると「あいつ使えねぇ」とこき下ろすようになった。母の面会中に他患の不穏など療養環境に関する誇張した申告を行い、母はそれを信じ、措置入院中にもかかわらず退院請求を執拗に行うようになった。さらに、本人の要求を断りきれず、担当医が例外的に携帯電話の使用を許容するなどし、病棟内治療環境が混乱し、治療チームは分裂の危機に陥った。
　そのため、担当医をスーパーバイザー的機能を担っていた筆者に変更し、面接時間や許可物品や行動制限について明確な限界設定と治療方針を策定し、それを病棟ミーティングで頻回に共有した。種々の制限設定は、本人の

情動が安定しているときに、明確な根拠を沿えて説明した。同時に、面接は構造的に行い、その枠内で本人の生育歴や苦悩に共感的かつ支援的な面接を繰り返した。担当看護師には、患者の病理に深入りしないように大局的ポジションでの介入を依頼した。

徐々に、本人と筆者の間に友好的治療関係が構築され、本人は、不穏や退院要求のきっかけとなる母親との面会を自ら中止し、不穏な他患とは距離をとることや、イライラが強まった際の頓服使用などを自ら立案し実行できるようになった。治療終盤には、「自分は「境界（性パーソナリティ障害）」だと思う」「私もわがままだった。入院して彼の忙しさが分かった。今なら許せる気がする」と、自身の疾患や医療関係者である交際相手の多忙さにも妥当な振り返りが行えるようになった。また、「退院後は彼とは少し距離をとるために親と暮らします」と、退院後の現実的な生活を計画できるようになった。

本人の情動の安定を見計らい、母と本人同席での面接を設定し、あらためて本人の診断は境界性パーソナリティ障害であること、行動療法的関わり方や適切な制限設定の仕方、否定的表現から中立的表現への置換など、療養上の注意を伝達し理解を得た。本来の入院理由である精神病症状の消退に加え、医療者への信頼感の増大、疾患への内省、など治療成果は十分に得られたと判断し、入院30日目に措置入院を退院となった。退院後はかかりつけのクリニックへの通院を継続することとなった。

考察

パリス（2014）によれば、境界性パーソナリティ障害の患者は、入院させるべきではない、もしくは入院させるのは、小精神病エピソードもしくは、致命的な自殺企図に関わる状況

においてのみとされる。本症例では小精神病エピソードがその要件に該当していた。そのような入院治療の限定は、治療効果に比較し、本症例の治療過程で見られたような病棟内治療構造の危機という副作用がより頻繁に経験されるからであろう。

　境界性パーソナリティ障害の入院治療においては、多職種チームによる多面的な治療サービスの展開が推奨されているが、わが国の入院治療では、**スーパー救急病棟**においてですら十分な人員が配備されているとはいえない。現時点では、各職種がその時々に応じた治療役割を取る、いわば「多役割チーム」の体制を取らざるを得ない。そのような「多役割チーム」の中でも、治療力動を客観的に把握し治療構造を維持すること、直接の治療者の疲弊を最小限に抑えるという意味で、治療のスーパーバイズ的役割は重要である。本症例では、その機能を筆者が請け負っていたため、担当医の際限ない巻き込まれと治療チームの崩壊が避けられた。

　精神科救急における入院治療は、閉鎖病棟で行われることが多いが、そこで持ち込み物品や行動制限などのルールを一方的に設定すると、治療関係の構築が困難になるという、一見両立困難な課題に直面する。この問題を乗り越えるには、**制限設定**を、最低限度かつ事前に、本人が落ち着いているときに、本人が納得できるようにその根拠を説明して、本人と治療スタッフの約束の形で実施することが必要である。それは、不適切な衝動的行動に走る傾向にある境界性パーソナリティ障害の患者に行動コントロールの機会を作るという治療的意義のある作業となる。

　また、それらの制限設定を最低限に行いながらも、基本は患者の支援者であるというスタンスを前面に押し出しながら、共感的に接するという姿勢が不可欠である。本症例では、構造的な面接の中で現在の本人の苦悩を共有し、それらの苦悩の原因になったと本人が理解している過去の体験を、共感を示しながら傾聴し**承認**していった。このことが、本人の医療

スーパー救急病棟
十分な人員配置で重症患者を受け入れ、できるだけ早く地域に返す役割を持つ急性期病棟のこと。医療観察法を除く精神科入院の中では、最も高額な診療報酬が割り当てられている。

制限設定
結果についての約束を伴う制限の設定。不適切あるいは衝動的な行動をとる傾向がある境界性パーソナリティ障害を持つ患者の治療で行われることが多い。

承認
問題解決戦略とともに弁証法的行動療法における核となる技法。患者の反応は現在の生活の状況において当然のことであり、理解可能なことだと伝えること。
（→76, 177ページも参照）

者への信頼感を滋養し、不適応行動への内省につながったと考える。

最後に、境界性パーソナリティ障害における治療では、家族に対して適切に介入することは避けて通れない課題である。しかし、外来治療ではそのような時間を十分に割くことができないことが多く、家族も本人の対応に疲弊し冷静な判断ができないことも多いため、入院治療は、その介入を行う絶好の機会となる。本症例では、当初は本人への関わりを強めに行い、情緒の安定を達成したのちに、家族への説明を本人同席のもとで行った。母親は当初、本人の言動に振り回されていたが、徐々に落ち着いていく本人を見て医療への不信感を低下させ、本入院で初めて本人の診断と適切な本人への接し方を理解した。本人の回復を、本人、家族、医療者が共通の目標として捉え、協力体制が確立されたことは、今後の外来治療に役立つものと考える。

以上、モデルケースを通じ、わが国の精神科救急の入院治療における課題と対策、入院だからこそ提供できる治療について考察した。基本的には、やはり境界性パーソナリティ性障害の治療の中心は外来治療であることに異論はない。しかし、いったん入院したからには、精神病症状や自傷のおそれの軽減に加え、外来治療に役立てられるような「おみやげ」をひとつないしふたつ持たせてあげるのが、入院治療の役割であると考えている。 　　　　　　　　　　　　　　　（今井淳司）

参考文献
林直樹(2002)『人格障害の臨床評価と治療』金剛出版.
クリーガー, R.(著)遊佐安一郎(監訳)(2011)『境界性パーソナリティ障害ファミリーガイド』星和書店.
パリス, J.(著)黒田章史(訳)(2014)『境界性パーソナリティ障害の治療──エビデンスに基づく治療方針』金剛出版.
ヤング, J. E.、クロスコ, J. S.、ウェイシャー, M. E.(著)伊藤絵美(監訳)(2008)『スキーマ療法──パーソナリティの問題に対する統合的認知行動療法アプローチ』金剛出版.
リネハン, M. M.(著)大野裕(監訳)(2007)『境界性パーソナリティ障害の弁証法的行動療法──DBTによるBPDの治療』誠信書房.

事例14 精神科入院における薬物依存・乱用・食行動異常
－物ではなく人に頼ることを支援する－

キーワード 薬物依存｜過剰適応｜対人不信

ケースの概要

　24歳女性。同胞3名の第1子長女。下に弟が2名いる。団体職員の父と主婦の母による養育。幼少期より父方祖父母の溺愛を受ける一方で、母と父方祖父母との折り合いは悪かった。両親の希望で小学校から私立の学校に通い、推薦で系列の中学、高校と進んだ。高校入学と同時に、母が家を出る形で両親は別居した。

　18歳頃から対人恐怖や「人が自分の悪口を言っている」などといった被害関係妄想が出現。同時期より手首自傷も出現し、精神科に通院を開始した。しかし練炭自殺企図や向精神薬の過量服薬、自傷行為が止まらなかったため、20歳頃、精神科病院に任意入院し、うつ病およびパーソナリティ障害と診断された。退院後も処方薬の過量服薬は止まらず、20歳頃から23歳にかけて、複数のメンタルクリニックを転々としながら、大学では留年を繰り返していた。

　24歳の春頃、アルバイトを始めて当初は落ち着いていたが、夏休み明けから再び授業の欠席が目立つようになり、習慣的な過量服薬が再燃した。やがて処方された向精神薬と市販の咳止め薬の錠剤を粉砕混合して鼻から吸引するようになって、幻聴や被害妄想も出現するようになった。通学途中の朝、急に不安に襲われて向精神薬を過量服薬し、救命救急センターに搬送されたこともあった。入院後も「眠れないから」と隠し持っていた向精神薬を過量服薬し、電気コードを首に巻きつけようとする

行動も認めたため、精神科病院に転院となった。そこでは、「自傷行為を行わない」という治療契約が結ばれたが、入院当日の夜、「苦しくて、どうしたら良いか分からなくなって」持参したハサミで自傷してしまい、強制退院となった。同院からの紹介状を持参し、筆者の外来を初診となった。

見立て

初診時には口数少なく、表情も乏しかったが、礼容保たれ、幻聴や妄想の存在をうかがわせる発言は認めなかった。向精神薬や市販薬の使用に関してコントロール喪失状態にあることは病歴上明らかで、まず向精神薬依存症と診断した。物質乱用と反復性の自殺企図や自傷行為、感情の不安定性に加えて、慢性的な空虚感の存在も疑われ、境界性パーソナリティ障害を併存している可能性は高いと考えた。他方、病歴上存在していた時期もある対人恐怖や被害妄想、幻聴などについては、境界性パーソナリティ障害に見られる一過性の妄想用観念や解離症状なのか、それとも思春期発症の統合失調症なのか、初診時では鑑別困難であったため、病状の経過観察を続けることとした。

援助の経過

初診後も向精神薬の乱用は止まらなかったが、一切患者を非難せず、「乱用には理由があるはず」と家族に説明し、患者との信頼関係構築を優先した。患者の話では、向精神薬の乱用はソーシャルネットワークを介して出会った不特定多数の男性との性交渉に先行することが多か

った。そして性行為の見返りに男性から得た金銭で、向精神薬を入手するための医療費を支払ったり、家族にプレゼントを購入したりしていた。

　初診以降、2年の治療経過中、当院には計5回、2週間から長くても3か月程度の任意入院歴がある。いずれも向精神薬の乱用が止まらなかったり、外出恐怖や希死念慮が一時的に悪化して自宅に引きこもりがちとなることが入院の契機となった。

　当初は、入院してもほとんど自らの意志を言語で表出することはなく、本人の希望を尋ねても「わからない」「先生はどうしてほしいんですか？」としか答えられないことが多かった。病棟での女性他患との関係には過敏で、些細な誘いを断れないでいることが続くと、外出してカミソリで自傷したり、市販の感冒薬を過量服薬したり、夜間電気コードで自分の首を絞めようとするなど、衝動的行動に及ぶことが多かった。しかし治療方針としてあえて患者を叱責して強制退院にしたり長期間行動制限をかけたりすることなく、夜間限定の緊急避難的な隔離を適宜挟みつつ、自傷への衝動や欲求を感じたらスタッフに相談することの重要性について説明を繰り返した。キーパーソンである母にも、入院後は何度も面談を繰り返し、境界性パーソナリティ障害の見立てと治療方針について説明し、了解を得た。患者は「特に困ったことはありません」「だいじょうぶです」と無表情のまま返事をすることが多かった。

　退院後は、自らの感情表出の練習の場として当院外来の女性グループミーティングに通所してもらった。しかし向精神薬の乱用と性的逸脱は続き、外来では「（男性から）誘われると断れない」「世界中の誰からも嫌われたくない」などと語っていた。見知らぬ男性について行って

性的暴行を受け、希死念慮と外出恐怖が強まった時期もあった。

4回目の入院時には、「親族の行事がいろいろあって苦痛だから正月は実家に戻りたくない」と初めて明確な意思表示が患者からあったため、母の同意も得て、年末年始は病棟で過ごしてもらった。年明け、一過性に家族に対する罪悪感が強まり、自傷行為が頻発したが、1か月ほどで収束し、軽快退院となった。

5回目の入院中には、スタッフに励まされて携帯を使って初めて女性他患の誘いに断りのメッセージを送ることができた。院外の自助グループに参加することもでき、「退院後が不安。どうしよう」などとスタッフに表情豊かに愚痴をこぼせるようにもなり、軽快退院となっている。

考察

当院初診後の経過を見れば、継続的な精神病症状を呈することはなかったため、統合失調症は否定的であり、また性的逸脱や自傷行為が繰り返されていたことを考慮すると、うつ病の枠でとらえるよりも、当初の予想どおり向精神薬依存症と境界性パーソナリティ障害の病態を想定した方が治療的に妥当と思われる。

患者は幼少期から親族内の緊張関係に慢性的に暴露され、長女として祖父母や両親の期待に応えようと過剰な努力を続けた結果、自らの自発的な感情の発露を長期にわたって抑制せざるを得なかったと推測される。他者に感情を表出して理解してもらったり共感してもらうことで自らの苦しい感情に対処するのではなく、他者に一切頼らず、**薬物依存**や自傷、性的逸脱といった衝動的な行動で単独で処理しようとする行動パターンが患者の中心的な問題点であると仮定し、**過剰適応**と**対人不信**に焦点を当てた面接を繰り返した。

薬物依存
覚せい剤、向精神薬、危険ドラッグ、市販薬などが主たる乱用物質であり、違法な物質の所持・使用が止まらない場合や、違法ではないが不適切な使用により明らかな生活障害が生まれている場合、依存症と診断される。

過剰適応
わが国で特に指摘されることの多い対人関係の在り方の一つで、他者からの評価を過剰に気にしたり、自己の本音の感情の表出を抑制して表面的に他者関係や社会に適応することを最優先する態度を指す。

対人不信
依存症やパーソナリティ障害の不適切な行動パターンの背後には、人を信じられず、物や単独行動しか頼れないという「信頼障害」がある。限界設定で対応するより、患者の信頼を獲得するためのコーチングが有効である。

特に、患者には院内のグループ療法や院外の自助グループに参加するだけでなく、看護師や心理士など多職種に相談することを促し、他者に頼ることで少しでも気持ちが楽になった、という成功体験を積み重ねてもらうことを重視した。薬物乱用、自傷行為、そして性的逸脱はいずれも患者が苦痛な感情を生きのびるために自己流で編み出してきた単独対処行動である。どれほど不適切であっても、それを頭ごなしに叱責したり、すぐに止めることができないことを理由に援助者側が関わりを拒否することは、患者が抱えている潜在的他者不信を増悪させるという点で、反治療的な対応と言わざるをえない。

　不適切な行動パターンがすぐに止まらないことを家族に十分説明した上で、葛藤や不安、怒りなどといった負の感情に襲われた時、信頼できる他者に言葉で自分の心の現状を伝え、共感や助言をもらう、という新しい行動パターンを患者が習得できるよう、援助者はコーチングを繰り返す必要がある。援助者が手のひらを返して見捨てたり非難したりしないか、患者は潜在的に猜疑心を抱えていることが多く、時には援助者の「本気度」を試すために薬物乱用や自傷行為を繰り返すこともありうる。何度患者が不適切な行動を取ろうとも、われわれが患者に信頼してもらえるよう、粘り強く支持的な関わりを続けていくために必要なものは、多職種による治療方針の共有と協働作業であることは言うまでもない。(小林桜児)

参考文献
小林桜児(2012)「いわゆる『パーソナリティ障害』症例におけるアルコール・薬物問題をどのように認識し、対応するか──Khantzianの『自己治療仮説』と『信頼障害』という観点から」『精神医学』54(11), pp. 1097-1102.
小林桜児(2013)「アルコール・薬物依存症の治療──解離という視点から」『《精神科臨床エキスパート》依存と嗜癖──どう理解し、どう対処するか』医学書院.

事例15 総合病院におけるリエゾンケース
－児童虐待への介入－

キーワード DV（ドメスティック・バイオレンス）｜子ども虐待としてのDV｜
医療ソーシャルワーカー｜コンサルテーション・リエゾン

ケースの概要

母親Kは30代、その長男Lは6歳である。父親M（Kの夫）は同居している。

●Kの生育歴・生活歴

幼少期から両親の仲は悪かった。転校が多く、学期の途中で学校が変わるので、クラスに馴染めずいじめられた。親はうすうす気付いていたと思うが話せなかったという。本当はピアノや本が好きな子だったが、中学や高校では明るいキャラクターを演じるようになる。おかげでそういうキャラクターが定着していじめられなくなったが、高校3年になるとどっちが本当の自分か分からなくなっていた。父親はKに厳しく、Kは95点でもほめられたことはなく、「なんで100点ではないんだ」と叩かれたという。Kは中学の頃から不安定で、抑うつ気分、空虚感、イライラなどが頻繁に見られるようになった。高校卒業後は親元を離れ短大で学び、地元で就職した。23歳の時、家を出たくて結婚。3年で離婚。その後、現夫Mと出会い結婚。一児（L）をもうけた。

●来談前の家族の状況

夫であるMはもともと子育てには協力的とは言えず、子育ても母親であるKが独りで担ってきた。Kは産後不安定になり精神科を受診するも、最近は「薬をもらうだけ」になっているという。

夫MからKへのDVは半年前の秋より始まった。Lも、MがKに「死ね」「バカ」と言ったり、物を投げつけたりしている様子を見聞きしていた。また、Kは目を殴られ全治1か月の受傷となったが、それもLは目撃している。Kは警察に通報し、ホテル暮らしだった時もあるが、現在は夫Mの住居に戻っている。

N病院（総合病院）へは、ぜんそくを主訴に息子のLが通院していた。月1回の通院を継続しており、その際Kが小児科医に最近のLの様子として「父の母への暴力の後、子どもが嫌なことがあると、私の顔をすぐ叩くなど暴力的になった」と相談。小児科医から相談を受けた臨床心理士がKと面談を行うことになった。

面談に関してKは、長男Lに臨床心理士との面談を受けさせることでLの問題が解決するのではとの期待を持っていた。臨床心理士は、まずは子どもを支える存在である母親（K）と面談を行い、Lの最近の様子をうかがうとともに、Kへの情報提供と支援を行うことにし、その旨を小児科医とKに説明、同意を得た。

DV（ドメスティック・バイオレンス）
Domestic Violenceの略。親密な関係にある（あった）者からの意図的な暴力または身体的な行動を意味する。身体的な暴力の他に、脅迫、侮辱、おどし、経済的、精神的または性的な暴力も含む。

見立て

Kは、最近のLの様子として「イライラが強い」「暴力を振るうようになった」と語った。Kに対して攻撃的な言動をとるようになり、父親のまねをしてKの目を叩くという。また、それまでできていたことができなくなったり、保育園でウンチをもらす、自宅で夜尿するといったことが起きたり、なかなか寝ない、母に着替えを手伝ってもらおうとするなど「赤ちゃん返り」のような行動が見られるようになった。怒りの感情の高まり、加害者への同一化、退行といったDV目撃の影響は大きく、直接

子ども虐待としてのDVの目撃

子どもがDVを目撃することは、児童虐待を直接受けることと同様の害を子どもに及ぼすとされ、2004年児童虐待防止法の改正に伴い、「児童が同居する過程における配偶者（事実婚の相手含む）に対する暴力を目撃すること」も、心理的虐待に位置づけられることになった。DVを目撃した子どもには、暴力・攻撃性、落ち着きのなさ、解離、身体化、退行、非行、ひきこもりや不登校といった「行動面への影響」、自責感、罪悪感、無力感、不安、緊張、孤立感、自尊心の低下、怒り、感情鈍麻といった「感情面への影響」、暴力の正当化、母親の自業自得だという思い、男尊女卑といった「価値観への影響」、学習の遅れなどの「認知面への影響」などを引き起こすと指摘されている。

的ではないもののLへの心理的虐待となっており、それがLの行動へとつながっていると考えられた。

さらに話を聞いていくと、息子であるLに対するKの期待の大きさがうかがわれた。Kは「私が6〜7歳だった頃できるようになったことができるんです」と嬉しそうに語っていたが、その分、Lの「できない」ことに対する余裕がなく、過度に「しっかりしなさい」「ちゃんとしなさい」と要求している様子があった。Kも、時には思わずLのお尻を叩いてしまうこともあると語った。

Kとの面談中、臨床心理士は待合室で待つLの様子を見ていてほしいと外来看護師に協力をお願いした。看護師の話では、Lは看護婦が用意した本やぬりえをニコニコと行い、母Kの面談が終わると自分から絵本やぬりえを片付けていたという。Kの話や待合室で待つLの様子から、臨床心理士はLに知的な発達の遅れはなく、むしろ過剰適応的で成長が早そうな印象を受けた。そしてLは一見しっかりしているようだが、家庭ではその歪みとも言えるような言動が起きていることが推察された。

母子へのサポート体制としては、Kの両親とKは不仲であり、物理的にも心理的にも母子への援助は難しい状態であった。また、あくまでもKの言い分としては、区役所や警察、児童相談所にも相談したが「特に何もしてもらえず」、経済的問題もあり夫Mとの別居は難しいと語った。

援助の経過

DVにより母親も子どもも傷ついていること、そのような状況下で生活の多くを母親が担わなくてはいけないこと、警察や区役所に相談したKの行動などを臨床心理士

が労うと、Kは緊張が解けたような表情を見せた。
　臨床心理士はその上で、情報提供・心理教育としてDVが子供に及ぼす影響についてKに説明した。暴力の目撃者になることも二次被害であること、心理的な被害を受けた状態であり子どもは極端な緊張や恐怖を持つこと。お母さんが暴力を振るわれる様子を見て、子どもは悲しくなったり、「僕がお母さんを守るんだ」という気持ちになったりする。その一方で、家が安心な場・安全な場ではなくなるので不安な気持ちでいっぱいにもなる。Lの心は大混乱を起こしていて不安な状態にあるのかもしれない。また、そのような環境にいることは健康な、健全な成長を妨げてしまう危険がある、といったことを伝えた。
　夫MにDVをやめてもらうこと、もしくはMから離れてLにとっても安全な場を確保することが大切と思われたが、Kと話す限りではそれも難しそうであった。Kは父親と離れた時期もあったが元に戻っており、離れる気持ちは薄いと思われた。子どもを守れるのは母親だが、母であるK自体危ういことは否めず、母子関係の問題・歪みもありそうな印象を臨床心理士は受けた。そして、Lの今後の健全な発達のためにも、Lへの早期の介入は必要と考えた。
　そこで、Lへの援助として、「LくんはSOSの症状を出しているので、早めに専門家につなぎケアをしてもらいましょう」と説明、小児科医に紹介状を書いてもらう手筈を整え、相談室の**医療ソーシャルワーカー（MSW）**にも相談した上で、小児精神科への紹介を行った。また、Lの気持ちや行動の意味を説明し、KのLへの対応として「今Lくんは不安でいっぱいで甘えたい、甘えることで安心したいと思われるので、たくさん甘えさせてください」と説明した。

医療ソーシャルワーカー（Medical Social Worker: MSW）
保健医療分野におけるソーシャルワーカーであり、主に病院において社会福祉の立場から患者やその家族が抱える掲載的・心理的・社会的問題の解決、調整を援助し、社会復帰の促進を図る業務を行う。

Kはもともと精神的に余裕がある人とは言い難く、夫からのDVを期に抑うつ気分や、空虚感、イライラや焦燥感も強まっていた。Lのためになんとかしたいという思いはあっても真逆の行動をとってしまっている状況であった。Kは精神科に通っているものの、通院は不定期になっていた。臨床心理士はK自身への援助として、かかりつけの精神科医にきちんと状況を説明し、相談するよう勧めた。

　臨床心理士との面談後、KはLを連れて小児精神科を受診。小児精神科から児童相談所につながり、小児精神科と児童相談所が連携しながら母子の支援を行っていくことになった。

考察

●コンサルテーション・リエゾン

　総合病院の心理臨床活動の一つに**コンサルテーション・リエゾン**がある。スタッフから依頼を受け、何らかのメンタルヘルスの問題を抱えている患者へのコンサルテーション（患者と面談、スタッフからのケアの相談）や、スタッフのメンタルヘルスの向上に向けた支援を行う。

　小児科の場合、直接子どもと関わり心理・情緒面の評価を行うこともあるが、保護者である両親と面談し、健康的な精神発達を促すためアドバイスや子どもを理解するためのガイダンスを提供することも少なくない。悩んでいる子どもへの対応は親にとって難しいものではあるが、そのような時こそ親が（できれば両親が協力して）子どもを支えていくことが重要になる。

　また、心理的課題は不安や葛藤への対処の仕方を身につけることで越えていくものであり、子どもの場合身近な大人の助けや促しによってそれを得ることができる。そのため、最も近い大人である親にその役割が果たせるようサポートするこ

コンサルテーション・リエゾン

「リエゾン」とは、「連携」や「連絡」を意味するフランス語由来の語である。これは、身体疾患に伴うさまざまな心理的問題をチーム医療の中で扱おうとするもので、リエゾン精神医学、リエゾン精神看護の理念に基づいて提供される包括的な医療サービスである。さまざまな診療科と連携をとりながら各科の担当医やスタッフから寄せられる、患者のメンタルヘルスの問題に対応する。また、スタッフの相談にも対応し、スタッフのメンタルヘルスの問題への支援も行っている。

とが子どもの問題を解決し、発達を促す支援になると考える。

そして、「子どものメンタルヘルス」の相談においても、夫両親（あるいは養育者とそのパートナー）との問題は外せない。本ケースのようにDVの問題の場合もあるし、その他の精神病理の場合もある。妻（母親）よりも夫（父親）の方の病理が重い場合も少なくはないが、夫が治療を受け入れるにはいくつものハードルがあり、まずは妻が相談を始める方が良い場合も多い。

● **母親の問題**

パーソナリティ障害の、例えば激しい症状は、年齢とともに少し穏やかになる場合がある。仕事やアルバイトをして、そこで安定した人間関係や安定した収入を得たり、不仲な親とは距離を置き刺激を少なくしたりする形で安定する（少なくとも行動面での激しさは減少する）。しかし、出産や子育てを機に実家の親や夫の親との接点が増えたり、いらいらや不安が煽られたりして、不安定化のきっかけになることも多い。

本ケースの場合、Lの行動の引き金（直接的な要因）は親のDVの目撃と考えられるが、その背景としてKとの母子関係の問題、さらには母親であるK自身の問題が推察された。このため、Lの今後の健全な発達のためにも早期の介入が必要であり、同時に、親ガイダンスも含めたK自身への支援も不可欠と考えられた。

（福榮みか）

参考文献
チルドレン・ソサエティ（著）堤かなめ（監修）アジア女性センター（訳）(2005)『虐待とドメスティック・バイオレンスのなかにいる子どもたちへ』明石書店.
徳永恭子(2010)「ドメスティック・バイオレンスの被害者としての子ども達」『相談室だより』69, pp. 2-6.
春原由紀（編著）武蔵野大学心理臨床センター子ども相談部門（著）(2011)『子ども虐待としてのDV』星和書店.
森田ゆり(2010)「ドメスティック・バイオレンス家庭に育つ子どもたち──インパクトとリカバリー」『国立女性教育会館研究ジャーナル』14, pp. 23-34.
渡邊明日香・藪長千乃(2007)「DVが子どもに与える影響と支援のあり方に関する一考察」『文教大学人間学研究紀要』9(1), pp. 295-316.

事例16 認知の歪みへの介入を地域スタッフと協力して進めたケース
－生活の中で猜疑的な姿勢を和らげる－

キーワード 措置入院｜発見的な質問｜ケア会議｜クライシスプラン

ケースの概要

50歳代男性。高校卒業後より建設会社に勤務。20代で見合い結婚をして2児をもうける。職場では、同じ現場で働く相手から嫌がらせを受けたと主張してたびたび口論になったが、大きなトラブルに発展することはなく経過。近所との日常的なつき合いは一切せず、隣家から音が漏れてきたり道路の通行人の話し声が大きい等のことがあると、怒鳴りつけたり苦情を言いに行くことがあった。また、休日はほとんど家にこもり、家の情報を人に話さないように家族にきつく言い聞かせていた。今回の入院以前に精神科治療歴はなく、入院時は、大学生で一人暮らし中の長男をのぞき、妻、長女の家族3人で一軒家に暮らしていた。

4年前に隣に若夫婦が引っ越してきてから、次第に、彼らが毒を撒いて自分たち一家を殺そうとしているという妄想を抱くようになった。自衛のための行動が次第にエスカレートし、毒が敷地内に入ってくるのを防ぐために大型扇風機を庭に設置し隣家に向けて常に送風したり、毒を中和するための薬品を撒いたりするようになった。隣家の住人は、そうした行動を奇異に感じて市役所に相談し、保健所から患者宅に保健師が訪ねてくることがあった。

自身の体調が次第に悪化してきたことと、妻に癌が見つかったのを機に、ある日隣家に金属バットを持って殴り込みに行った。隣家の住人が110番通報し、駆けつけた警察官より通報が出され、精神科病院へ**措置入院**とな

措置入院
精神保健福祉法第29条に定める、精神障害者の入院形態の一つ。精神疾患のために自傷他害の恐れがある場合に、精神保健指定医が診察（措置診察）した結果、入院が必要と認められたときに知事の決定によって行われる。

った。以後、閉鎖病棟で約3か月間の入院となった。

見立て

　関係者への聴取から、今回の行動の背景には隣家に対する被害妄想があり、自衛のために極端な行動をとったことが明らかになった。患者は毒が撒かれている証拠として、窓に光が指したときに空気中に舞う白い粒（実際は埃と思われる）の存在を挙げたものの、幻視・幻聴は認めず、隣人に対する妄想に関連した事柄以外には奇異な言動は見られず疎通も良好であったことから、妄想性障害と診断された。また、幼少期からの生活史は本人が一切語らず不明であったが、家族より聴取した結婚以後の生活史から、相手の意図を悪くとるためにたびたび近所や職場で小さなトラブルがあったことが明らかになったことに加え、医療者に対して強い不信感を抱き治療関係を築くのが困難であったことから、もともと妄想性パーソナリティ障害がベースにあるものと考えられた。加えて、入院後は常に陰鬱な表情を浮かべ、不眠と食欲不振を訴えており、抑うつ状態にあることがうかがわれた。

援助の経過

　入院後間もなくは終始堅い表情でうつむき、医療者に対して不平を言う以外には、誰とも話そうとしなかった。患者からの訴えに従い処方された睡眠薬以外の服薬はすべて拒否し、食事には毒が入っている恐れがあると言い、摂取するのは経腸栄養剤のみであった。
　一向に態度が変わらない本人に対して、今回の行動の動機を教えてもらえないと治療も退院もできない、と回

診時に医師が告げると、守秘義務を確認したうえで、隣人に命が脅かされていたと訴え、今も家族が攻撃されるのではないかと心配だと述べた。病棟スタッフが、毒薬は撒かれていないし、自宅は安全であると伝えると、今度はスタッフが悪の組織のスパイであると信じるようになり、時に声を荒げて退院を要求するようになった。

　心理士の関わりは、退院要求が通らずうなだれている患者に「Aさんはご家族想いなんですね」と声をかけ、患者が「不甲斐ないよ。俺がもっとしっかりしていたら、妻は癌にならずに済んだのに」と答えるところから始まった。その際は入院に至った経緯を話題にすると、心理士もスパイかもしれないし、監視されているかもしれないから話せないというため、「それなら迂闊に話さない方がいいですね」と患者の用心を是認して面接を終えた。その後は、回診のたびごとに、患者の体調や気分を話題にして話しかけ、励ましや共感的な言葉かけを行った。すると、日によっては妄想にまつわる話と今後の生活への不安を語ることが出てきた。こうした関わりの内容は病棟のカンファレンス時に共有し、患者の気持ちの理解を図るとともに、スタッフの役割分担や関わりの方針を検討した。

　入院後1か月ほどしたところで、患者が今後の不安を口にした機をとらえて、心理士から、退院後に身を守るためのプラン作りを提案した。患者は心理士に危害が及ぶことを懸念し一度は断ったが、心理士が自衛策を持っている旨を伝えると、患者は少しほっとした表情となり応諾した。その後の面接では、患者に対して**発見的な質問**を投げかけながら自衛策を練り、「隣人に対して愛想よくして油断させる」「隣人に親切にすることで、攻撃しようとする意図をくじく」などの向社会的な方法を含む案

発見的な質問
ソクラテス式質問とも言われる。被援助者が思考過程の正しさを見直す手助けとなるように、援助者側から出される質問のこと。質問により、非機能的な考えに被援助者自身が気づき、修正することを図るものである。

を作成した。しかし、「そんなにうまくいくわけはない」と不安を募らせたため、病棟に潜むスパイ（と患者が思い込んでいるスタッフや他患）を相手に試してみることとした。また、家族を守るための体力作りとして、食事の摂取、作業療法への参加、就寝前のリラクセーションなどを薦めていった。

　患者はそれらを実践する中で、自分の態度によって相手の態度が変わることや、体調が改善してきたことを実感するようになり、同時に、病棟で監視されているという訴えは聞かれなくなった。体調については看護師、食事は管理栄養士、薬は薬剤師など、各職種が患者に対してどのような援助を行う人物なのか、それぞれが自己紹介を行ったうえで、必要に応じて個別の面談を行って患者の不安を聞き取り、質問に答える形をとった。

　上記変化に伴い、措置解除の準備が進められることとなり、精神科ソーシャルワーカー（PSW）のコーディネートにより、地域の保健師、市役所の職員を含めての**ケア会議**が持たれた。退院後は、通院に加えて、病院の訪問看護チームが週に1回訪問して健康状態を確認すること、地域の保健師が月に1回患者を訪ね生活面での不安を解決する手助けを行うこととなった。患者は、**クライシスプラン**を遵守し、隣人に対する直接的な自衛手段を講じる前に病院や地域に助けを求めることを約束し、退院となった。

　その後、隣人をはじめとする近所の人に対する被害感は根強く残り、ときに心気的な訴えはあるものの、行動化することはなく大きなトラブルなく経過している。

考察

　妄想性パーソナリティ障害は、人生早期に始まる周囲に対

ケア会議
患者と家族のサポート体制について話し合うための会議。本人、家族、主治医をはじめとする病院のスタッフ、地域の支援者が集まり、退院後の支援の方向性と支援計画を共有し、それぞれの役割を確認する場。

クライシスプラン
危機的状況における対応の仕方を定めた、支援計画の一つ。あらかじめ計画を立て、ケア会議等で支援スタッフと共有しておくことで、危機的状況を回避することを旨とする。

する猜疑心と敏感性を特徴とし、頑なに自身の認知を信じ込み、それを否定されると周囲に対する猜疑心をさらに強めることとなる。その強固な疑い深さゆえ、治療においては患者を尊重し、支持的な態度で接することにより、患者にとって多少なりとも信じられる相手となることが必要となる。

しかし一方で、患者が他者の意図を悪くとり、それが反社会的な行為につながる場合には、行動を是正することが治療における重要な課題ともなる。治療の手順としては、心理的なアプローチの一般的な原則に従い、まずは患者の困りごとに共感的に耳を傾け、良好な関係性が築けたところで発見的な質問によって現実検討を促すこととなる。

本ケースにおいては、他者に対する疑い深さの背景には自分と家族を危険から守りたいという思いがあり、加齢による体力の衰えや家族の病気といった出来事が重なったことが、漠然とした不安感を強め、家族を守れなかったことの無力感と落ち込みを生じさせていた。治療では、患者の感情の揺れが現実的なものとして受け入れられ、患者が自分でコントロールできる範囲を増やしていったことが、抑うつ状態からの回復と行動の方向転換の鍵となった。加えて、患者がその時に捉えている現実に添ったサポートを支援者が行うことで、患者が、自分を取り巻く者を支援者と認識して一定の安心感をもって接せられるようになったことが、孤軍奮闘して家族を守らなければならないプレッシャーを和らげ、猜疑的な姿勢を持ちつつも地域で大きなトラブルなく暮らす一助になったと思われる。

(髙岸百合子)

事例17 自閉症スペクトラム障害と境界性パーソナリティ障害
－学校・職場と連携をとりながら治療を続けたケース－

キーワード 自閉症スペクトラム障害｜境界性パーソナリティ障害

ケースの概要

　20歳女性。父母は言葉がつたないことを心配していたが、乳幼児健診では指摘を受けなかった。見知らぬ人を前にすると母の後ろに隠れて固まり、新しい場所に行くと母から離れなかった。家では特定のアニメのキャラクターを使ってひとり遊びをすることが多く、手がかからなかった。幼稚園では優しい先生のそばで過ごし、促されて他児と遊んだ。小学校に入学後、教師から質問の意図が分からず見当違いの返答をするときがある、集団の動きから遅れ気味、他の子どもからの冗談を真に受けて泣くことがあると言われた。特定の友達とのみ過ごしたがり、相手の趣味を真似た。

　小学4年の時に男児から「友達の真似をしている」と言われ、登校しようとするとお腹が痛くなるようになり、5年から登校できなくなった。欲しいものがすぐに手に入らない、ゲームがクリアできない、母の返事が遅いなど些細な理由でドアや壁を蹴り、父母に暴力を振るうようになった。父母が本人の身体を抑えて制止すると、「お父さんが怖い。お母さんに嫌われた。死にたい」などと泣き、包丁を出して自分に向けた。

　教育機関や児童相談所への相談を経て、小学5年の3月に当科初診。向精神薬による薬物療法を行ったが同様の状態が続き、小学6年から約1年間入院治療を行った。入院中、友達になりたい子どもに話しかけるも話題が続かず、他の子どもが会話に加わり場が盛り上がると、「い

じめられた。どうせ私は嫌われている」と興奮した。時に、子ども達や仲裁に入った職員に暴力をふるい、興奮が顕著であるため保護室隔離を要した。数時間が経過し冷静さを取り戻した後で、興奮に至った状況の振り返りや本人の感情の整理を目的とした面接を繰り返した。自宅に退院すると、学校に登校できていない不安からイライラして暴れ、刃物で手首を切った。〈暴力や興奮がひどい場合には入院治療を行う〉ことを約束し、中学3年までに複数回の入院治療を行った。

不安が強い性質があり、相手の意図や感情を推測することが困難であるが故により強く不安を感じ孤立感を抱えてきたことが明らかになったが、混乱すると被害感が確信となり現実検討能力が失われること、混乱が極まると自傷・他害行為に至ることが続き治療が難渋した。それでも数年にわたり入院・外来治療を続ける中で、冷静になれば相手の意図や感情を推測できるようになり、気持ちを言葉で表現できるようになり、自身の衝動を抑える努力をするように変化した。

見立て

状況を断片的にしか理解できない、他者の意図や暗黙のルールを理解できないなど生来の能力的問題があるため、愛着形成や健全な情緒の発達が阻害され、基本的信頼感の未発達、対人関係における安心感の乏しさを抱えていた。人と関わりたいけれどもうまく関われないことが続くうちに、疎外感、見捨てられ不安を慢性的に抱え、激しい感情・衝動を統制できない状態に至った。つまり、**自閉症スペクトラム障害**が基礎にあり、持続したパーソナリティの問題が重なりつつあった。関連機関と連携をと

自閉症スペクトラム障害
対人関係とコミュニケーションの障害、限局した常同的で反復的な関心と活動の幅によって特徴づけられ、そのために日常生活に支障をきたす生来性の障害。
DSM-ⅢからDSM-Ⅳまでは、生得的・先天的な脳の成熟障害によって発生する広汎な領域に及ぶ発達上の問題や障害を小児自閉症やアスペルガー障害などのサブカテゴリーを含む「広汎性発達障害」(Pervasive Developmental Disorder: PDD)としていた。DSM-5では広汎性発達障害(PDD)ではなく、「自閉症スペクトラム障害」(Autism Spectrum Disorder: ASD)という1つの診断名に統合された。

り、時に限界設定をしながら治療を継続することにした。

援助の経過

　中学3年の時点で標準下位の知的能力であったため、自閉症の診断書と合わせて療育手帳を取得し、特別支援学校高等部に進学した。体育や話し合いなど自由度が高い授業でどうふるまえばよいか分からず、教師に「ふざけんな、死ね」などの暴言を言い、壁を蹴った。気になる異性ができて以来、その男児と話せなかった、他の女児と話をしていたということで動揺し、その男児や女児に暴力をふるい、それを制止する教師に激しく抵抗した。その当日は混乱が強く話し合いに応じることは困難であった。本人と父母の了承のもと主治医が教師と連携をとり、興奮した日は母が学校に迎えに行き帰宅すること、その時々に応じて1～2週間程度学校を欠席し、主治医の診察を受けたうえで登校を再開することを取り決めた。1～2か月に1度、1回に1～2週間欠席することを繰り返しながらも登校を続け、高等部を卒業した。清掃関係の特例子会社に就労した。

　指示を理解しきれず、仕事を習得するまでに時間がかかった。上司や同僚とうまく関われていないのではないか、仕事がきちんとできていないのではないかと不安がった。慣れてからは十分に仕事ができたが、突然の変更、不得意な仕事、量の多い仕事が与えられると固まり、問いかけに返答できなくなった。昼休みに同僚が楽しそうに会話している状況に接すると、大声を上げ、体を爪で掻きむしり、「死んでやる」と飛び出した。本人と父母の了承のもと職場のカウンセラーと情報交換をし、本人に得意な仕事や見通しが立つ仕事を割り振ってもらうこと、

急な変更を避けることをお願いした。また、職場の好意で混乱時に一人で休むための別室が用意され、無理せず早退・欠勤してよいことが伝えられた。本人が自発的にカウンセラーに相談するようになった。

20歳を迎えるころには、混乱しても上司に別室に行きたい旨を伝え、落ち着くまで過ごせるようになり、会社で興奮することはなくなった。「高校までは全部周りが悪いと思っていたけれど、自分は人よりこだわりが強いし変化に弱いと思う」「他の人をみて自分との違いを考えるようになった」など、自分の特性を理解し説明できるように成長した。「お母さんはずっと私を心配してくれた」など、周囲の人への感謝の気持ちも表現するようになった。

考察

激しい感情表出や衝動行為に目を奪われがちになるが、生育歴を確認し、落ち着いているときの対人関係や行動を観察することにより、自閉症スペクトラム障害が背景にあることを把握することがこの症例にとって肝要であった。その結果、本人に対人関係上の行き違いを客観的に説明する、見通しを明確にする、急な変更を減らす、本人の苦手なことを避け得意なことを伸ばすなど、対応の基本方針が定まった。これを高校生活や社会生活の支援者に伝えることにより、本人が混乱する場面を減らすことができ、徐々に、成功する、褒められるなど良い体験が増えた。

自閉症スペクトラム障害特有の過敏さや、表情・仕草などから相手の気持ちを推量する能力の問題があるが故に幼少時から対人関係における挫折感や不全感を抱え続けていた。それでも他者との交流を求めるが故に、情動不安定になることが続き、偏ったものの見方、激しい感情・衝動統制の問題が固定化し、**境界性パーソナリティ障害**を併存するに至った。主

境界性パーソナリティ障害
不安定な自己・他者のイメージ、感情・思考の制御不全、衝動的な自己破壊行為などを特徴とする障害である。患者の感情を受け止め、患者が自身の行動と感情の関連を客観的に理解するのを助けつつ、衝動行為に対する"限界設定"を含む安定した治療的枠組みを設定することが有用と考えられている。
(→21, 227ページも参照)

治医が学校や職場の担当者、家族と連携をとり、一貫した対応を続けることで、本人自身が自身の特性と感情の激しさを知り、衝動を抑えるべく努力するように変化することを援助できた。パーソナリティの問題はあるが、改善の兆しがある。

　本人の特性を理解し、環境を設定する。本人の気持ちを受け止め、状況や感情を共に整理しつつ、衝動行為に対しては限界設定をする。自閉症スペクトラム障害と境界性パーソナリティ障害の両方の治療的対応をすることが大切である。特にこの症例の場合は関係者と父母が連携し、どの場面でも一貫した対応をできたことが功を奏した。　　　　　（庄紀子）

参考文献
岡田俊（2011）「子どもの発達障害と併存障害」『小児の精神と神経』51（4）, pp. 328-335.
American Psychiatric Association (2013) *Diagnostic and Statistical Manual of Mental Disorders: DSM-5.* Washington, D.C.: American Psychiatric Publication.（日本精神神経学会（監修）（2014）『DSM-5 精神疾患の診断・統計マニュアル』医学書院）.

第1部 事例編／第5章 矯正施設などの施設

事例18 自己破壊的行動
　　　　　　　　　　　　　　　　　　　－その評価と対応－

事例19 薬物依存・乱用・食行動異常
　　　　　　　　　　　　　　　－刑事施設の処遇の有効性と限界－

事例20 対人関係トラブルの解決への歩み
　　　　　　　　　　　　　－過剰適応と援助希求の狭間での苦悩－

事例21 演技的行動とそれへの対応
　　　　　　　　　－演じることで注目を惹く：演技性パーソナリティ障害－

事例22 奇抜な行動と自己愛の問題
　　　　　　　　　　　　　　　－カウンセリングの行われた事例－

● 刑務所、少年院、鑑別所といった矯正施設で見られる問題行動には、パーソナリティ障害が深く関与しているのが通例である。また、養護施設でもさまざまな背景を持つ入所者の問題にパーソナリティ特性が関与していることがしばしば観察される。施設は、地域生活とのつながりが比較的少ない場であるが、精神保健スタッフは、当事者が地域に戻ることを念頭に置いて関わりを進めることが必要である。
● 事例18は、矯正施設への入所当初、自傷行為、周囲への強い敵意を見せた症例である。そこでは、その入所者が静穏化するまでの過程が記述されている。事例19は、再犯を繰り返してきた薬物依存のケースである。矯正施設では安定した生活が可能だが、それが出所後に維持できるかが課題となっていた。事例20は、多くの身体症状を訴える受刑者である。そこでは、彼女に対して過剰適応をテーマとして行われた面接が有効であったことが報告されている。事例21は、養護施設で経験されたケースである。注目を集めようとする演技的な行動が問題であったが、施設スタッフが連携を取りつつ関わるうちにその行動は消えていった。事例22では、自己顕示などの自己愛の病理を示す症例が提示された。そのケースでは、訴えを傾聴するうちに徐々に安定状態が達成されていった。
● この章でのパーソナリティ障害の診断について、ここで付言しておきたい。それは、施設では、パーソナリティ障害の病理があることはうかがわれても、そのタイプまで診断されていないケースが多くあるということである。そこには、施設のスタッフが家族などの関係者との間に協力関係を築いて、その人々から生育歴、現病歴などを詳細に聴取することがしばしば困難だという事情があるからだと考えられる。

事例18 自己破壊的行動
－その評価と対応－

キーワード 自傷行為｜心理技官｜衝動／習慣型自傷｜反社会性

ケースの概要

自傷行為
自分の身体を故意に傷付ける行為。死にたいという意図を持つ「自殺企図」と区別されて使われることが多い。
（→137ページも参照）

20代のN美は、窃盗で受刑者となった。刑事施設への入所時、**自傷行為**の痕が多数認められた。入所手続は、規律正しく粛々と進むが、彼女はそれが気に入らないとして激昂し、初日から物議を醸した。居室棟では、担当刑務官にことさらに話しかけ、要求ごとを訴えた。期待どおりに反応してもらえないと感じると、めそめそと泣き、しばらくして「死んでやる！」などと職員を脅すような態度になり、その後、居室に備え付けの箸やペンで自傷し、非常ベルが鳴る騒ぎになった。

矯正施設ではこうしたことがあると、本人の身体の安全を守るために、居室に入る物品が制限される。自分の自由になるものがほとんどなくなると、彼女は余計にいらいらし、さらに職員に敵意を示してくるようになった。

心理技官
法務省所管の矯正施設において、心理学の専門的知識を用いて、非行少年や受刑者の心理査定や心情安定を図る臨床的活動等に従事する専門職。

一方、**心理技官**の面接では、警戒心を露わにしながらも、彼女は、自分がどれだけ困っているかを熱心に訴えた。彼女によれば、社会にいた当時から、抑うつ感と不眠が続いて精神的に休まらない毎日だったと言う。警戒心が薄らげば疎通性は良好で、面接の後半ではしおらしい自己開示や内省も聞かれるようになった。

同性の友人はほとんどおらず、彼女の愛着対象は恋人であった。現在の交際相手とは1年間同棲しており、将来は、この恋人と結婚して平凡な主婦になることが夢だとN美は語っていた。他方、家族に関する情報は少なく、家族からの手紙や面会はなかった。加えて、彼女は幼少

のころのエピソードについてほとんど語らなかった。

見立て

①**能力面** 能力検査の成績、書字能力は年齢相応。認知機能、運動能力も問題なし。感情的になっていなければ、会話能力も比較的優れている。

②**心理検査**（自記式人格検査及び文章完成法） 抑うつ感情、衝動性が強く、思考より情緒優先で物事を見ようとする傾向が顕著。

③**身体の既往** 幼少期著患なし。発達上の障害不明。

④**逸脱行為** 中学時代、級友の財布を盗んだエピソード複数回（本人は否認）。10代のとき薬物乱用歴があるが機会的使用。20歳で窃盗による執行猶予あり。

⑤**自己破壊的傾向** 自傷行為は10代前半から多数回。縫合を必要とするほどの自傷はないが、手首以外にも自傷しており「**衝動／習慣型**」に該当。いらいらする時に切ると「不快が収まる」ことから、自傷は興奮の鎮静の意味合いが強く、周囲の関心を引くことが主目的ではない。解離から自己意識を回復させようとする機制も認めない。他方、自殺未遂歴3回のうち1回は、比較的致死性が高いものである。

⑥**医学的診断** 特定不能のパーソナリティ障害（DSM-5）、抑うつ状態。抑うつ感と癇癪傾向、不安定な対人関係の持ち方、自己破壊的行動の反復など、境界性パーソナリティ障害に近似した様相が認められるが、幼少期の生活歴が不明確で、本人の破壊的行動様式が早期に始まり、長期にわたっているかまでは分からず、確定診断に至らなかった。**反社会性**パーソナリティ障害の診断基準は満たさない。

衝動／習慣型自傷
自傷には、大きく3つのタイプがある。
「常同型」は、神経発達障害や器質性の障害等を有している場合などに生じる、壁に頭を打ち付けたり、指を噛んで出血させたりする行為が該当する。
「重大／精神病型」は、さまざまな精神疾患や精神障害の重篤な症状の一つとして見られ、しばしば傷の程度が深くなる。
「衝動／習慣型」は、強い内的衝動によって生じ、いわゆるリストカットなど皮膚を傷付ける行為が代表的である。これは、反復され、習慣化することが多く、若年層に多い。

反社会性
社会および社会に生きる人々の権利・利益を損なう行為を繰り返す傾向、あるいは社会を守る法秩序の順守を軽視する傾向。非行や犯罪は反社会的行為の代表である。

援助の経過

　矯正施設では、心理職である心理技官のほかに、刑務官、教育職、医療職などが連携して処遇を展開する。N美の場合、毎日彼女の生活の世話をし、彼女の癇癪に付き合うのは刑務官となり、「一揺れ」あった後にその事情を本人とともに整理し、本人の「燃えカスのような怒り」を鎮火する働きをするのが心理職となった。医師の診察では、幾度か医師ともめることがあったが、看護師のとりなしをきっかけに、本人は自分の態度を反省できるようになり、投薬へのコンプライアンスも良好だった。
　心理面接では、面接時間は短めに、回数を多めに設定した。次回の面接の約束を必ず守ること、本人の話したいことを取り上げつつ、身の回りの事象を捉える視点が増えるような関わりをすることを目標とした。こうした中で徐々に明らかになったN美の生活史、内省の深まりなどは、その都度処遇の担当者に引き継がれ、その情報量が増えるにつれ、N美の生活は幾分落ち着いていった。本人は、出所後精神科に通院する考えについて話し出し、社会での支援者探しに目を向け始めた。

考察

　パーソナリティと犯罪の関連が犯罪学の中で重視されるようになった歴史はさほど長くないが、現在、この2つの関連は、地域、文化、性別、人種を超えて明らかである（Andrews and Bonta, 2010）。そして、刑務所におけるパーソナリティ障害の出現度は、一般社会におけるそれよりもはるかに高い（Towl, Snow and McHugh, 2000）。パーソナリティ障害の多くは、彼らの気質による部分に加え、過去のトラウマや情緒的剥奪状態が大きく関与している可能性が高い。彼らの激しい反応は、往々にして治療者に脅威、脅迫として感じられるが（Gabbard and Wilkinson, 2000)、そうした時こそ、彼らの背景にある歴史を大切に聴き取っていくことが重要である。これは、彼らの自己破壊的行為を理解するだけでなく、彼らの犯した犯罪の理解にも極めて重要な役割を果たす。

　N美のケースでも、矯正施設に収容されたという急性のストレス状況以前に、もともとの彼女のパーソナリティが、施設入所という環境変化への反応を激しいものにした可能性が高いと判断された。そして、彼女の自己破壊的傾向や窃盗の累行には、少なくとも10代前半からの重要な他者との関係性が大きく関与していると推測された。家族歴についての情報は少なかったが、少ないという事実そのものが彼女の家族との関係を間接的に示している可能性があった。

　所内での問題行動が減少した背景には、嫌悪していた自由のない環境が、その分安定をもたらすと理解できたことと関係があったと考えられた。また、規則や約束を重視し、役割分担も明確な職員の在り方も、N美にとって、不安の少ないものとなったようだった。

　さらに、このケースで重要なのは、自殺のリスクの査定である。落ち着いた生活が続いていても、彼女の自殺の将来的リスクは決して低くないと判断できる。何より、パーソナリティ障害、反社会性いずれも、自殺のリスク要因であることを念頭に置いて実務にあたる必要がある。　　　　（門本泉）

参考文献
Andrews, D.A. and Bonta, J. (2010) *The Psychology of Criminal Conduct*. London: Routledge.
Gabbard, G.O. and Wilkinson, S.M. (2000) *Management of Countertransference with Borderline Patients*. Lanham: Jason Aronson Inc. (kindle版)
Towl, G., Snow, L. and McHugh, M. (2002) *Suicide in Prisons*. Oxford: BPS Blackwell.

事例19 薬物依存・乱用・食行動異常
－刑事施設の処遇の有効性と限界－

キーワード 刑事施設｜薬物依存離脱指導｜再犯防止

ケースの概要

32歳女性。父親は不明、母子家庭で母親から虐待されて育った。中学から、家出、不良交友、怠学、シンナー吸引等の問題行動が始まり、この頃からリストカットをするようになった。

18歳で水商売に就き、客の男性と交際、家を出て同棲を始めた。この男性に覚醒剤を打たれ、それからしばしば使用するようになった。男性との間に子どもが生まれるが、男性のドメスティックバイオレンスが激しくなり、対象者は子どもを連れて実家に戻った。

20歳時子どもを実家に預け、再び水商売に就き、そこで別の男性と知り合い同棲を始めた。男性は覚醒剤の常習使用者で、対象者は性交渉に覚醒剤を使用することを覚えた。この男性の逮捕を期に対象者も逮捕され、懲役1年6か月、執行猶予3年の判決となった。

執行猶予中も、対象者は水商売に従事した。そこで別の覚醒剤常習者の男性と交際、入籍し第2子を出産したが、密売人の逮捕から、対象者の覚醒剤使用が発覚し逮捕され、実刑3年となり、最初の受刑となった。

25歳で**刑事施設**を仮釈放され、実家に帰住した。夫とは離婚し、近隣の工場に就職し、家族関係の修復にも努めたが、母親は無関心で子どもは反抗的であった。職場でも同僚との関係が構築できず、うつ症状に陥り精神科に通院するようになった。

仮釈放期間終了後、対象者は家を出て以前からの知り

刑事施設
「刑事収容施設及び被収容者等の処遇に関する法律」において、受刑者等を収容し、これらの者に対し必要な処遇を行う施設。犯罪者に対して制裁として刑罰を執行してきたことに対し、上記法律は、ただ単に受刑者を収容するだけではなく、それを前提とした上で、改善更生のための「処遇」(＝各種働きかけ)を行うことを意味している。

合いの男性と同棲を始めた。男性に薬物使用はなかった。しかし、無職でギャンブルに明け暮れ、対象者を風俗業で働かせた。対象者は、その辛さを紛らわそうと覚醒剤使用を再開した。この頃、男性は対象者に暴力を振るうようにもなり、対象者は覚醒剤なしでは生活できない状態となった。ついに覚醒剤の影響による異常行動で警察に通報され、覚醒剤所持及び使用による逮捕で、当所において2度目の受刑となった。

見立て

　当所入所時には、最後の薬物使用から約8か月が経過しており、心身の状況は落ち着き、異常な言動はなかった。刑事施設入所直後の受刑者の資質調査の結果、施設内では人並みに生活する能力はあり、作業の能力についてもやや優れていると見たてられ、ミシン作業に従事することになった。

　薬物依存について、C-SRRS（刑事施設における薬物依存者用評価尺度）（山本ほか, 2011）の結果は、再使用リスクが高く、薬物依存を否認する傾向は弱かった。面接でも薬物使用を止めたいと話していたことから、**薬物依存離脱指導**（以下「薬物指導」）は、「速習基礎コース」（以下「速習コース」）受講後に、「リラプスプリベンションコース」（以下「RPコース」）を受講させる処遇方針が立てられた。

援助の経過

　入所後4か月を経過したところで速習コースに編入した。速習コース編入時のC-SRRSの結果は、再使用リスク、否認傾向ともに入所時とほとんど変わらなかった。ま

薬物依存離脱指導
「刑事収容施設及び被収容者等の処遇に関する法律」において、受刑者に受講が義務付けられている指導の一つ。覚醒剤等薬物依存がある受刑者を対象とし、薬物依存を認識させ、再使用防止の方法を考えさせる。指導プログラムは、矯正局長が定める標準に基づき、刑事施設の長が作成する。
一部の施設では、薬物指導を段階別に行っている。全対象者に「速習コース」として、視聴覚教材を利用する一斉講義形式の指導を実施し、さらなる指導が必要かつ有効と考えられる対象者に、少人数のグループワークを実施する。グループワークには、民間リハビリ施設の協力を得てグループワークを行うコース、認知行動療法を用いたスキルトレーニングによって再使用に至らないための具体的な対処スキルを習得させる「RPコース」の2つがある。

た、SOCRATES8D（薬物依存に対する問題意識と回復に対する動機付け評価尺度）(Millerほか, 1996) の総得点は高かった。速習コース受講後の感想には「自分は依存症と分かった。よかった」と記した。

　速習コース終了3か月後、RPコースに編入した。このコースで、対象者は、寂しさや孤独などの感情がきっかけとなって薬物の使用を繰り返していたと自分のサイクルを分析し、それを避けるためには悩みを相談できる人が必要であると考えた。また、無理をして交際相手に尽くすことも、再使用に近づいている危険なサインと気付いた。NA（Narcotics Anonymous：薬物依存症者自助グループ）メンバーがNAの紹介をするセッションでは、当事者同士は気持ちが分かち合えると実感し、孤独を感じないよう出所後はミーティングに通いたいと話していた。RPコース終了後のC-SRRSは、速習コース編入前と比較して再使用リスクはやや低まり、否認傾向はほぼ同じであった。SOCRATES8Dの総得点はさらに高まった。

　対象者は、工場内でも作業の取り組みが認められ、他の受刑者に作業手順を指導する係となり、工場担当職員に「働くことが楽しい」と話した。一方で、施設外で頼りにできる人が逮捕時の交際相手だけであったことから、関係を断つことはなく面会、手紙で交流を続け、婚約した。

　RPコース終了後まもなく、対象者に対し仮釈放を審査する面接が実施された。対象者の生活態度が良好であったこと、身元引受人として申請していた逮捕時の交際相手も反省を示し就職したことから、適正な帰住地と認められ仮釈放が許可された。

　釈放直前の面接で、対象者は、出所後は必死で働き、子どもを早く引き取りたいと話した。受刑中に再犯防止のために身に付けたことは、地道に働く喜びと社会人に

必要な忍耐力と答え、薬物指導を受けたことには触れず、出所時に希望者に持ち帰らせるNAパンフレットは必要ないと拒否した。

考察

　刑事施設の「処遇」の目的は、社会治安の維持・回復である。もちろん、刑事施設は受刑者が社会の一員として安定して生活することを願っているが、そうした受刑者一人一人の改善更生は、社会治安の維持・回復を達成するための手段として考えられ、この点において、刑事施設の「処遇」と医療機関の「治療」は異なる。

　その一方で、刑事施設における薬物指導については、エビデンスのある医療モデルを参考にして、**再犯防止**につながるよう努めている。しかし、これには手応えもあるが一定の限界も感じられる。それは、医療機関が「患者」の「回復」を目的とするものを、刑事施設が「受刑者」の「再犯防止」として導入していることで、支援者側の目的とする地点が異なることに由来するものである。

　このケースについて見ると、対象者は、各種尺度の結果等に表れたように自己の薬物使用にかかる問題について振り返り、薬物再使用防止について理解を深めることができた。それは薬物から隔離された環境で落ち着いて自分と向き合い、薬物指導を理解した効果であると言える。しかし、それを保持できず、最終的には予後に不安を残す結果となったところに、刑事施設の限界が見て取れる。その要因としては、以下の点が考えられる。

①刑事施設では、再犯＝薬物使用の防止に重心を置いているため、それ以外の問題、例えば虐待、自傷行為、不安定な男性関係、DV被害等にほとんど踏み込まないこと

再犯防止
平成24年7月に犯罪対策閣僚会議において策定された「再犯防止に向けた総合対策」において、出所後2年以内に再び刑務所に入所する者等の割合を今後10年間で20％以上減少」という数値目標が掲げられた。重点施策として、薬物事犯者に対する処遇のさらなる充実も求められている。

②薬物使用は、本人の規範意識の欠如や意志の弱さの問題ではなく、依存症という「疾患」であるという認識は広まりつつあるものの、刑事施設において、犯罪を「疾患」とは捉えにくく、「再犯防止」には、所内生活を違反なくまじめに送らせること、刑務作業にしっかりと取り組ませ、出所後はできるだけ早く就職させ社会的に自立させることを理想とする考えがあり、そうした働きかけが所内生活全般で行われていること
③一般的に薬物依存からの回復は治療の継続が重要といわれるが、入所から出所まで一人一人の対象者にていねいに関わり薬物指導を継続していくことは、そもそも刑事施設が「犯罪者に対して刑罰を執行することを前提とする施設」であることから考えにくいこと

などである。

このように、社会治安の維持・回復を目的とする刑事施設の「処遇」はそれだけでは薬物乱用・依存への介入として充分ではなく、社会内での「治療」へとつなげることによって、はじめて「再犯防止／回復」となると考えられる。

(牛木潤子)

参考文献
牛木潤子(2011)「福島刑務支所における薬物依存離脱指導の現状と課題——認知行動療法に基づいた指導」『犯罪と非行』169, pp. 88-101.
山本麻奈・等々力伸司・西田篤史(2011)「刑事施設における薬物依存者用評価尺度(C-SRRS)の開発——信頼性・妥当性の検討」『犯罪心理学研究』49(1), pp. 1-14.
Miller, W.R. and Tonigan, J.S. (1996) Assessing drinkers' motivation for change : The Stage of Change Readiness and Treatment Eagerness Scale (SOCRATES). Psychology of Addictive Behaviors. 10(2), pp. 81-89.

事例20 対人関係トラブルの解決への歩み
－過剰適応と援助希求の狭間での苦悩－

キーワード 自傷｜援助希求｜トラウマ｜解離｜社会的孤立

ケースの概要

　16歳女性。母子家庭で育ち、生育史上特記すべき発達上の問題はなく経過。小学生の頃より長期に及ぶいじめ（集団からの無視、悪口などのいやがらせなど）被害に遭っていたが、学校は休むことなく登校していた。中学校へ入学してもいじめは続き、耐え切れずにいじめ被害について母親や学校教員に相談したが、一向に取り合ってもらえず、むしろ「あなた自身に問題がある」と言われるありさまであり、解決に至ることはなかった。母は本人曰く「情緒不安定」で、些細なことで暴力を振るうことが多かったと述べていた。親友と呼べる仲間はおらず、常にひとりで過ごさねばならない状況であった。

　中学2年生の頃より手首を**自傷**するようになり、不登校となった。自宅にいると母から登校するように強引に促されるため、登校するふりをして目的もなく繁華街をさまよう日々を送っていた。中学校卒業後は繁華街で知り合った男性と同棲するようになり、生活費を稼ぐために援助交際を繰り返すようになった。この頃より違法薬物を摂取したということであるが、詳細は不明。このような状況でも、母親は本人に対し無関心であったようである。

　その後、同棲中の男性とトラブルになり傷害事件を起こし逮捕、家庭裁判所送致となり少年鑑別所へ入所。審判の結果少年院送致の決定が下され、少年院での矯正教育を受けることとなった。少年院での生活が始まって

自傷
自殺以外の目的から、非致死性の予測をもって、故意に自らの身体に直接的に軽度の損傷を加える行為。
（→128ページも参照）

早々に頭痛や吐き気、めまいなどの訴えが頻繁に認められ、診察をしばしば求めていた。常勤医による診察では理学所見に乏しく、鎮痛薬や制吐剤服用といった対症療法を受けていたが症状の改善が図られることがなく、精神医学的な問題があるだろうと判断され、筆者が診察を行う運びとなった。

見立て

初診時は筆者を警戒しているかの表情で応対し、「いつも頭が痛い」「気持ち悪い」「イライラが止まらない」などの訴えから始まった。これらの不定愁訴の背景となっている要因を検討するにあたり、過去の社会生活や少年院での生活における実情を丁寧に聴取していくと、「表面上は明るく振る舞っているけれど、心はボロボロの状態です」「会話の主導権は常に相手にあるようにしています」といった、緊張で張り詰められた対人関係の一部を垣間見る内容が語られ、対人関係上の困難さが常につきまとい、過度の不安と緊張の持続による自律神経系の亢進状態であろうと評価した。常時他者の評価を過剰に気にしており、他者から嫌われているのではないか、自分はおかしい振る舞いをしているのではないか、といった思考で飽和された結果、取りつくろった笑顔を振りまき周囲に迎合するなどといった対人関係上の過剰適応が明らかとなった。その背景には過去の長期にわたる、保護されることのないいじめ被害体験を基盤とした、社会生活上の孤立状態から惹起された対人関係様式と推察された。そこで、**援助希求**に関する心理教育の実践を中心とした関わりを始めることとした。

援助希求
他者へ助けを求めること。非行少年の多くは他者への助けを求められず、ひとりで悩み苦しんでいることが多い。

援助の経過

初診時に、対人関係による著しい疲弊の要因として

①本音を吐露できない苦悩が続いていること
②自責的感情が前面に出やすいこと
③特定の人に対するしがみついた関係性の持続

を挙げ、それぞれにつき具体的な方策を見出していくこととした。しかし、矯正施設内では私語を慎まねばならず、診察時に得られた各種スキルを発揮できない場面も多々あった。また、本音の吐露が法務教官によっては「わがまま」「自分本位」と捉えられ、進級に関わる評価に多大な影響を及ぼすために、実際には言いたくても言えない状況にあったりもした。援助希求の大切さを説き理解を得ても、それを担当教官に打ち明けた際に「自己内省力に乏しい」と突き返されることもあると嘆息していた。

そのような状況の中、ある役割を担うこととなり、本人なりに意欲を見せていた矢先に他の少年とその役割を交代することを命じられ、今までの憤怒が一挙に顕在化したかのように器物破損行為や激しい自傷行為を認めた。過呼吸となり周囲の呼びかけにも応答せず、一時的に保護室へ収容された。状態が鎮静化した後に筆者が診察を行い、状況の経緯を確認した。本人は「私の考えってそんなにおかしいですか？」「私は責任感が強いだけなんです、わがままじゃないんです！」「他の人が喜んでいることが私の喜びなのに！」と声を荒げて回答した。

筆者は役割交代を命じられたことが腑に落ちず、役割を奪取されたことで自身の無価値感が意識化されいたたまれない状態となったことを理解し、今後の少年院生活において自らの価値をどのような形で見出していくか、さ

らには心身の健康を取り戻していくために必要なことは何かを話し合っていくこととした。担当教官を含む関係者には行動上の問題となる背景、それは何時も誰からも救済されることなく承認されない苦悩で常に思い悩んできたことについてあらためて説明し、担当教官との信頼回復を図るよう努めた。

その後は他者の言動に迎合してしまう状況は散見されるものの、診察を重ねていくうちに徐々に「私はこうしたい」と主張できるようになり、担当教官との対話が少年院生活の支えの一つとなっていることも語るようになった。身体症状の訴えも減り、制約の多い少年院生活をおおむね健康な状態で営めるまでになった。

考察

このようなケースは非行少年（特に女子）には多く認められ、カテゴリカルな医学診断が困難なことがまれでない。診察の度に状態像は異なり、例えば気分障害群のカテゴリーでは抑うつ気分が顕在化していることもあれば軽躁状態の様相を呈していることもあり、縦断的評価では「双極性障害」という診断基準に該当するかもしれない。

多彩な状態像を呈する背景として、女子非行少年の多くは過去に深刻な心的外傷（トラウマ）の既往があることが調査研究からも明らかとなっており、トラウマに起因するさまざまな精神医学的兆候が少年院という特殊な環境下で惹起される。トラウマを想起させる契機は日常生活のあらゆる面で認められ、読書やTV視聴時、外部講師による講話中、出院が近づいていることを察したとき、そして診察時、などである。具体的には**解離**、自傷、自殺企図、活動における一切の拒絶、著しい退行などといった状態像として認められる。トラウマ体験も虐待、いじめ、DVなど複数かつ長期に及んでいること

解離
記憶や意識、知覚やアイデンティティ（自我同一性）の感覚を統合する能力が一時的に失われ、過去の記憶の一部が欠落する、知覚や感情が麻痺するなどの状態。
（→73ページも参照）

が多いため、対人関係上の問題はさらに複雑化する。深刻な対人恐怖、過剰な警戒心が慢性持続しており他者との関わりを避けようとする少年らも少なくない。

　少年院では、教官と少年という対人関係が主たる関係性であるが、これは双方向性とはなりがたく、施設の性質上指導評価する側とされる側といった単方向性の関係性で維持される。少年らは常に教官からの評価を気にしながらの施設内生活を送ることになり、提示したケースのように本音を打ち明けにくいこともまれでない。長年抱え続けてきた未解決の問題を一切打ち明けられぬまま社会復帰せざるを得ず、結果**社会的孤立**を生じ自暴自棄となってしまうケースもある。

　一方で、当初は教官との激しいやり取りでいわゆる処遇困難と評された少年が、診察などの介入によって教官との関係性が双方向的に維持された場合は、社会復帰後の適応は比較的良好である印象がある。自ら一人で何とかしようと思い込まず、他者を信頼してもよいものであるといった、援助希求の必要性を実感できた少年たちであろう。無論、社会復帰後に信頼足り得る人たちに出会えるかどうか、出会いをつなぐ役割の存在が求められるのは言うまでもない。（有賀道生）

社会的孤立
家族や地域社会との関係が希薄で、他者との接触がほとんどない状態。

事例21 演技的行動とそれへの対応
－演じることで注目を惹く：演技性パーソナリティ障害－

キーワード 児童養護施設｜解離性同一性障害｜コンサルテーション｜転移性恋愛｜逆転移

ケースの概要

児童養護施設
保護者のいない児童や虐待されている2～18歳の児童を入所させて養護し、自立のための援助を行うことを目的とする児童福祉施設。全国に約600施設あり、約3万人の児童が生活している（2013年現在）。

　児童養護施設に入所している高校1年生の女子。父親は異性関係に奔放で彼女が生まれてからも浮気を繰り返し、小学生のときに両親は離婚して母親に引き取られた。その後、母親は抑うつ状態が続いて入院治療が必要となり、中学生のときに養育困難で施設入所した。入所直後から担当の女性ケアワーカー（直接処遇職員。以下「CW」）をはじめ、多くのCWにベタベタと甘え、男性CWにも体をすり寄せるように横に座ったり、後ろから抱きついたりするなど不必要な身体接触が多いために注意された。入所後しばらく経つと夜に赤ちゃんのような声を出してハイハイをしながらCWに近づく姿や、男のように低い声で年下の児童に凄む場面が見られるようになった。また、施設内の男子に次々と告白し、同時に複数の相手とつきあっていることがわかり指導されることもあった。

　ある日の夕食後、リビングで他の女児が話題の中心になっていると、独り自室に戻ってリストカットをしていた。CWが傷の処置をしながら話を聴くと「私はAじゃない。Bだ」と本名とは違う名前を名乗り、さらに「私は多重人格だ。ほかに何人かの人格がいる」と訴えた。解離性同一性障害を心配したCWが施設内の臨床心理士に相談し、心理療法が開始された。

　初回面接では、普段あまり関わることのない男性心理職にやや緊張した面持ちで、心理職の質問にポツポツと答えるだけであったが、多重人格のことを話題にすると

「今から、人格を変えていい？」と唐突に告げ、一度う
つむいて、さっと顔をあげてニコッと笑い「はじめまし
てCです」と明るい表情で親しげに話し始めた。しかし、
心理面接室にいることに驚きもせず、「はじめまして」と
言うわりには心理職のことを知っている様子から、本来
の**解離性同一性障害**とは異なる印象を受けた。多重人格
のことを聞くと、自分のもともとの人格のほかに「リス
トカットをするB」、「明るく社交的なC」、「男の人格の
D」、「赤ちゃんのE」などの人格がいると楽しそうに語っ
た。困っていることは特にないとのことだが、リストカ
ットをCWが心配していることを伝え、その改善を目的
に心理療法を続けていくことを約束した。面接室から戻
ると、CWに「心理の先生、とてもいい人。すごくわか
ってくれる」とテンション高く伝えた。

解離性同一性障害
2つまたはそれ以上の他と
はっきりと区別されるパー
ソナリティ状態が存在し、
通常の物忘れでは説明で
きない日々の出来事や個
人的情報の想起につい
ての空白の繰り返しがみ
られる。児童虐待と関連
していることが多い。

見立て

　はじめは虐待による解離症状や解離性同一性障害が疑
われたが、自分がしたことをある程度は覚えており記憶
の断絶もないことから、多重人格を演じることで自分へ
の注目を惹こうとする演技性パーソナリティ障害の可能
性が考えられた。しかし、彼女にとって多重人格を装う
ことは自分に必要な支援を引き出し、対人関係を築くた
めの方略になっているとも感じられた。また、その背後
には、両親から十分な愛情が注がれなかった生育歴が推
測された。

援助の経過

　解離性同一性障害を心配したCWには、その可能性が

低いこと、自分への関心を引きだすために多重人格を装っていることを伝えた。しかし、その背後には幼少期に親から必要な関心をもたれなかったことがあり、彼女が嘘をついていると否定することなく、かつ多重人格を助長することなく、彼女が大切にされていると感じられる活動ができるとよいと提案した。

　心理職との**コンサルテーション**をもとに、担当CWは他児が就寝した後に彼女とふたりきりでおしゃべりを楽しむ時間を設定したり、自室で勉強をしているときも温かい飲み物を運んだりして、年齢相応の方法で一緒に過ごす時間を増やした。時には赤ちゃんのように甘えてきたが、彼女が赤ちゃんであることを否定も肯定もせずに、その背後にある甘えたい気持ちを汲んで接した。また、休日には一緒にお菓子作りをし、他児や職員にふるまうと「おいしい」と評判になり、適応的な方法で周囲からの関心を集められるようになった。

　心理療法では、日常生活の出来事を一緒にふりかえっていった。初めの頃は、「楽しかった」「いやだった」などの漠然とした印象しか語られなかったが、具体的に何が起きていたかを尋ねて言葉にしていった。また、「私、先生のこと好きかも」と誘惑的に接近してくる彼女と適切な距離をとり続けるために、心理療法の内容を同僚の心理職に報告し、客観的な視点を失わないように気をつけた。

　多重人格について詳しく聴いていくと、「甘えたいときは赤ちゃんになるし、相手をビビらせたいときは男の人格になる」というように、目的に合わせてさまざまな人格を使い分けている彼女なりの方略が語られた。また、本当に彼女が甘えたいのは両親であり、幼少期から両親の気を惹くために努力してきたことにも気づいていった。

　その後、CWとの平凡だが穏やかなやりとりが増える

> **コンサルテーション**
> ある専門のコンサルタントが、ある専門のコンサルティ（依頼者）の相談を受け、適切な助言をおこなうこと。あくまでコンサルティの自主性が尊重され、助言を採用するかはコンサルティが判断する。

につれて、他の人格が登場することは減っていった。また、リストカットもいつのまにか見られなくなった。お菓子作りは彼女の特技になり、高校卒業後はお菓子作りを学ぶために製菓の専門学校への進学を考えている。

考察

演技性パーソナリティ障害（Histrionic Personality Disorder）とは、B群パーソナリティ障害の一つで、

①自分が注目の的になっていない状況では楽しくない
②他者との交流は、しばしば不適切なほど性的に誘惑的な、または挑発的な行動によって特徴づけられる
③浅薄ですばやく変化する情動表出を示す
④自分への関心を引くために身体的外見を一貫して用いる
⑤過度に印象的だが内容がない話し方をする
⑥自己演劇化、芝居がかった態度、誇張した情動表現を示す
⑦被暗示的（すなわち、他人または環境の影響を受けやすい）
⑧対人関係を実際以上に親密なものと思っている

という8つの基準のうち、5つ以上があてはまることで診断される。アメリカにおける調査での有病率は約2%であった。その前身であるヒステリー性パーソナリティ障害の頃から女性に多いとされてきたが、男女比の有病率はほぼ同様であるという報告もある。

演技性パーソナリティ障害の心理療法では、演技や嘘を咎めて仮面を無理に剥いでもなんの助けにもならない。彼らの嘘には乗らず演技を助長することなく、その背後にある自分をもっと見てほしいという気持ちに目を向け、適応的で健全な方法で満たしていけるようにサポートすることが必要である。本事例の場合も、CWが多重人格という演技の部分では

つながらずに、その背後にある親からの愛情を得ることができなかった寂しさや悲しさに共感的に接したことで、彼女の行動が落ち着いていった。

また、演技性パーソナリティ障害の認知スタイルは、印象主義的認知スタイルと呼ばれ、内面の空虚さから目をそらすために大げさで浅薄な感情表現をすることが多い。そのため、現実の出来事がどのような感情と関連しているかについて具体的に理解できるように助け、本来抱えている願望や寂しさに気づけるように支えていく必要がある。さらに人間関係を実際よりも親密であると考える特徴があるため、心理療法の過程でも面接者に対する**転移性恋愛**が生じやすい。面接者は自身の**逆転移**に注意を払いながら、中立性を保ったまま関心をもち続ける必要があり、その安定した関係が治療的に働く。いずれにしろ、表面の華々しい演技や嘘に振り回されることなく、中心に抱える空虚さや無価値観に目を向け、共感的に支えることが大切である。

児童養護施設における心理臨床では、本事例のように日常生活の支援をするCWと協働することにより、重層的で幅の広い支援の展開が可能となることが特徴である。そのためには入所児童の心理療法だけでなく、他職種とのコンサルテーションが重要となる。

(塩谷隼平)

転移性恋愛
もともとは精神分析の用語。クライエントが心理療法の過程で幼少期に満たされなかった感情を面接者に対して再現する転移の結果、面接者に恋愛感情を抱くこと。

逆転移
もともとは精神分析の用語で、患者に対する治療者の神経症的な無意識的葛藤の転移のことであったが、最近では、心理療法の過程で生じる面接者のクライエントに対する感情や態度全般を意味するようになった。

参考文献
牛島定信 (2012)『パーソナリティ障害とは何か』講談社.
岡田尊司 (2004)『パーソナリティ障害——いかに接し、どう克服するか』PHP研究所.
Gabbard, G.O. (1994) *Psychodynamic Psychiatry in Clinical Practice: The DSM-IV edition*. Arlington: American Psychiatric Publishing. (ギャバード, G.O. (著) 舘哲郎 (監訳) (1997)『精神力動的精神医学——その臨床実践 (DSM-IV版) ③臨床編：II軸障害』岩崎学術出版).

事例22 奇抜な行動と自己愛の問題
－カウンセリングの行われた事例－

キーワード 双極性障害Ⅱ型｜自己愛性｜自己肯定感｜回避性｜拘禁状況

ケースの概要

　40歳男性。幼少時、過疎の村で育つが父親は地元の名士で経済的には恵まれていた。普段はおとなしくて素直だが、癇癪を起すと手がつけられない子どもだった。父親は頑固で教育に厳しく、体罰も辞さなかったという。母親は弱々しく依存的で父親の言いなりだが、本人を溺愛していたという。
　小学校・中学校の頃は成績もよく、周囲から期待されていた。几帳面でこだわりが強く、中学２年のときには「納得がいかない」と美術作品の課題提出を拒否するというエピソードがあった。高校卒業後、服飾の専門学校に進むが２年で中退し、しばらく自宅にひきこもり無為徒食の生活をしていた。
　21歳で上京して単身生活を始め、新聞配達やコンビニなどアルバイトを転々とする。職場では社交的にふるまい、上司の指示に素直に従って最初は評価されるが、些細なことをきっかけに「他人に嫌われた。ないがしろにされた」と感じると途端に不信感を抱き、接触を避けようとするなど対人関係は長続きしなかった。この頃からイライラするとリストカットを繰り返すようになり、飲酒も始まる。また髪の毛を派手な色に染めたり、刺青を入れたり、体中にピアスをいくつもつけ、奇抜な服装をして夜の繁華街をあちこち目的もなく歩きまわるようになる。
　24歳のとき、満員電車でパニック発作を起こし、精神

科クリニックに通い始める。生活は次第に荒れ、自室にひきこもり酒浸りになる。職もなくなり、生活資金も尽きて仕方なく実家に戻るがパニック発作はおさまらず、飲酒量もさらに増え、リストカットや過量服薬による自殺未遂などで精神病院の入退院を繰り返す。母親に対しては「酒を買って来い。さっさと行かないとぶっ殺す」と暴君のようにふるまい、自分の思い通りにならないと腹を立てて物を壊したり、暴力をふるうことが繰り返されていた。仲裁に入った家族に対する暴力も始まり、エスカレートして何度も警察沙汰になっている。

　30歳のとき、母親に対する傷害事件を起こすが起訴猶予となる。その後も家庭内暴力がおさまらず、34歳のとき、父親に対する傷害事件で起訴されるが執行猶予となる。その後、しばらくはおとなしくしていたが、38歳で再び家族に対する傷害事件を起こして実刑判決を受け、初めての刑務所入所となる。

　入所中、特に問題行動は起こさなかったが、本人自ら抑うつ気分や希死念慮を訴えたため継続的に精神科医による治療を受けるようになる。また本人の希望も取り入れ、精神科医による治療と並行して心理カウンセラーによる定期的な面接を行った。

見立て

　刑務所入所前から強迫傾向、気分変動、衝動性、パニック発作、アルコール依存、自傷、自殺未遂、家庭内暴力などがみられ、精神科で境界性パーソナリティ障害と診断されていた。しかし既往歴や臨床症状を改めて精査してみると強迫性、気分の波、パニック発作がみられたことと、不活発なひきこもりの時期と繁華街での徘徊な

と活動的な時期を繰り返していたことから、**双極性障害Ⅱ型**が基底にあると考えられた。

　家族歴・生育歴をみると、権威的・支配的で頑固な父親と依存的・優柔不断で本人を溺愛する母親に育てられたことと、容貌に異常にこだわり、結果として奇妙な自己表出をしていることから、**自己愛性**の肥大と**自己肯定感**の欠乏が認められた。また、このような自我像の歪みから、自己顕示性と**回避性**を軸としたアンビバレントな対人行動様式が理解された。性格傾向としては小心、臆病、内弁慶で演技的な面もみられた。家庭内では自分の思い通りにならないと腹を立てて威嚇したり、暴力をふるうことが繰り返されていたが、アルコール依存や薬物乱用の影響も少なからずあり、衝動的な暴力のほとんどはアルコール酩酊下で行われていた。

　心理テストをみると、例えばバウムテストでは不全感が強く、激しい攻撃性を秘めていること、抑うつ傾向があるとともに衝動性が高く、支配的な母親の影響を受けていることが示唆された。ゾンディテストでは自己中心的で甘えが強く、負けず嫌いで人間関係がうまくいかないと途端に自分の世界に閉じこもろうとすることが指摘された。

双極性障害Ⅱ型
かつて躁うつ病と呼ばれた疾患に該当し、「躁状態」と「うつ状態」の2つの極を行ったり来たりするが、躁方向への気分性が「躁状態」にまで至らずに「軽躁状態」に留まるものをさす。

自己愛性
ありのままの自分を受け入れて愛することができず、自分は優れていて素晴らしく偉大な存在でなければならないと思い込む傾向。

自己肯定感
「自分は大切な存在だ」「自分はかけがいのない存在だ」と思える心の状態で、その度合いは幼少期の生活・教育環境に大きく左右される。

回避性
極度に傷つくことを恐れ、人と親密になることを避けてしまう傾向。

援助の経過

　診察場面では抑うつ気分の訴えと並んで心気的傾向が強く、身体的な不定愁訴がみられた。また薬物依存の傾向があり、薬品名を挙げて抗うつ剤、抗不安剤、睡眠導入剤などを執拗に要求した。治療者は患者の要求を考慮しつつもアルコール依存および薬物乱用の問題を取り上げて治療方針を説明し、処方薬を整理していった。具体

的には既往歴、病前性格および臨床症状から双極性障害Ⅱ型を疑い、炭酸リチウムを主体として抗うつ剤を調整し、処方量を必要最小限に抑えたところ、徐々に訴えは減り、気分の波も目立たなくなった。

心理カウンセラーの面接においては、ひたすら傾聴の姿勢で臨み、フィードバックすなわちコメントや解釈は必要最小限にとどめるという方針をとった。隔週で10回のセッションで行われた面接の流れは、4期に分かれた。第1期は希死念慮をともなう抑うつ気分の訴えと、醜貌恐怖とも言えるほどの外見に対するこだわりが繰り返された。第2期になると、前向きに刑務作業に励みながらも集団生活の愚痴が語られた。第3期では、父親に対する激しい憎悪と母親に対する思慕の情が言語化された。第4期には家族との距離が取れはじめ、出所後、社会でどのように自活していくかという現実的なテーマが取り上げられるようになり、仮釈放につながった。

ちなみに、刑務作業においては仕事の出来栄えと前向きな姿勢が認められ、受刑者の中で指導的な立場が与えられたことも自己肯定感の改善に影響したと思われた。

考察

治療方針を立てるにあたってポイントとなったのは、以下の3点である。

①基底にある双極性障害Ⅱ型とアルコール依存の問題
②家族関係の問題と性格形成における自我像の歪み
③社会経験と対人関係スキルの乏しさ

矯正施設内では処遇部門が中核となる刑務作業と集団生活を枠組みとした広い意味での環境療法、医療部門が関わる精

神医学的診断と薬物療法、分類・心理部門が担当する見立てとカウンセリングの三本柱が緊密に連携することで、よりよい効果を上げることができる。個々の患者の抱える問題性にもよるが、特に生活・行動規制の厳しい**拘禁状況**にあっては、カウンセリングを中心とした心理学的アプローチが望外の成果を挙げることもある。

　この患者の場合、知能が高く、言語化する力があったこと、規範意識があり、内的葛藤を抱えていたこと、問題は反社会性ではなく非社会性であったことなどから、カウンセリングの適応と考えられた。また、実刑判決により家族や社会から隔離され、自由が奪われるとともに虚飾が剥がされ、自分自身に直面する最初の機会になったことが大きな転機となり、医療部門、分類・心理部門、処遇部門がそれぞれ①、②、③のポイントを担うことによって有効に機能した結果、本人の改善・更生につながったと考えられた。　　　　（奥村雄介）

拘禁状況
警察の留置場、拘置所、刑務所などに収容され、自由や権利が制限されて社会から隔離された状態。

事例一覧

ページ・番号		パーソナリティ障害・特性	問題行動・特徴
第1章 地域・家庭			
28	事例1	30代男性 反社会性・妄想性パーソナリティ障害	強迫性障害、暴力（傷害・脅迫事件）
36	事例2	30代女性 境界性パーソナリティ障害	自殺未遂・自傷行為、衝動行為
44	事例3	10代女性 境界性パーソナリティ障害（疑い）	自傷行為
48	事例4	20代後半女性 境界性パーソナリティ障害	アルコール依存、摂食障害、自傷行為、衝動行為
54	事例5	42歳女性 境界性、自己愛性パーソナリティ障害	自傷行為、種々の衝動行為、暴力（傷害事件）
59	事例6	25歳女性 演技性パーソナリティ障害	ひきこもり、自殺の脅かし、母への依存と暴力、身体的訴え、身体イメージへのこだわり
64	事例7	30代後半女性 妄想性パーソナリティ障害	子どもの問題行動、住居ゴミだらけ、支援拒否の姿勢
第2章 学校			
72	事例8	10代女性 習慣性自傷	自傷行為、感情表現困難、空虚感、自己像不安定
77	事例9	10代男性 生徒と父親の自己愛の脆弱性	教師を罵倒し授業妨害、尊大で攻撃的な態度
82	事例10	20代男性 回避性パーソナリティ障害	ひきこもり（不登校）
第3章 職場			
88	事例11	20代後半女性 境界性パーソナリティ障害	自傷行為、恋愛感情を一方的に抱くこと、セクハラの訴え
92	事例12	20代後半女性 回避性（抑うつ性）パーソナリティ障害	出社拒否、自信欠如
第4章 医療機関			
100	事例13	27歳女性 境界性パーソナリティ障害	空虚感、自傷の素振り、暴力、脱価値化
105	事例14	24歳女性 境界性パーソナリティ障害	幻聴、被害妄想、薬物依存、過量服薬、自傷行為、性的乱脈
110	事例15	30代母と6歳男児 母（DV被害者）が無力、自信欠如	父親と男児の母親への暴力、子どもの退行的行動
116	事例16	50代男性 妄想性パーソナリティ障害	強い猜疑心、被害妄想とそれによる攻撃的行動、抑うつ状態
121	事例17	20歳女性 境界性パーソナリティ障害、自閉症スペクトラム障害、知的障害	感情不安定、衝動行為、暴力、被害念慮
第5章 矯正施設などの施設			
128	事例18	20代女性 境界性パーソナリティ障害（疑い）	自傷行為、病的窃盗
132	事例19	32歳女性 意志薄弱、表面的適応	被虐待体験、薬物依存（慢性）
137	事例20	16歳女性 自己主張困難、意志薄弱	自傷行為、身体的訴え、過剰適応
142	事例21	10代女性 演技的行動	身体接触欲求、解離性同一性障害のような行動、異性への接近傾向
147	事例22	40歳男性 病的自己愛（自己顕示・自信欠如）、衝動性	自傷行為、過量服薬、パニック発作、暴力（傷害事件）、アルコール乱用、強迫症状、容貌へのこだわり

介入・治療の担い手；介入・治療の対象；介入方法
当事者、家族、支援者；精神科医、ソーシャルワーカー、地域スタッフ；当事者、家族、地域スタッフ； 精神科(外来)治療、地域移行・地域定着支援、個別支援会議(ケア会議)、家族支援
地域生活支援センタースタッフ、精神科医、治療チーム； 当事者、チーム医療、個別支援会議
スクールカウンセラー、精神保健福祉センター、臨床心理士、精神科クリニック；当事者、母親； 精神保健相談、家族・当事者グループ
ソーシャルワーカー、内科医、精神科医(治療チーム)；当事者； 多職種チーム、社会復帰施設通所、グループホームでの関わり
臨床心理士、精神科医、自助グループ；当事者、家族； 当事者と家族の面接、精神科治療、当事者自助グループ、家族自助グループ
精神保健福祉センター相談、心理士、家族会； ひきこもり地域支援、母親との面接、当事者・家族自助グループ
スクールカウンセラー、児童相談所ワーカー、福祉ワーカー、保健所保健師、民生委員；子ども、当事者(親)； 関係機関ミーティング、家庭訪問、スクールカウンセラーや保健所保健師による母の面接
スクールカウンセラー、担任教師、養護教諭；当事者、家族； 心理教育、モニタリング、代替スキル訓練、家庭訪問などによる家族支援
スクールカウンセラー、担任教師、学校長
学生相談室カウンセラー(臨床心理士)、教務課職員(学生支援士)、精神科外来スタッフ；当事者、両親； 当事者・父との面接、チーム支援、学校のグループ体験、精神科外来治療・デイケア
臨床心理士、産業医、人事部職員；当事者およびその職場の関係者； 当事者・関係者との面接、精神科外来治療(弁証法的行動療法的介入)
臨床心理士；当事者； 自己評価向上を目指すカウンセリング、行動実験
精神科医、多職種チーム；当事者、母親； 入院治療(チーム医療)、制限設定(関わりの土台作り)、治療関係形成、心理教育、家族介入
精神科医；当事者； 精神科入院・外来治療、過剰適応と対人不信に焦点づける面接、外来ピアグループ、自助グループ
臨床心理士、精神科医、小児精神科医； 母との面接、コンサルテーション・リエゾン活動、親ガイダンス、後に児童相談所による母子支援
臨床心理士、ソーシャルワーカー、保健師、病院訪問看護師；当事者； 臨床心理士の面接、精神科治療、作業療法・リハビリ、チーム医療、ケア会議、保健師の訪問、訪問看護
精神科医、家族、特別支援学校スタッフ、職場スタッフ、職場カウンセラー；当事者； 精神科入院・外来治療(学校・職場との連携)
臨床心理士、多職種チーム；当事者； 動揺・混乱の経緯を確認する面接
矯正施設スタッフ；当事者； 薬物離脱指導
精神科医；当事者； 面接(援助を依頼できるようになることを目指す心理教育)
臨床心理士、ケアワーカー；当事者； 臨床心理士の心理療法、心理士とのコンサルテーションの下でのケアワーカーの関わり
精神科医、カウンセラー；当事者； 精神科治療、カウンセリング(傾聴と自己肯定感の強化)

第II部 理論編

1 パーソナリティ障害の対応と治療（概説）
2 認知行動療法・スキーマ療法
3 力動的精神療法の考え方を地域ケアに活かす
4 弁証法的行動療法
5 家族介入、家族援助
6 物質使用障害とパーソナリティ障害
7 精神科訪問看護と子育て世帯への支援
8 アメリカにおけるパーソナリティ障害の心理臨床の状況
9 オーストラリアにおけるパーソナリティ障害治療の状況
10 パーソナリティ障害の薬物療法

●この理論編では、パーソナリティ障害の治療の概説の後、さまざまな治療、対応方法についての議論が展開される。それらはすなわち、認知行動療法・スキーマ療法、力動的理解に基づく地域ケア、弁証法的行動療法、家族介入・家族援助、物質使用障害と関連づけた対応・治療、訪問看護などによる地域での援助、アメリカやオーストラリアでの治療・対応の状況、薬物療法である。

●パーソナリティ障害の治療についての研究は、世界中で精力的に進められており、その知見が年々豊かになっているという情勢にある。しかしわが国では、この領域において大きく後れをとっていると言わなくてはならない。しかしそれでも、この理論編における議論からは、わが国においても他国の優れた治療法を取り入れて治療を実践する動きが活発であること、そして、徐々に独自の治療の試みや発想が姿を現してきていることが確認できるだろう。

●この理論編に収められている議論の多くは、境界性パーソナリティ障害についてのものである。それは、このタイプのパーソナリティ障害への対応が心理臨床でもっとも重要な課題となっていること、治療の実践や研究がそれを中心に展開されていることを反映したものである。その結果、境界性パーソナリティ障害の予後は、従来考えられていたよりも良好であることが明らかにされ、効果が実証された治療法が次々と開発され、当事者と家族などの関係者を大いに勇気づけることになっている。今後、治療の研究や実践が他のタイプのパーソナリティ障害にも広がり、その議論がいっそう充実していくことを期待したい。

1　パーソナリティ障害の対応と治療（概説）

　パーソナリティ障害の理解は、暴力、自殺関連行動、物質使用、ひきこもりなど、さまざまな問題行動を把握する上でなくてはならないものである。さらに、気分障害や精神病性障害、物質使用障害などの他の精神障害の背後にパーソナリティ障害があり、臨床像や経過に影響を与えていることはごく一般的である。

　本章の目的は、パーソナリティ障害の問題への対応や治療について概説することである。パーソナリティ障害の治療についての研究は、現在、世界の多くの国や地域で進められている。特に境界性パーソナリティ障害については、有効性が確認されたさまざまな治療が既に開発されている。わが国におけるそれらの治療法の普及はまだ不十分であるけれども、それらの考え方は、わが国のさまざまな対応・治療の場面で応用することが可能である。

1) パーソナリティ障害の治療

1●治療の原則的事項とその進展過程

　治療の目標は、パーソナリティ機能の状態を把握し、それを検討して修正を加えることである。それは、その人の意思がもっとも優先されなければならない、その人自身の専権事項ともいえる課題である。患者と協力して共同作業として治療を進めるという姿勢が治療者に求められるのは、そのゆえである。以下、治療の原則的事項と進展の過程を示す。

①内省－自己観察の積み重ね

　協力的な治療関係を築くためにはまず、患者と治療スタッフとの間で問題意識が共有されることが必要である。そのためには、患者がパーソナリティ障害に由来すると考えられる行動およびその意味を検討する内省の過程が不可欠である。

　患者の内省を深めるという課題には、患者の主体的関与が必要だから、これも共同作業として行われなくてはならない。この作業は、最初は弱々しく頼りないことのある患者の問題意識を手がかりとして、内省を促し、それによって問題認

識を強め、そこからさらに内省を進めて、問題意識を強めるという循環的な過程となる。これは、少しずつ未開地を開拓して耕地を広げるというイメージで捉えることができるだろう。

　この作業は難しいように見えるかもしれないが、患者のよりよく生きたいというベクトルと一致すれば、着実に進むことが期待できる。内省の基本である自己観察だけでも、それによって得られる自己の状態の把握によって、適切な行動を選択することが容易になり、労苦を減らせることが分かれば、患者が積極的に関わるようになることがしばしばある。

　次の共同作業のポイントは、患者の内省力を高めることである。自己観察・内省を重ねることは、内省力を高めることに通じる。すなわち、内省を繰り返していると徐々にそれがスムーズになり、自分の認知・行動の自分にとっての意味や周囲の人への影響を広く認識できるようになる。この内省力を高めてゆく作業は、その後の治療の中でも随時進められるべきものであり、その治療全体に占める割合は相当大きいと考えられる。

②治療を受ける意思のない場合の対応

　患者の治療拒否が明確な場合、治療スタッフは、積極的な介入を控えて、機会を見て患者にパーソナリティ障害の問題を指摘する、対応・治療の有用性を告げるといった程度の働きかけに留めることになる。治療の主役は患者であり、治療スタッフはそれに合わせて進むしかないと心得るべきである。パーソナリティ障害は、単独ならば（合併精神障害がないならば）精神障害として軽症であることが多いし、患者本人の治療の意思のない場合は、治療成果を期待できないからである。

　極端な例では、治療・援助の可能性を伝えるだけに終わることがあろう。しかし、多くは、合併精神障害の治療などの他の支援、治療を続けることになるので、パーソナリティ障害の問題への取り組みを動機づけるチャンスは得られるものである。患者の治療の意思が固まるまでに長い期間と根気が必要になることもあるが、それが後に報われることは十分期待できる。

③内面の確認、問題への対応

　パーソナリティ障害は、行動、感情、対人関係などの広いパーソナリティ機能に関わる障害である。自分のさまざまな側面を認識することは、大きなエネルギーと時間を要する作業である。しかも問題が慢性化していて、あらためてそれに

目を向けることが難しいことも稀でない。このような作業はやはり、患者と治療スタッフとの共同作業という形でないとすぐに滞る。

自分の内部に問題があること、もしくは問題に関わる部分があることが確認されると、それへの対策を考えることになる。パーソナリティ障害は、広い領域の障害であることから、その治療ではさまざまな介入を組み合わせるという考え方が適切であろう。そこでは、言語的介入も感情交流などの非言語的介入、呼吸法などの身体技法も力を持ちうるし、認知、感情、行動、対人関係などの多くの機能領域やそれぞれを含む生活場面が治療の舞台となりうるのである。

例えば、認知において、否定的な自己像・他者像（世界観）が問題となるなら、それを明確にし、それについて考えてもらい、さらに、その認知の修正に進むことになる。また、感情面の感情の激しさ、不安定さが問題ならば、その感情を見据えながら、それに流されることなく、自分の状態の把握を進め自らにふさわしい行動を模索する作業を促す。衝動的行動が問題になるなら、「行動の前に立ち止まって考える」ことを奨め、その際に自分の意思の確認をして、行動の選択のために時間を取ることを提案することになる。

次には、これらの対策を実行し、その効果を評価し、その次の対策を考えるという循環的過程が進められる。さらには、その対応策が成果を挙げたなら、他の場面でもそれを応用することが奨められる。

④行動パターン、生活スタイルの変化

問題への対策が積み重ねられてゆくと、それは新しい対人関係のあり方や自己像、さらに生き方や生活スタイルの形成に通じてゆく。治療の中では、それが患者にふさわしいか、別のものに可能性がないかが繰り返し検討される。同時にそこには、生活状況や生き方についての理解、一種のストーリー（物語）が姿を現してくる。それは自分を確認する準拠枠となり、次のストーリーを展開する土台となる。ここでも循環的過程が生じて、新しく生活を組み立ててそれで自分を確認してゆく、人との結びつきを確認しながら対人関係を築いてゆくといった過程が進められてゆく。

⑤治療スタッフの心得るべきこと

・患者の自己評価を維持すること、回復の可能性を示すことは、治療スタッフのごく重要な課題である。それなしには、患者が骨の折れる治療作業を継続する

ことが難しくなるからである。治療スタッフの方でもまた、回復の可能性を信じ、希望を失わないようにすることが必要である。
・治療スタッフには、患者と一緒に治療を進めるという姿勢が重要である。治療・対応の目標は、患者の行動の矛盾をただすのではなく、その矛盾に患者が気づくことを援助すること、それに気づくことができる姿勢を患者に身につけてもらうことである。また、患者が表向き治療を受け入れると述べていても、内面的な準備が整っておらず、実際の関与に躊躇するとか、不安が強まるといった反応が見られることがある。その場合には、治療スタッフも立ち止まって患者の内面的状況の深部に目を向けることが必要である。
・治療の中では、行き詰まりが生じて進展が得られないこと、相手の期待に応えられないことが多く起きる。治療スタッフがそこで冷静に状況を把握しようとする姿勢を保つことは、行き詰まりから脱するチャンスを得る条件となるし、焦りで冷静さを失いやすい患者にとってよいお手本となることができる。また、行き詰まりが次の前進のための準備段階として必要だったことが回顧的に明らかになる場合も少なくない。つまり、行き詰まりには、一定の治療的な意義があることを期待してよいということである。
・パーソナリティ障害の患者は、治療の場にふさわしくない逸脱行動や、治療関係のトラブルが生じやすいと考えられることがあった。それは、彼らが敏感で傷つきやすかったり、自分の一方的な思いで治療関係を捉えようとしたりするからである。治療でトラブルの原因となる誤解が生じるのを防ぐために治療スタッフは、日頃から明快な説明を心がけること、自らの援助者としての社会的な立場を自覚し、その立場やそこにおける役割を患者に折々に説明することが重要である。

2●社会心理的治療(心理療法)

　パーソナリティ障害の治療では、従来から心理社会的治療が重視されてきた。そこでは、支持的精神療法（精神療法的管理）、認知療法、精神分析的精神療法といった心理社会的治療の主要な方法がほとんどすべて実践されてきた。この他にも、家族療法、デイケア、集団療法などのさまざまな種類の治療法が患者に合わせて用いられている。

①効果が確認された心理社会的治療

近年の動きで特に注目されるのは、境界性パーソナリティ障害に対する心理社会的治療の効果についての無作為化対照比較試験（Randomized Controlled Trial: RCT）による研究が次々に発表されていることである（表II-1-1）。

RCTで効果が確認された最初の心理療法は、1991年に発表された米国のリネハン（Linehan, M. M.）らの弁証法的行動療法（Dialectic Behavior Therapy: DBT）（Linehan, 1993）である。以来、治療アプローチの効果の評価研究が行われてきた。これまでのRCTの研究結果は、互いに相反する部分が少なからずあり、まだ決定的なものではない。

表II-1-1　最近の代表的なBPD患者の心理社会的治療の効果研究

報告	治療	対象	所見
Linehan, et al. (AGP 2006)	DBT vs. CBTもしくは支持療法	DSM-IV BPD女性 (N=101)	1年間のDBT（週3回）が専門家による非DBT治療（週1回）より自殺未遂の頻度、脱落の少なさ、入院回数の少なさにおいて勝っていた
Bateman and Fonagy (AJP 2009)	MBT vs. SCM	DSM-IV BPD (N=134)	18か月間のMBT（週2回）とSCM（MBTと同じ治療時間の集団療法を含むケースマネジメント）の効果は、有意差がないものの、MBTの方が自殺未遂減少など多くの改善が迅速であった
Giesen-Bloo, et al. (AGP 2006)	TFP vs. SFT	DSM-IV BPD (N=88)	週2回3年間のTFP、SFTの治療効果の比較。重症度、QOL、治療継続率、自殺未遂減少のいずれもSFTが優れていた
Clarkin, et al. (AJP 2007)	DBT、TFP、力動的支持療法	DSM-IV BPD (N=90)	1年間のDBT（週2回）、TFP（週2回）、力動的支持療法（週1回、薬物療法を推奨）の治療効果は同等。TFPで怒りや攻撃性の改善などが大きい傾向があった
Blum, et al. (AJP 2008)	STEPPS＋従来治療 vs. 従来治療	DSM-IV BPD (N=124)	20回のSTEPPS加治療では、衝動性、陰性感情、全般的機能に中等度から高度の効果あり。自殺未遂・自傷行為、入院を減少させる効果は認められなかった
McMain, et al. (AJP 2009)	DBT vs. 一般精神科治療	DSM-IV BPD (N=180)	1年間のDBT（週3回）、一般精神科治療（週1回薬物療法を推奨）とで効果の差はなかった

DBT：Dialectical Behavior Therapy（弁証法的行動療法）
CBT：Cognitive Behavior Therapy（認知行動療法）
MBT：Mentalization-Based Treatment（メンタライゼーション療法）
SCM：Structured Clinical Management（構造化された臨床マネジメント）
TFP：Transference Focused Psychotherapy（転移に焦点づけられた治療（精神分析的治療））
SFP（SFT）：Schema Focused Psychotherapy（Therapy）（図式に焦点づけられた心理療法（治療）*）
STEPPS：Systems Training for Emotional Predictability and Problem Solving
＊これは、スキーマ療法として165ページで解説されている。

リネハンの開発したDBTは、治療の標的が従来の認知療法よりも大幅に広げられて、認知行動パターンを全般的に変えることが目指されていることに特徴がある。ここで修得されるべき基本的技能は、①マインドフルネス（現実的で冷静な自己観察、現実認識の技能）、②感情統御技能、③実際的な対人関係技能である。この治療は、週2回の教育的技能訓練と行動リハーサルが行われる集団技能訓練と、週1回の個人面接から構成され、1年以上続けられる。

　英国のベイトマンとフォナギー（Bateman, A. and Fonagy, P.）は、1999年に精神分析的デイケア治療の効果がRCTで確認されたことを報告した。その後、彼らはこの治療を発展させてメンタライゼーション療法（Mentalisation-Based Treatment: MBT）（Bateman and Fonagy, 2004）を作り上げた。その治療の目標は、メンタライゼーション（自分やまわりの人の行動がその考えや気持ちといった心理的過程から起こることを理解する能力）を高めることである。MBTでは、さまざまな対人関係や出来事の体験から自分自身の心理状態を理解し、自分や他者の行動についての学びを深める訓練が行われる。

　これらの治療では、自傷行為や自殺未遂といった境界性パーソナリティ障害の症状を大幅に軽減させることが確認されている。

②地域における対応、治療[iv]

　パーソナリティ障害に関連する自殺・自殺関連行動や暴力といった行動は、地域で問題になるのが通例である。それゆえその対応は、地域や学校、救急医療の現場で行われる必要がある。さらに、地域や学校におけるそれらの行動への介入・治療の導入は、パーソナリティ障害の問題の拡大防止に貢献するだろう。

　地域精神保健の設定では、地域精神保健のスタッフと医療機関のスタッフからなる多職種チームによる介入が行われることが一般的である。そこでは、当事者やその家族のサポートや社会資源の導入というような多職種スタッフの専門性を活かした介入が重ねられる。そこではまた、治療スタッフ同士のサポートやコンサルテーション、家族や地域の人々との協力関係の構築を効率的に行うことが可能である。

　英国において実践されている先進的な地域精神保健活動は、わが国のパーソナリティ障害に対する地域精神保健サービスの目指すべき姿の一つであろう。そこでは、危機介入チーム、小児思春期精神保健チーム、早期介入チームなどの多職種チームによってパーソナリティ障害の対応、治療の導入が担われている。これらの

活動の概要を知るには、それが依拠している英国の国立最適医療研究所（National Institute for Health and Clinical Excellence: NICE）によってまとめられた、境界性パーソナリティ障害患者の評価や治療の導入のための地域や救急医療機関で用いられるガイドライン（NICE, 2009）、反社会性パーソナリティ障害の暴力を主な対象とするガイドライン（NICE, 2009）、自殺関連行動を見せる人々の評価や治療の導入のための地域や救急医療機関で用いられるガイドライン（NICE, 2004）が利用できる。すでに、認知行動療法と組み合わせられた地域介入には、（男性に対して特に）優れた効果があることがメタ分析の結果として報告されている（Hockenhull, et al. 2012）。ここではまた、予防医学的視点から、地域や学校、救急医療の場において早期の介入、治療の導入治療を行うことがパーソナリティ障害の問題の拡大防止に貢献することが強調されている。

③薬物療法

　薬物療法は、やはり有力な治療法の一つである。めざましい効果が期待できない性質ではあるものの、薬物療法によって精神症状を一時的にでも軽快させることができるなら、それが患者にとって大きな便益となることは稀でない。

　従来の薬物療法についての知見をまとめるなら、統合失調型パーソナリティ障害などの受動的なタイプには少量の抗精神病薬、境界性、反社会性パーソナリティ障害の衝動性や感情不安定には選択的セロトニン再取り込み阻害薬（SSRI）や感情調整薬、回避性パーソナリティ障害の不安や抑うつにはSSRIやモノアミン酸化酵素阻害薬（MAOI）がそれぞれ有効だとされる。さらに最近では、境界性、統合失調型、反社会性パーソナリティ障害に対する非定型抗精神病薬の有効性が確認されている（林, 2010; Stoffers, et al., 2010）。

2）パーソナリティ障害の予後

　近年、パーソナリティ障害の特徴は、従来考えられていたほど持続的でないことが指摘されている。従来から多くの経過研究が行われていたのは、境界性パーソナリティ障害においてであるが、近年の研究では、相当部分が改善するという結果になっている。ザナリーニら（Zanarini, et al. 2003）は、290例の境界性パーソナリティ障害の入院患者の経過研究を行い、6年間で約70％が境界性パーソナリティ障害と診断されなくなり、患者の機能が相当に改善していたと述べている。退

院後16年の経過報告（2012）では、2年以上の寛解、回復（GAS＞60となること）をそれぞれ99％、60％が経験するけれども、2年以上の寛解の後に36％が再発する、2年以上の回復の後に44％が回復の状態を喪うことが明らかにされた。

　パーソナリティ障害診断が経過中に変化することは、他のタイプでも報告されている。神経症のパーソナリティ障害患者の12年間の変化を調査した研究（Sievewright, et al. 2002）では、その期間の中で同じタイプにとどまっている率が低いことが報告されている（境界性パーソナリティ障害患者が、それが含まれる演技的・感情的で移り気なB群クラスターにとどまっている率でさえわずか30％であった）。

　これらの所見は、パーソナリティ障害が経過の中で変化しうる精神障害であることを示している。今日では、パーソナリティ障害が経過の中で回復を期待しうるもの、治療によって改善しうるものと考えられるに至っている。

おわりに——これからのパーソナリティ障害治療の展開

　パーソナリティ障害は、今後さらに大きな精神保健上の問題として注目されるようになるだろう。しかし、わが国の現況に目を向けると、そのために必要な医療体制が十分に整えられているとは言いがたい。しかし、そのような状況でもわれわれは、利用可能な医療資源を使ってパーソナリティ障害患者の治療を実践しなくてはならない。その治療では、先に示した弁証法的行動療法やメンタライゼーション療法を始めとする考案されている多くの治療法の技法が応用可能である。そこではまた、精神障害や精神症状の合併や、パーソナリティ障害によって生じる家族関係や社会機能などの障害のために複数の援助が必要になることが多い。これは、臨床心理士や看護師、ケースワーカーなどの多職種の専門性を生かしたチームによる対応が力を発揮する領域だと考えられる。

　地域生活や家庭生活においてパーソナリティ障害の人々を支援することは、効果を期待できる介入法である。それは、その問題行動が、生活の中で起きると同時に、その生活の中で解消されることが多いという性質があるからである。それゆえ、その支援では、問題行動への対応策を講じることと並んで、その人自身が問題を乗り越えることのできる環境を築くことも重視されるべきである。ここでは、対人関係や職業生活などについての生活に密着したトレーニングの機会を提供すること、自傷行為などの問題行動の予防のための心理教育、対人関係の混乱などの危機の中で彼らを支える介入体制の整備、家族や関係者に対する教育およ

び支援のためのプログラムの開発や組織作りなどを考えることができる。パーソナリティ障害の人の心理的援助に関わる人々は、それぞれの専門性を活かしながら、力を合わせてこれらの課題に取り組んでゆかなければならない。　　　（林直樹）

i 　自殺関連行動（suicidal behavior）は、自殺未遂と自傷行為を合わせた概念としてここでは用いている。
ii 　ここでは、便宜上、患者、治療スタッフという医療機関の用語を使うことにする。しかし、ここでの記述は、基本的に他の対応、介入の場でも当てはまるものである。
iii 　この節のさらに詳しい議論は、文献（林、2014b）を参照されたい。
iv 　この節のさらに詳しい議論は、文献（林、2009, 2015）を参照されたい。
v 　この節のさらに詳しい議論は、文献（林、2014a）を参照されたい。

参考文献
林直樹（2009）「自殺関連行動を示す境界性パーソナリティ障害患者の入院治療」『臨床心理学』9（4）, pp. 493-499.
林直樹（2010）「パーソナリティ障害」樋口輝彦・野村総一郎（編）『こころの医学事典（こころの科学増刊）』, pp. 250-256. 日本評論社.
林直樹（2014a）「境界性パーソナリティ障害の長期予後」『臨床精神医学』, 43（10）, pp. 1457-1463.
林直樹（2014b）「境界例（境界性パーソナリティ障害）の非薬物治療」『精神科』25（1）, pp. 28-33.
林直樹（2015）「暴力の精神病理と精神療法」『精神療法』41（1）, pp. 8-14.
Bateman, A. and Fonagy, P.（2004）*Psychotherapy for borderline personality disorder: Mentalization-based treatment*. New York: Oxford University Press USA.（狩野力八郎・白波瀬丈一郎（訳）（2008）『メンタライゼーションと境界パーソナリティ障害──MBTが拓く精神分析的精神療法の新たな展開』岩崎学術出版社）.
Linehan, M. M.（1993）*Cognitive-behavioral treatment of borderline personality disorder*. New York: Guilford Press.（大野裕・岩坂彰・井沢功一朗・松岡律・石井留美・阿佐美雅弘（訳）（2007）『境界性パーソナリティ障害の弁証法的行動療法──DBTによるBPDの治療』誠信書房）.
National Institute for Health and Care Excellence（NICE）（2009）Antisocial personality disorder: Treatment, management and prevention. *NICE clinical guideline*, 77. London: National Institute for Health and Care Excellence.
National Institute for Health and Clinical Excellence（NICE）（2004）Self-harm: The short-term physical and psychological management. *NICE clinical guideline*, 16. London: National Institute for Health and Clinical Excellence.
National Institute for Health and Clinical Excellence（NICE）（2009）Borderline personality disorder: Treatment and management. *NICE clinical guideline*, 78. London: National Institute for Health and Clinical Excellence.
Stoffers, J., Vollm, B. A., Rucker, G., Timmer, A., Huband, N., and Lieb, K.（2010）Pharmacological interventions for borderline personality disorder. *Cochrane Database of Systematic Reviews*.（6）, CD005653. doi:10. 1002/14651858. CD005653. pub2.

2 認知行動療法・スキーマ療法

はじめに

　ベック（Beck, A. T.）が認知療法を構築したのが1960年代、それが1980年代には認知行動療法（Cognitive Behavioral Therapy: CBT）へと展開し、さらに1990年代には、米国の心理学者ヤング（Young, J. E.）が認知療法を発展させてスキーマ療法を構築した。当初はうつ病を対象に構築された認知療法だが、CBT自体が徐々に進化し、うつや不安といった症状レベルの問題だけでなく、より慢性的で広範な心理学的問題にも適用できるようになっていった。もちろんそこにはパーソナリティ障害も含まれる。またスキーマ療法は、パーソナリティ障害（特に境界性パーソナリティ障害：BPD）に認知療法を適用するなかで構築された統合的なアプローチであり、現在、パーソナリティ障害に対して最も質の高いエビデンスが報告されている心理療法の一つである（Giesen-Bloo, et al., 2006）。

　本論では、CBTおよびスキーマ療法について概説し、パーソナリティ障害の治療で最も重要となる「スキーマ」について解説する。次にスキーマ療法の中でも、特にパーソナリティ障害の治療において重要な「治療的再養育法」と「モードアプローチ」という治療技法について紹介する。

1）認知行動療法・スキーマ療法はどのような心理療法か

　図II-2-1にCBTおよびスキーマ療法における基本モデルを示す。
　CBTおよびスキーマ療法では、当事者の抱える問題を、その人の外側にある「状況（出来事、対人関係など）」と、その人自身の「反応」に分けてとらえる。さらに個人の「反応」を①認知（頭の中の思考やイメージ）、②気分・感情、③身体反応、④行動の4つに分けて、それらの相互作用を循環的にとらえていく。臨床現場に持ち込まれる問題は、たいてい悪循環が起きている。したがって、この基本モデルを用いて問題の悪循環のありようをまず理解し、その上で、直接的なコーピング（対処）が比較的しやすい「認知」と「行動」に焦点を当て、それらの変容

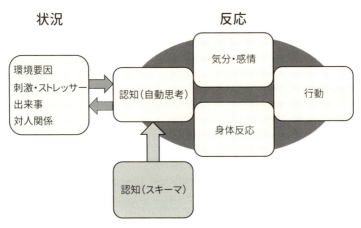

図II-2-1　認知行動療法とスキーマ療法の基本モデル

によって悪循環を解消しようというのがその基本的な考えである。

　ところで、図II-2-1では「認知」が二層構造になっている。これは認知を「浅い部分」と「深い部分」に分けたモデルであり、浅い部分を「自動思考」、深い部分を「スキーマ」と呼ぶ。自動思考とは、文字通り「その瞬間に頭をよぎる自動的な思考やイメージ」のことであり、スキーマとは、「人生経験を通じて形成された、その人の中にある深い思いや信念」のことである。

　パーソナリティとは、その人の「心の土台」のようなものである。成長過程において心の土台がしっかりと作られた人が何らかのメンタルヘルスの不調に陥った場合、自動思考だけに焦点を当てたCBTで回復することができるが、心の土台自体が傷ついている人、安定した土台が形成されなかった人は、自動思考レベルのCBTでは到底間に合わない。パーソナリティ障害を持つ人は、当然、何らかの事情で（たいていは生育歴における養育の不足や不適切な養育によって）、不安定な心の土台のままで大人になってしまった人である。したがってパーソナリティ障害に対するCBTは、当然スキーマに焦点を当てることになる（Beck, 2005）。そしてスキーマそのものに焦点を当て、その回復のためにCBTを発展させて新たに構築されたのがスキーマ療法である（Young, et al., 2003）。本論ではこの後、スキーマ療法にもっぱら焦点を当てて解説することにする。

　ヤングら（2003）は、「人生の早期に形成され、当初は適応的だったかもしれな

いが、その後、その人をかえって不適応的にさせてしまうスキーマ」のことを「早期不適応的スキーマ」と名づけて、これらのスキーマがパーソナリティ障害を特徴づけると述べている。例えば幼少期に親にネグレクトされたり、頻繁に養育者が変わったりといった体験をした人は、「見捨てられスキーマ」という早期不適応的スキーマを持つ可能性が高い。これは「人はどうせ自分を見捨てる」、「自分は人に見放される存在である」といったスキーマである。実際に、養育者が頻繁に変わるという環境において、このスキーマを持つことは不適応的ではない。むしろ自分を取り巻く環境を正確に描写したスキーマだと言える。「どうせこの人も自分を見捨てるのだろう」と思っていたほうが、実際に見捨てられたときにショックが少ないだろうから、適応的でさえある。しかし、大人になってからもこのスキーマを持ち続けたら、その人はパートナーや友人らと安定した関係を構築するのが非常に難しくなってしまう。そうなると、このスキーマは不適応的であると言わざるをえなくなる。

ヤングらは18の早期不適応的スキーマを定式化した。それを以下に挙げるが、これらのスキーマは、「愛されたい」、「安心したい」、「褒められたい」、「有能でありたい」といったすべての人間が有する欲求（中核的感情欲求）が適切に満たされない場合に形成されると仮定されている。①見捨てられ、②不信・虐待、③情緒的剥奪、④欠陥・恥、⑤社会的孤立、⑥失敗、⑦損害と疾病に対する脆弱性、⑧無能・依存、⑨巻き込まれ、⑩服従、⑪自己犠牲、⑫評価と承認の希求、⑬否定・悲観、⑭感情抑制、⑮厳密な基準、⑯罰、⑰権利要求・尊大、⑱自制と自律の欠如。スキーマ療法では、パーソナリティ障害を持つ人、特にBPD当事者の場合、これらのスキーマの多くを強固に持つと想定するが、これは筆者の臨床経験とも合致する。BPD当事者とこれらのスキーマについて検討すると、「自分はこれらのスキーマのほとんどを持っている。これらのスキーマはまさに自分のことだ」と納得する当事者は少なくない。

スキーマ療法ではまず、当事者が幼少期にどのような体験をして、その結果どのような早期不適応的スキーマが形成されたのか、ということを、セラピストと当事者が時間をかけて共有していく。これは痛みを伴う作業だが、これによって長らく抱えてきた「生きづらさ」の正体が見えてくることで、状態が安定する当事者は少なくない。スキーマとはその人にとってあまりにも当然な感覚であり（自

我親和的)、「この世の真実」だとしか感じられないものだが、それが真実ではなく自分の頭の中に形成された「スキーマ」だと知るだけでも、その感覚は自我違和化され、それは「ひょっとしたら人生に対する他の見方があるのではないか」という希望につながる。

　ひとたび自らの持つスキーマについて深く理解した後は、さまざまな技法を用いて、自分を生きづらくさせるスキーマを手放し、新たな適応的なスキーマを手に入れ、そのスキーマに基づく新たな行動パターンや対人関係を手に入れていく。これにはかなりの時間がかかる。自動思考レベルのCBTが短期で終結するのとは対照的である。

2) 治療的再養育法とモードアプローチ
──スキーマ療法の新たなアプローチ

　自動思考レベルのCBTにおいて重視される治療関係は、「互いに意見を言い合う平等なチーム関係」である。セラピストもクライアントも「健全な一人の大人」として、同じ地平に立って協同作業を進めていく。一方、スキーマ療法の対象となるのは、幼少期に中核的感情欲求が満たされなかったことで、心の土台に大きな傷つきを持つ人である。この場合、平等な大人同士の治療関係を形成するのは理論的にも実際的にも困難である。そこでスキーマ療法ではセラピストが「治療的再養育法」(limited reparenting) という治療技法を用いる。これは治療という限られた時空間ではあるが、その中でセラピストは養育者として機能し、当事者の中の「傷ついた子どもの部分」の再養育を目指す、というものである。その時々に現れる当事者の「傷ついた子どもの部分」を「チャイルドモード」という。また当事者に内在化された、当事者を罵倒したり当事者に過度な要求をしたりしてくる親の声を「非機能的な親のモード」という。スキーマ療法で目指すのは、当事者の中に「ヘルシーな大人モード」を育み、それが自らの「チャイルドモード」を癒したり、「非機能的な親のモード」を撃退したりできるようになることである。自らの「ヘルシーな大人モード」が、自分自身の中核的感情欲求に気づき、認め、受容し、それを自ら満たしていけるようになることである。

　セラピストは「治療的再養育法」を通じて、当事者の傷ついた子どもの部分を癒すと同時に、「ヘルシーな大人モード」の手本を示していく。そのためのワーク

を繰り返し行うことによって、当事者の「傷ついたチャイルドモード」が癒されると同時に、「ヘルシーな大人モード」が少しずつ育まれ、適応的な方向に自らを導けるようになる。それに伴い、早期不適応的スキーマが解消されていく。このような考え方と方法を「モードアプローチ」と呼ぶが、BPDを始めとするパーソナリティ障害のスキーマ療法では、このアプローチが非常に効果的であることが見出されている (Giesen-Bloo, et al., 2006)。

　当事者の「心の土台の傷つき」に注目し、再養育を図るというスキーマ療法は、ともすればその言動から他者（ひいては治療者）に敬遠されやすい当事者に、真に優しく有効な治療法であると思われる。筆者らはここ数年、訓練を受けつつスキーマ療法を実践しているが、時間をかけて当事者が徐々に回復していくことを目の当たりにしている。我が国でも今後スキーマ療法が広まることを強く望みたい。

(伊藤絵美)

参考文献

Beck, J. S. (2005) *Cognitive Therapy For Challenging Problems: What To Do When The Basics Don't Work*. New York: Guilford Press. (伊藤絵美・佐藤美奈子（訳）(2007)『認知療法実践ガイド：困難事例編——続ジュディス・ベックの認知療法テキスト』星和書店).

Giesen-Bloo, J., van Dyck, R., Spinhoven, P., et al. (2006) Outpatient Psychotherapy for Borderline Personality Disorder: Randomized Trial of Schema-Focused Therapy vs Transference-Focused Psychotherapy. *Archives of General Psychiatry*, 63 (6), pp. 649-658.

Young, J. E., Klosko, J. S., and Weishaar, M. E. (2003) *Schema Therapy: A Practitioner's Guide*. New York: Guilford Press. (伊藤絵美（監訳）(2008)『スキーマ療法——パーソナリティ障害に対する統合的認知行動療法アプローチ』金剛出版).

3　力動的精神療法の考え方を地域ケアに活かす

　パーソナリティ障害患者に関わる地域ケアの担い手の多くが、患者やその治療に対して悲観的で、自分たちが無力であると感じたり、患者に情緒的に巻き込まれることを恐れたりしているという調査結果がある（Koekkoek B, 2009）。そして、また、この結果に同意を示す読者も少なくないだろうことが推察される。

　「患者にどのように対応すればよいか」という方略やスキルは、この問題にひとつの解決策をもたらすように思う。ここでは、その一例として、地域ケアで活用できる力動的な精神療法の考え方を概説する。

　力動的な精神療法とは、自己や他者の内界、ならびに治療者を含めた対人関係や社会的な活動における心の作用をさまざまな力の相互作用としてとらえ、その関係性を俯瞰することによって新たな視点を得て、理解を深めることを目標とするものである。例えば、患者が不適応的な行動を発現するに至った心の動きを理解する作業を積み重ねていくことによって、結果的に、その行動に変化をもたらすことを期待するような治療アプローチである。

1）パーソナリティ構造を力動的に理解すること

　DSM分類やICD分類に代表されるような精神障害の診断基準の項目は、誰もが同様の診断にたどり着けるように配慮されているため、「目で観てわかる行動の異常」を中心に作成されている。しかし、このような診断はその先の「どう関わっていけばよいか」というヒントを与えてくれない。

　一方、力動的な診断は、ある種の物語として語られるような「動的」なものである。例えば、シゾイドパーソナリティ障害を力動的に描写すると、「常に孤独を感じ、他者との関わりを切望しながらも、同時に、他者に呑み込まれる不安を抱えている。そのため、彼らは普段は空想の世界に閉じこもり、孤独を紛らわせ、一見、超然的で、傲慢にさえ見える。しかし、ひとたび、侵入的な人物や過酷な現実（外的なストレス因）にさらされると、その内面にある『おびえる自己』を防護するために、攻撃的で、激しい一面を見せて、周囲の人たちを驚かせる」など

と表現できる。このようなパーソナリティの特徴に関する力動的な診断は、「だから、こう関わった方がよい」というような対応に直接結びつけて考えやすい。力動的な理解に基づくと、前述のシゾイドパーソナリティ障害患者の場合、まず地域ケアの担い手がすべきことは、彼らの不安を理解し、彼らの「防護」を乱暴に押し破るつもりがないことを示すことであろう。

　同じく、地域ケアの現場で対応を迫られることが多い境界性パーソナリティ障害患者を理解するためには、彼らが無意識に使用する原初的防衛機制の知識が役に立つ。「原初的」とは「成熟していない」という意味であり、原初的防衛機制はしばしば不適応的な態度や行動を惹起する。

　原初的防衛機制の代表的なものは「分裂」(splitting)と「投影性同一化」(projective identification)であるが、これらは組み合わせて用いられることが多い。分裂は受け入れがたい思考や情緒を無意識に切り離しておく機制であり、投影性同一化はその切り離した「自己の思考や情緒」が他者のものであるように感じ、その関係性を「現実」にしようと試みる機制である。これらの防衛は、彼ら自身の激しい情緒（特に怒りや憎しみ）に圧倒されそうになっている場合に使われやすい。境界性パーソナリティ障害患者と対峙していて、突然「なぜ怒っているんですか」と詰め寄られて驚いたり、わけもなくイライラしてきたりしたら、これらの防衛機制が使用されて患者の怒りや不安がケアの担当者に投影され、あたかも担当者の方が怒りや不安があるかのように患者が振る舞うことよって、それにケアの担当者の心も巻き込まれてしまった可能性がある。

　また、分裂の機制によって、自己や他者は極端な形で「単純化」される。例えば、「親切なよい人」であると認識されていた他者が、そこから外れる態度や行動を一度でもすると途端に「冷たい悪い人」として認識されるように、「同じ人が親切な時もあれば、そうではない時もある」とは認識されずに、「親切なよい人」と「冷たい悪い人」という極端な認知はコインの裏表のようにクルクルと入れ替わり、同時には認識されない。もし同時に認識すると、その「複雑さ」に彼らの心が耐えられず、激しい混乱や動揺を来すことが予想されるので、心がそれに耐えられるようになるまで分裂の機制については理解するにとどめ、（統合に向けての）直面化を急がない方がよい。

　しかし、そうはいっても、他者に対する認知ばかりでなく、思考や情緒も分裂の機制によって目まぐるしく変わり、それに伴って対人関係も混乱を極める。さっき言っていたことと正反対のことを平然と主張することは日常茶飯事なので、こ

のような分裂の機制に対処するために、患者への発言は短めで単純な文言を心がけ、決めごとは文書化して共有するなどの工夫が必要になる。

　時に、彼らの攻撃的な態度や「脱価値化」(devaluation) は地域ケアの担当者を疲弊させるが、実は、そういう彼ら自身の自己評価こそが低く、彼らの態度は分裂の機制によって「ダメな自己」を他者に投影することによって自己をかろうじて保つ試みである。彼らは他者を攻撃しながら、いつ立場がひっくり返って攻撃されるかと、びくびくしている可能性がある。このような理解を念頭におきながら、彼らの攻撃的な態度がおさまって少し冷静になった時に、「あの時、何が起こっていたか」を話し合えると、彼ら自身の理解を援助できることが多い。しかし、間違っても、彼らが情緒の嵐の中にいる時に話を始めてはならない。彼らの怒りを助長するだけである。「鉄は冷めてから打て」(Pine, 1984) が、境界性パーソナリティ障害患者の対応の鉄則である。

2) 問題行動を力動的に理解すること

　パーソナリティ障害患者は、その刹那の思考や情緒に流されるように行動し、その行動の動機も、その行動によってもたらされる結果についても、意味や理由を考えるという発想がない。例えば、手首切傷を繰り返す患者は、「切ると気持ちが楽になる」ことだけはわかっているが、「どんな時に、どんなことを考え、どんな気持ちになって」切りたくなるのかという心の軌跡を追うことが難しい。そのため、衝動的に自傷を繰り返す袋小路に陥っている。

　地域ケアの担当者が彼らの問題行動を彼らに質問する形で力動的に整理し、理解しようとする姿勢を示すことによって、彼ら自身が衝動的に見える自分の行動にも意味や理由があることに気づくと、行動に移す前に少し立ち止まれるようになり、もっと健康的な対処方法を選択できるようになることが期待できる。これらの作業から直接的に導かれる代替の対処法としては、「誰かに相談する」、あるいは「心の軌跡をノートに書き留める」などがあるかもしれない。

　さらに、事後に改めて「結果」について考えることによって、彼らの心の軌跡がより明らかになることがある。例えば、自傷行為によって行けなくなった翌日の就職試験を彼らがどれほど重荷に感じていたかを、彼ら自身が驚きをもって認識することがある。

　また、「結果」を「将来に及ぼす影響」まで範囲を拡げて考えてみることは、「刹

那」に生きる彼らに「将来を展望する視野」を与えるきっかけになるかもしれない。繰り返し刻まれた手首の傷痕は何年にもわたって色濃く残り、将来の就職や恋愛に影響するかもしれないことに、彼らの多くは思い至らない。

3) 対人関係を力動的に理解すること

　パーソナリティ障害患者は総じて極端で偏った認知に基づく「思い込み」や「憶測」によって自己や他者を半ば反射的に判断し、その判断のもとで行動を起こす。それゆえ、その行動は誤解や不適応を招きやすく、彼らの生きにくさの一因となっている。そのような彼らが変化（改善）するためには、直感的で反射的な彼らの思考の習慣を変化させることが有効であると思われる。
　そのための方策としては、うまくいかなかった「人とのやりとり（会話）」をとりあげ、まず、患者に質問しながら、どんなやりとりがあったかを共有し、その時、患者がどのような気持ちになったかを振り返ってもらう。そして、相手はどのようなことを考えたり、感じたりしていたかを想像してもらった上で、あらためて患者の想像とは異なった考えや情緒を相手が抱いていた可能性を考えてもらったり、「今だったら、どんなやりとりをするか」と問いかけたりするといった作業を繰り返し行うことによって、患者の対人関係で「陥りやすい悪いパターン」を明らかにしていく。その過程で、ケアの担当者から「私があなたの立場だったら、こうするかもしれない」、あるいは「私が相手の立場だったら、こう思うかもしれない」などと話し、彼らの感想を聴くという対話を繰り返すと、彼らの心の中に相手の気持ちや自分の気持ちを「考えるスペース」が生まれる。このスペースは、それまで反射的に行動に移すしかなかった思考や情緒をいったん心に留めるために有用である。

4) 地域ケア担当者自身の反応を力動的に理解すること

　パーソナリティ障害患者との関わりは、時に、地域ケア担当者を混乱させたり、うんざりさせたり、疲弊させたりする。その理由の一つには、彼らがなかなか改善せず、同じ「問題」を繰り返し、関わりが徒労でしかないように感じられることがあるだろう。そして、それだけではなく、彼らの問題含みの対人関係の持ち方に反応し、彼らの「パターン」に巻き込まれている場合もあるかもしれない。

彼らに「巻き込まれているかどうか」を自分自身で意識することは難しい。が、できるだけ詳細に記録をとることは、客観的な視野を得るために有益である。しかし、原則として、一人で抱えこまず、相談できる場を持つようにした方がよい。スーパー・ビジョン (Super vision)、コ・ビジョン (Co-vision)、ケース・カンファランスなどで、ケア担当者自身の心の軌跡を振り返ることは、彼らへの対応を考える上で役に立つ。この場合、ネガティブな気持ちも率直に表明することが大切である。メンタルヘルスに携わる者は患者にネガティブな気持ちを持ってはいけないと考えがちだが、むしろ、「相手にネガティブな気持ちを抱かせる態度」を理解することからケアが始まる、と考えるべきである。「パーソナリティ障害という病を憎んで、人を憎まず」と考え、患者の「比較的健全な心の部分」と同盟を組んで、「厄介な部分」に対処していくような心構えが必要である。　（平島奈津子）

参考文献
牛島定信 (2012)『パーソナリティ障害とは何か』講談社.
ギャバード, G. O. (著) 舘哲朗 (監訳) (1997)『精神力動的精神医学《その臨床実践[DSM-IV版]》』──③臨床編:II軸障害』岩崎学術出版社.
マックウィリアムズ, N. (著) 成田善弘 (監訳) 北村婦美・神谷栄治 (訳) (2005)『パーソナリティ障害の診断と治療』創元社.
Clarkin, J. F., Yeomans, F. E. and Kernberg, O. F. (2006) *Psychotherapy for borderline personality Focusing on object relations*. Washington, DC: American Psychiatric Publishing.
Koekkoek, B., van Meijel, B., Schene, A., et al. (2009) Clinical Problems in Community Mental Health Care for Patients with Severe Borderline Personality Disorder. *Community Mental Health Journal*, 45(6), pp. 508-516.
Pine F (1984) The interpretive moment variation on classical themes. *Bulletin of The Menniger Clinic*, 48(1), pp. 54-71.

4　弁証法的行動療法

　弁証法的行動療法（Dialectical Behavior Therapy: DBT）とは米国ワシントン大学の心理学教授、リネハン（Linehan, M. M.）が開発した境界性パーソナリティ障害をはじめ、摂食障害、薬物依存など、感情調節不全（emotion dysregulation）の治療法として多くの科学的エビデンスによってその効果が高く評価されている、行動－認知療法を基調にした包括的心理社会的治療・支援法である。元来、自殺予防センターにおいての臨床実践研究で、自殺未遂者の自傷、自殺行為、そして入院の頻度が、従来の治療法と比べて有意に減少したという無作為抽出による比較検査の報告で注目をされるようになったが、その被験者のほとんどが境界性パーソナリティ障害の診断を受けていたことから、境界性パーソナリティ障害の治療法として注目されるようになった。その成果は1993年にその教科書とスキル訓練マニュアルとして発表された[i,ii]。そして2015年には大幅に内容を拡充したスキル訓練マニュアルの第二版が出版され[iii]、20数年間の臨床と研究で蓄積されたノウハウが組み込まれ、高く評価されている。

　本稿では包括的で複雑なDBTの概略を簡単に紹介する。まずは境界性パーソナリティ障害、そして広く感情調節不全の病因論であり、DBTの治療システムの理論的基礎と考えられる生物社会理論を説明する。次にDBTの治療実践は多くの戦略と呼ばれる治療上の工夫の組み合わせとして説明されているが、それらの中核をなすものとして、承認戦略、問題解決戦略について説明する。それらの戦略の実践は4つの必須と考えられる治療形態（個人療法、スキル訓練、電話コンサルテーション、そして治療チームのコンサルテーション・スーパービジョン）の機能について説明を加える。

1）DBTの概要

1●生物社会理論

　リネハンは境界性パーソナリティ障害の特徴を感情調節不全と捉え、その原因を理解するために生物社会理論を展開している。生物学的に感情反応をしやすい

傾向のある個人が、社会的環境から非承認される経験を繰り返すことで、すべてとまでいかなくとも、多くの感情の調節が困難（広範的感情調節困難）になってしまうという考え方である。

　遺伝やトラウマなどによって引き起こされると考えられる感情調節の生物学的困難は、刺激に対しての過度の敏感さ（感情反応の頻度）、感情的に反応した際の反応の度合いの強さ（強度）、そして感情反応が収束するまでにかかる時間の長さ（持続度）として操作的に定義される。強い感情反応は、本人にとって苦痛な体験になる。苦痛な感情反応に対して、感情失禁、怒りの爆発、自傷、引きこもりなどさまざまな対処策をとるが、それに対して他者、特に親などのケアをするものから、「非承認」、すなわち「そのような反応は理にかなっていない、理解、受容できないというメッセージ」が返ってくることが多い。そのようなメッセージは、感情的に傷つきやすい者にとっては、なお一層苦痛を伴う感情反応を起こす刺激となる。

　そのような相互関係を繰り返すことにより、患者自身が周囲の非承認的反応を内在化し、自分を非承認するようになり、なおいっそう、感情的傷つきやすさが強化される。そのために、そのような感情反応性を持たずに理解しにくい立場にいる治療者や家族は、患者の感情的反応性に当惑し圧倒されることが多く、患者自身も自分の感情反応性に圧倒されるだけでなく、他者からの「理解できない」という反応も圧倒的な辛さを伴う感情反応をさらに強めてしまう、というものである。

2●承認戦略

　生物社会理論から、治療者のとるべきアプローチは非承認に相対する承認だと考えられる。リネハンは承認を「セラピストが患者に対して、患者の反応は現在の生活の状況において当然のことであり、理解可能なものだと伝えることである」と定義している。

　また、リネハンはロジャース（Rogers, C.）の「相手の内的準拠枠を正確に、そして感情的部分も含蓄される意味も、あたかも相手であるかのように、しかしこのあたかもという条件を失わずに認識すること」（筆者訳）という共感の定義を引用して、承認と共感の違いを論じている。そのように定義された共感に対して、承認は相手を観て相手から聴いたこと、そして相手の反応と行動のパターンには本質的に妥当性を持っていることを言葉または反応で伝えることである。患者の内

的準拠枠を「あたかも」ではなく、相手が実際に体験していることを真に理解し、そしてそこから初めて、セラピストは先入観を捨てた観察者としてその体験の妥当性、正当性、有効性を査定し始める。そして相手の反応が、相手の最終的な目的に進むために効果的である可能性があることを、事実に即して、または推論、または専門性を通して査定して、妥当性があると伝えることが承認である。精神療法における承認はセラピストの患者との交流の中で、その時その時で共感を実行する能力が前提となる。従って、「臨床的承認のために共感は必要であるが、それだけでは十分ではない」と主張している。

　共感と承認のこのような違いについて例を挙げてみよう。遷延性うつ病の患者が、治療者に自分の情けない状態と感情的苦しさを訴え、「今日も治療に来るのを何度やめようかと思うほど、やる気が出ないだめな自分」だと自責的に訴えるのに対しての共感的対応は、患者の困難な状態、感情、やる気のなさを受容的に言語化することではないかと思われる。それに対して、共感的側面に加えて、それほどやる気が出ない中で、どのような気持ち、考え、そして行為の経過を通して治療の場にたどり着いたかについても仔細に聴き、患者なりに症状が改善する方向に向けて努力していることを、事実に即して伝えることが承認と言えよう。

3●問題解決戦略

　治療者の提供する承認は感情調節が困難な状態の緩和に役に立つが、それだけでは、社会生活の中で暴露される非承認的体験に対する強烈な感情反応を緩和することが困難な場合が多い。感情調節不全の問題を解決する工夫が必要である。そのために、4つの治療形態を組み合わせて支援を行う。

①感情調節のスキルを学び能力を高めるための、毎週2～3時間のスキル訓練グループ
②DBTセラピストによる、毎週1時間の個人療法
③24時間対応の、スキルの汎化のための電話コンサルテーション
④治療チームによる、ケースマネジメント（治療連携と、このケースのための治療内容改善）のための週1～3時間の治療チーム・ミーティング。ここでも、チーム構成員が互いに承認しあうことを重視する

　当初、実証研究で治療効果が認められたのは、これらの4つの治療形態を約1年

間継続するプログラムであったため、この4つの治療形態をDBTと呼ぶためには必須のものと考えられていた。その後の研究によって、これら治療形態の部分的施行でも効果が見られるとの研究結果も出始めている[iii]。

4 ● DBTスキル訓練グループ

スキル訓練グループは24週のマニュアル化されたプログラムで、マニュアルの内容を重視しながら、同時に参加者のニーズに対応すべくDBTの原理原則に従って実施される。プログラムは感情調節スキル、対人関係スキル、そして辛さに耐えるスキルの3つの、各8週のモジュールで構成される。各モジュールの最初の2週でマインドフルネス・スキルが扱われ、マインドフルネス・スキルがそれぞれのモジュールで扱われるスキルに編みこまれるように構成されている。

感情調節スキルでは、自分の感情の理解と感情との付き合い方を学ぶ。対人関係スキルでは、対人関係における非承認的体験と自己非承認の活性化が感情調節困難に契機になることが多いことから、効果的な対人関係スキルを学ぶ。そして辛さに耐えるスキルでは、感情的な辛さのために衝動的に行動してしまい、周囲からの非承認そして自己非承認を強めてしまうことによる悪循環を避けるためにも、感情的な辛さに耐えて、ほかのスキルを活用できるようになるための工夫を学ぶ。

5 ● DBT個人心理療法

スキル訓練グループと並行して、ふつうはスキル訓練と別のセラピストによって行われるDBT個人療法では、特に初期の段階では、患者の感情の波に影響され、スキル訓練に抵抗を示したり、衝動的行動に走りやすい患者に対して、承認的にかかわりながら、行動連鎖分析（行動療法の応用行動分析をこの患者層のニーズに合わせて工夫された戦略─技法）を活用して、患者の感情調節の支援を行っていく。患者の感情調節がある程度安定してくると、DBTの第二段階としての患者のトラウマの治療、そして第三段階としての、日常生活の生活しにくさの改善の支援も個人療法での治療目標となる。

6 ● 電話コンサルテーション

学習した感情調節のスキルは、治療内だけでなく、実生活の中で感情調節が困難になり、生活を脅かすような衝動的行動をとりそうになった時に活用できるよ

うに、学習汎化させる必要がある。そのために、衝動的行動をとってしまう前に電話で治療者と相談をして急場を凌ぐための電話コンサルテーションである。それを通して、危機を乗り越える経験は、自己効能感の向上にも役に立つ。

2) DBTの進化

　DBTは1993年に出版されたテキストとマニュアルに沿って実践、そして研究が重ねられてきた（日本語訳は2007年）。第一版出版の22年後の2015年に、大幅に内容を増幅させた第二版が出版された。基本的理論、治療形態、そしてスキル訓練の大枠は維持されているが、22年の臨床実践を通して得た知識が豊かに反映されている。マニュアルの第二版を活用して行われるDBTスキル訓練とそれに対応する個人療法、電話コンサルテーションのレベルアップで、DBTの効果がさらに向上するかどうか、今後の研究報告が楽しみである。
　さらに第一版では4つの治療形態を包括的に実施しない場合、それを弁証法的行動療法と呼ぶことに倫理的問題があるとの指摘もあり、このような包括的な治療システムを日本で実践することは、日本の臨床の現状とは合わないために、DBTの普及が日本では立ち遅れていたのではないかと思われる。第二版で報告されている部分的施行に関するデータからも、部分的施行の効果も認められ始めているので、日本の臨床でも利用価値が増える可能性が期待される。　　　　（遊佐安一郎）

参考文献
i 　Linehan, M. M. (1993) *Cognitive-Behavioral Treatment of Borderline Personality Disorder.* New York: Guilford Press.（大野裕（監訳）(2007a)『境界性パーソナリティの弁証法的行動療法──DBTによるBPDの治療』誠信書房）.
ii 　Linehan, M. M. (1993) *Skills Training Manual for Treating Borderline Personality Disorder.* New York: Guilford Press.（小野和哉（監訳）(2007b)『弁証法的行動療法実践マニュアル──境界性パーソナリティ障害への新しいアプローチ』金剛出版）.
iii 　Linehan, M. M. (2015) *DBT Skills Training Manual, Second Edition.* New York: Guilford Press.
iv 　Linehan, M. M. (1997) Validation in Psychotherapy. in Bohart, A. C. and Greenberg, L. S. (eds) (1997) *Empathy Reconsidered: New Directions in Psychotherapy* (pp. 353-392). Washington, DC: American Psychological Association.
v 　Dimeff, L. A. and Koerner, K. (2007) *Dialectical Behavior Therapy in Clinical Practice: Applications Across Disorders and Settings.* New York: Guilford Press.（遊佐安一郎（訳）(2014)『弁証法的行動療法(DBT)の上手な使い方』星和書店）.

5 家族介入、家族援助

はじめに

　パーソナリティ障害（Personality Disorders）を対象とした治療において、家族の支援を行うことや、家族を治療に関わらせることの重要性が認識されるようになったのは、とりわけ欧米においては比較的最近のことである。またパーソナリティ障害を対象とした家族介入研究の大半は境界性パーソナリティ障害（Borderline Personality Disorder: BPD）を対象としたものであり、BPD以外のパーソナリティ障害を対象とした研究は質量ともにきわめて乏しい（Fruzzetti, Gunderson and Hoffman, 2014）。従って、本稿では特に断りのないかぎり、BPDを対象とした家族支援や家族介入の方法について論じることにする。

　BPDに対する家族介入の試みは、精神分析的志向性を持った家族療法家によって1970年代に開始された。しかしBPDが問題のある子育ての結果生じるという仮説に基づいてなされたそれらの試みが惨憺たる失敗に終わったこと、BPDは親が与えた心的外傷や虐待の直接的帰結として生じるという仮説が1980年代に提唱され広く支持を集めたこともあり、1990年代半ばに至るまで家族介入の試みが欧米においてなされることは、実質的にはほとんどなかった（Gunderson, 2001）。

　上記のような仮説が信奉され、欧米においてはBPDに対する家族介入技法の開発が長らく停滞していた1980年代にあって、現在行われている技法に直接つながるような方法をいち早く提唱したのは下坂幸三である（下坂, 1988, 1991）。「常識的家族面接」と名付けられたその治療法の中で、下坂は治療者が家族の苦衷を充分に汲み、それを和らげるような援助を行うこと、家族の顕在的および潜在的な保護機能を引き出し、家族が共同治療者としての役割を果たせるよう、心理教育や家族面接を活用することの重要性を主張した。

　BPDの発症に関する生物心理社会的モデルが台頭するのに伴い、欧米においても1990年代半ばからこの障害が発症したのは家族のせいとは言えないこと、家族はこうした患者に特徴的な対人関係上の問題に巻き込まれている可能性があること、したがって適切な家族支援を行うことにより治療の重要な協力者となる可能性がある

ことが、少しずつ認識されるようになった (Bailey and Grenyer, 2013; Gunderson, 2014)。

本稿ではそのような発想に基づき比較的最近になって開発された、家族に対する心理教育プログラムを取り上げ、それらの概略について説明する（ちなみに、いわゆる「家族療法」については、対象とされる患者や家族がきわめて限られることもあり、あえて本稿では取り上げない）。さらに、そうした試みによっては十分に対応することの難しい、BPD患者の心理社会的能力を向上させるために開発された治療技法として、筆者自身の家族面接法について紹介する。

1) 家族に対する心理教育プログラム

当初統合失調症を対象として開発された家族に対する心理教育プログラムは、その後うつ病など他の障害に対しても適用され、これらの疾患の再発率を引き下げ、転帰を改善する上で有効であることが実証された (Fruzzetti, Gunderson and Hoffman, 2014)。適用範囲が拡大されるのに伴い、次第に家族に対する心理教育の内容は、疾患に関する知識を伝達するだけでなく、再発を防止し回復を促すために家族が果たすべき役割に関する指導、あるいはそのために家族が身につけるべき技能に関する教育や訓練が含まれるようになった。

BPDを対象とした心理教育プログラムもまたこの流れに沿ったものであり、多くの場合には以下の4つの要素から構成される。第一に、この障害の診断、経過、病因、治療などに関する解説を講義形式で行う「教育」(education)。第二に、弁証法的行動療法 (Dialectical Behavior Therapy: DBT) で用いられる技法などを援用してなされる「技能訓練」(skills training)。第三に、孤立しがちな家族が他の家族や専門家と結びつくことを通して互いに支え合うことを目指す「社会的支援」(social support)。そして第四に、家族の対応をより効果的なものとするために、学習した知識や技能を自宅で応用する方法を学ぶ「問題解決」(problem solving) である。

以下に、現在提唱されている代表的な心理教育プログラムを取り上げる。これらのプログラムのすべてに通底する基本的な考え方は、BPDにみられる行動の一部に対して家族が中立的な態度で対応するための知識や技能を身につけることにより、悪い状況をより悪化させるのを防ぐというものである。

a：複数家族を対象とした家族療法グループ

ガンダーソン (Gunderson, J. G.) らが提唱しているBPDに対する心理教育的家族

療法グループプログラムは、「ジョイニング」、「心理教育ワークショップ」、そして「複数家族グループミーティング」という3つの段階からなる (Gunderson, 2001)。
「ジョイニング」は個々の家族を対象として少なくとも4か月間行われる導入段階であり、その主な目標は家族との間に治療同盟を作り上げることにある。ここではBPDについて家族が適切に理解できるよう情報を提供すること、患者の病歴に関して家族から情報を得ること、家族の苦労に対して治療者が充分な共感を行うことが重視される。引き続きなされる「心理教育ワークショップ」は複数の家族を対象として半日行われるものであり、BPDの診断、経過、病因、治療等に関する講義がなされた後に、「BPDのメンバーと関わりを持つ際の家族指針」が提示され、それに基づいて討論を行う機会が設けられる。「複数家族グループミーティング」は問題解決技法を用いた1回90分の複数家族グループミーティングを、2週間ごとに約1年間継続するプログラムである。参加者は各々の家庭で生じた具体的な問題をミーティングに持ち寄り、それらの問題を解決する方法を他の家族のやり方を参照しつつ相互学習していくことになる。このプログラムに参加することにより、患者とのコミュニケーションは改善され、家族の負担感、苦悩、怒りや抑うつ感が和らぐことが知られている。

b：家族向けの弁証法的行動療法技能訓練グループ

DBTは患者個人を対象としたものであるが、DBTで用いられている技能を家族向けに改変したプログラムが、最近になっていくつか公にされている (Fruzzetti, 2014; Hoffman and Fruzzetti, 1999; Miller, Rathius and Linehan, 2006)。ここでは代表的なものとして、ホフマン (Hoffmann, P. D.) らが提唱している弁証法的行動療法家族技能訓練 (DBT-Family Skills Training: DBT-FST) を取り上げる。DBT-FSTはDBTを補足する形で行われる。DBTではBPDの病理が、情動的な脆弱性という素因と妥当性を認めない (invalidate) ——患者の気持ちや考えを伝えることが、不適切で極端な反応により応えられるような——環境の相互作用に起因すると考える。DBT-FSTは主に後者（環境）を修正することを目的としたものである。

これは患者を含む複数（通常6〜9の）家族に対して、半年にわたり毎週1回90分行われるグループセッションである。患者を含む家族メンバーは、これらのセッションを通してBPDの行動を判断や非難抜きで理解し、互いの妥当性を確認 (validate) するために必要な技能を学ぶ。また患者の家族はDBTの技能を学ぶことにより、彼等自身にもしばしば存在する情動調節と対人関係技能の不全に対処

することが容易になるとされる。

c：感情の予測と問題解決のためのシステム訓練

　ブルーム（Blum, N）らが提唱している感情の予測と問題解決のためのシステム訓練（Systems Training for Emotional Predictability and Problem Solving: STEPPS）は、通常の治療に付け加える形で行われるBPD患者のための認知療法的心理教育プログラムである（Blum, Pfohi, John, et al., 2002; Blum, Pfohi, et al., 2008）。STEPPSの特徴は患者のみならず、患者を取り巻くシステム──家族メンバーや治療に携わる専門家をはじめとした、患者と常に接触している人物──もまたこの訓練に関わるよう促されるという点にある。

　STEPPSは2つの段階からなる。毎週2時間20週行われる（通常患者6～10人からなる）基本的技能グループと、その後隔週2時間1年間行われる上級グループである。この治療では患者が認知行動療法的な技能訓練を受けるだけでなく、患者の家族や友人などもまたセッションに時折参加するよう促される。それを通して周囲の人々は治療を支え、患者が新たに獲得した技能を強化するための方法を学ぶことになる。STEPPSに参加することにより、患者の症状や問題行動の改善に加えて、わずかながら機能の全般的評定（GAF）尺度も改善されることが明らかになっている。

d：家族の絆（Family Connections: FC）

　FCはBPDのための全米教育連盟の後援のもとに、患者の家族に対して無料で提供される心理教育プログラムである（Hoffman, Fruzzetti, Beteau, et al., 2005）。FCのカリキュラムはDBTの方法や技能に基づいたものであり、基本的には訓練を受けた家族メンバーの指導の下に、複数の家族を対象として、1回2時間12週にわたり行われる。このプログラムが提供するのは、心理教育が持つ既述の4つの構成要素のすべてに及ぶ。すなわちBPDに関する最新情報について、あるいは診断や病因、治療などについての「教育」。DBTのさまざまな技能、あるいは家族関係を改善するための家族技能に関する「技能訓練」。家族メンバーに対して支援ネットワークを作り上げる機会を与える「社会的支援」。そして、ある家族で生じている問題に対して共同で解決を図る取り組みを行ったりする「問題解決」である。FCに参加することにより、家族が抱きがちな苦悩や抑うつ感、負担感は和らぎ、次第に自信や達成感が高まっていくことが知られている。

2) 患者の心理社会的能力向上のために──筆者の家族面接法

　これまでに述べたようなプログラムを通して得られる患者の症状や問題行動の改善、家族の負担の軽減や家庭内コミュニケーションの改善といった成果が、いずれも貴重なものであることは間違いない。しかし慢性的な経過を辿ると考えられていたBPDが、実際には症状面では予想外に変化しやすく、10年間で約9割の患者が寛解し再発率も低いこと、他方で他の主要な精神疾患に比べて社会的機能の不全がより重篤であること、この問題に対応する上でDBTをはじめとした従来の治療はほとんど役に立たないことが最近の研究で示されている以上、今後の治療が注力すべき問題は社会的能力の不全であることは明らかである（Gunderson, Stout, McGlashan, et al., 2011）。本節では家族の全面的な協力のもとに、患者の心理社会的能力を向上させる目的で行われる治療アプローチとして、筆者自身の家族面接法を紹介する（黒田, 2014）。

　これは以下に述べるようなBPDの病理に対応するための反復トレーニングの方法を、家族面接（患者を含む他の家族成員1人以上の同席面接）を利用して患者や家族に詳しく指導することにより、自宅を治療環境として作り替えていくことを目指すものである。このアプローチではBPDが示す心理社会的能力の不全が、以下のようなメカニズムで生じると考える。BPD患者が未知のものや不確実なものに対して感情的に混乱を来しやすいという特性（神経症傾向）を顕著に示すことは良く知られているが（Hirsh and Inzlicht, 2008）、コミュニケーション場面においてこれは「自他の気持ちや考えの違い（患者にとって未知で不確実なもの）が明らかになってしまう状況が生じるのを強く回避しようとする傾向」として顕在化する（コミュニケーションのつまずきに対する脆弱性）（黒田, 2014）。そこから彼らの社会的能力に対して深刻な影響を与える、以下の2つの問題が派生する。一つは彼らが社会に参加していく上で妨げとなるような、厄介な〈癖〉を身につけてしまうことであり、もう一つは彼らが社会に参加していく上で不可欠な能力を習得し損ねてしまうことである。

　例えばこうした患者は、自他の違いが明らかになってしまう状況を回避してしまうため、言葉の意味把握や立ち居振る舞いにまで至る、自分が身につけてしまった奇妙な〈癖〉を、他人とのコミュニケーションを通して修正し続けることができない。これは患者がしばしば通常とは異なる奇妙な意味把握の仕方を示すことに直結し、他人とのコミュニケーションを阻害することになる。また人からものを教えられる状況（＝自分がものを知らなかったり、間違ったりしているのが明らかに

なる状況）が生じることに伴う苦痛に耐えられないため、人からものを学ぶ能力自体が阻害される。これは患者が仕事を継続することに対して、しばしば致命的と言って良いほどマイナスの影響を与えることになる。

　筆者の治療アプローチでは、症状や問題行動に直接対応していくというよりも、むしろ上記のような社会的機能の不全を補うための反復トレーニングを、家族の協力のもとに行うことに力を注ぐ。そうした訓練を行うことにより、症状や問題行動が生じる回数も、治療において問題とされる度合いも「なんとなく」自然に減っていくことになる。　　　　　　　　　　　　　　　　　　　（黒田章史）

参考文献

黒田章史（2014）『治療者と家族のための境界性パーソナリティ障害治療ガイド』岩崎学術出版.
下坂幸三（1988）「神経性無食欲症に対する常識的な家族療法」，下坂幸三・秋谷たつ子（編）『摂食障害（家族療法ケース研究1）』pp. 9-32. 金剛出版.
下坂幸三（1991）「常識的家族療法」『精神神経学雑誌』93（9），pp. 751-758.
Bailey, R. C. and Grenyer, B. F. (2013) Burden and support needs of carers of persons with borderline personality disorder: a systematic review. *Harvard Review of Psychiatry*, 21 (5), pp. 248-258.
Blum, N., Pfohl, B., John, D. S., et al. (2002) STEPPS: a cognitive-behavioral systems-based group treatment for outpatients with borderline personality disorder--a preliminary report. *Comprehensive Psychiatry*, 43(4), pp. 301-310.
Blum, N., St. John, D., Pfohl, B., et al. (2008) Systems Training for Emotional Predictability and Problem Solving (STEPPS) for outpatients with borderline personality disorder: a randomized controlled trial and 1-year follow-up. *The American Journal of Psychiatry*, 165, pp. 468-478.
Fruzzetti, A. E., Gunderson, J. G. and Hoffman, P. D. (2014) Psychoeducation. In Oldham, J. M., Skodol, A. E. and Bender DS (eds) *Textbook of Personality Disorders*, 2nd ed (pp. 303-320). Washington, DC: American Psychiatric Publishing.
Fruzzetti, A. E. (2006) *The High Conflict Couple: A Dialectical Behavior Therapy Guide to Finding Peace, Intimacy, and Validation*. Oakland: New Harbinger Publications.
Gunderson, J. G. (2001) *Borderline Personality Disorder: A Clinical Guide*. Washington, DC: American Psychiatric Publishing. (黒田章史（訳）(2006)『境界性パーソナリティ障害 クリニカル・ガイド』金剛出版).
Gunderson, J. G., Stout, R. L., McGlashan, T. H., et al. (2011) Ten-Year Course of Borderline Personality Disorder: Psychopathology and Function From the Collaborative Longitudinal Personality Disorders Study. *Archives of General Psychiatry*, 68(8), pp. 827–837.
Gunderson, J. G. (2014) *Handbook of Good Psychiatric Management for Borderline Personality Disorder* (with Paul Links). Washington, DC: American Psychiatric Publishing.
Hirsh, J. B. and Inzlicht, M. (2008) The devil you know: Neuroticism predicts neural response to uncertainty. *Psychological Science*, 19(10), pp. 962-967.
Hoffman, P. D., Fruzzetti, A. E., and Swenson, C. R. (1999) Dialectical behavior therapy--family skills training. *Family Process*, 38(4), pp. 399-414.
Hoffman, P. D., Fruzzetti, A. E., Buteau, E., et al. (2005) Family Connections: A Program for Relatives of Persons With Borderline Personality Disorder. *Family Process*, 44, pp. 217–225.
Miller, A. L., Rathus, J. H. and Linehan M. M. (2006) *Dialectical Behavior Therapy with Suicidal Adolescents*. New York: Guilford Press.

6 物質使用障害とパーソナリティ障害

はじめに

　物質使用障害とパーソナリティ障害とは密接な関連がある。くわしくは後述するが、物質使用障害に罹患していることは暴力や自傷・自殺の危険因子であり、こうした行動特性は、反社会性パーソナリティや境界性パーソナリティ障害を抱えている者と多くの点で共通する。実際、これらのパーソナリティ障害には物質使用障害が併存することは少なくない。

　しかしだからといって、物質使用障害に罹患する者をすべからくパーソナリティ障害と決めつけるべきではない。なるほど、物質乱用者のなかには、物質乱用を開始する以前——それこそ児童期・青年期より非行や社会逸脱的行動を繰り返してきた者がいる一方で、多数の逮捕歴・受刑歴があっても、実はその大半が覚せい剤取締法違反であり、犯罪の原因が薬物依存に罹患していることそのものにあるという者もいる。また、傷害や暴行といった薬物に関連しない犯罪歴を持つ者でも、物質による酩酊状態が攻撃性・衝動性を一時的に高めただけという場合もある。

　その意味で、森田（Morita, N.）らが、物質使用障害と関連する暴力行動を、物質の薬理作用の影響が大きい「症候性精神病質による薬物優位型暴力」と、基底に存在するパーソナリティ特性の影響が多い「本態性精神病質による人格優位型暴力」とに分類したのは、きわめて妥当なことである。さらにいえば、「本態性精神病質による人格優位型暴力」においても、乱用物質の薬理学的影響がもともと存在するパーソナリティ障害の行動特性を修飾・増幅している場合もある。むしろパーソナリティ障害の臨床では、問題行動を減らすにあたって、「何が変えられる部分であって、何が変えられない部分なのか」を整理し、手のつけやすい問題を同定することが重要である。

　そこで本稿では、物質使用がパーソナリティ障害の特徴をどのように増幅する可能性があることの根拠を整理するとともに、パーソナリティの偏りを持つ者——とりわけ境界性パーソナリティ障害を抱える者——にとって物質使用が臨床上い

かなる意味を持っているのかを検討したい。

1）物質使用が破壊的行動に与える影響

1●他害的暴力

　すでにのべたように、物質使用障害と暴力犯罪との密接な関連を指摘する研究は、枚挙にいとまがない。ジョーンズ（Johns, A.）は、メタ分析によって、傷害および殺人事件の40〜60％、強姦事件の30〜70％、DV（Domestic Violence）事件の40〜80％にアルコールが関与していることを明らかにしている。またウォーラス（Wallace, C.）らは、全米における大規模疫学調査データの解析から、物質使用障害の存在は、男性の全犯罪のリスクを7.1倍、暴力犯罪のリスクを9.5倍、殺人をおかすリスクを5.8倍にまで高め、女性では、全犯罪のリスクを35.8倍、暴力犯罪のリスクを55.7倍にまで高めると推定している。

　このように物質使用が暴力犯罪のリスクを高める背景には、物質自体が持つ薬理作用の影響が無視できない。その傍証となる興味深い実験がある。チェルマクとジアンコーラ（Chermack, S. T. and Giancola, P. R.）は、2人の被験者にコンピューターに設定された光刺激に対する反応時間を競わせ、勝者は敗者に対して電気ショックを与えるという実験を行った。その結果、アルコールを与えられた者は、対照群に比べて攻撃的になり、その程度はアルコール摂取量に比例した。このことは、アルコール摂取が攻撃性や衝動性を亢進させることを示している。

　またジョセフスとスティール（Josephs, R. A. and Steele, C. M.）は、アルコール酩酊時の「アルコール近視」ともいうべき意識状態に言及している。これは、飲酒酩酊下では意識の中心にある刺激に注意を奪われる一方で、意識の周縁的な刺激に対する関心が低下してしまう現象を指している。このような一種の心理的視野狭窄のために、アルコール酩酊者は、熟慮を欠いた衝動的な行動をとりやすい。

2●自己破壊的行動

　デ・レオとエヴァンス（De Leo D. and Evans, R.）は、物質使用障害が自殺行動を促進することを指摘しており、その理由を以下の3つに整理している。第一に、物質乱用が併存する精神障害の症状を悪化させたり、二次的にうつ状態の誘発を招いたりするためである。第二に、度重なる酩酊による失職によってその人の経済的状況が悪化し、さらに、服役や社会的孤立によって心理社会的状況が悪化する

ためである。そして最後に、物質自体の薬理作用が衝動性を亢進させ、酩酊による心理的視野狭窄を生じやすくして、自殺行動を促進することも指摘している。

自殺以外の意図による軽度の自傷行為も物質使用と密接な関連がある。実際、物質使用障害と自傷行為との密接な関連を指摘する研究は多く、なかでもウォルシュ（Walsh, B. W.）は、重篤な自傷患者の77％に吸入剤乱用、58％に大麻乱用、42％にLSD乱用が認められたと報告している[vii]。ガンダーソンとザナリーニ（Gunderson, J. G. and Zanarini, M. C.）は、こうした自傷行為と物質使用との併存は、両者に共通するパーソナリティ傾向を媒介したにすぎず、いずれも境界性パーソナリティ障害の一症候にすぎないと指摘している[viii]。

しかしその一方で、自傷行為と物質使用障害との関係は、特定のパーソナリティ傾向を介さない直接的なものであることを示唆する報告もある。例えば山口と松本は、一般の高校生を対象とした研究において、自傷経験の有無や自傷行為の程度・頻度は、飲酒・喫煙などの正常範囲内の物質使用と連続的な関係にあることを明らかにしている[ix]。また、アルコールやベンゾジアゼピンなどの物質による酩酊は、人為的な解離類似状態を惹起して衝動制御を困難とし、また疼痛閾値を上昇させることで、自傷行為の誘発や重症化をもたらすことを指摘する臨床家も少なくない。事実、リネハン（Linehan, M. M.）は、自傷患者の13.4％が自傷直前にアルコールを摂取していると報告している[x]。

2）物質使用障害の背後に存在するパーソナリティ障害

とはいえ、物質使用による影響だけでは説明のつかない自己破壊的行動を繰り返す一群の患者もいる。なかでも、精神科臨床や地域精神保健福祉的支援の現場では、そのようなパーソナリティ障害を抱える者に遭遇することはまれではない。

そうした特徴を持つ患者の多くが、境界性パーソナリティ障害を抱えている。境界性パーソナリティ障害はさまざまな精神障害に併存し、物質使用障害に併存した場合には、物質の薬理学的影響によりいっそう衝動性を高める。しかし同時に、境界性パーソナリティ障害が持つ自己破壊的行動の一環として物質乱用を呈することも少なくない。事実、DSM-5の診断基準にも、「自己を傷つける可能性のある衝動性で少なくとも2つの領域にわたるもの」という自己破壊的傾向の例示として物質乱用むちゃ食いがあげられており、物質使用障害を併存する境界性パーソナリティ障害患者の多くは、摂食障害と診断できる水準の食行動異常（不食や過

食・嘔吐）も認められる。

1●多衝動性過食症という臨床概念

物質使用障害の臨床では、アルコールや薬物の乱用を主訴として受診するものの、治療にあたっては、その背景に境界性パーソナリティ障害の存在を考慮すべき病態の患者がいる。そうした患者には、いくつかの特徴がある。比較的若年の女性が多く、摂食障害や自傷行為・自殺企図の挿話を持つ者が多い。逆にいえば、若い女性の物質使用障害患者で食行動異常や自傷行為の挿話がある者と遭遇した場合には、境界性パーソナリティ障害の併存を想定した治療方針を検討する必要がある。

このような臨床的特徴を持つ一群の患者は、かつて摂食障害を専門とする精神科医のあいだでは、「多衝動性過食症」[xi]（multi-impulsive bulimia）と呼ばれてきた。その特徴は、摂食障害に加えて、物質使用障害、あるいは自傷行為や反復性の自殺企図が見られ、その他にも、性的逸脱行動や買い物依存、あるいは窃盗癖、爆発性暴力といった、多岐にわたる衝動的行動を伴っている点にある。

多衝動性過食症に見られる摂食障害の病型としては、神経性無食欲症よりも神経性大食症が多く、その病態自体は必ずしも重篤ではない。しかし、併存するさまざまな問題行動のせいで治療は困難をきわめ、全体としての社会的適応も不良である。しかも、さまざまな衝動的行動には相互変換性（interchangeability）ともいうべき特徴があり、摂食障害が改善したかと思うと、物質乱用が問題化し、それがおさまると今度は自傷行為を繰り返す……と、あたかも「モグラ叩き」のような症候の変遷が見られることが多い。

2●多衝動性過食症における物質使用障害の特徴

摂食障害と同じことは、物質使用障害についてもいえる。多衝動性過食症の特徴を持つ物質使用障害患者は、必ずしも物質使用様態や依存の程度が重篤とはいえない。顕著な耐性や離脱を認めなかったり、なかには典型的なコントロール喪失を呈さなかったりする。睡眠薬・抗不安薬乱用者の場合には、自殺目的による過量服薬と一見区別がつきにくい、挿話的な乱用を断続的に繰り返すことも少なくない。しかしその一方で、乱用物質はしばしば複数物質の同時乱用傾向（multi-substance abuse）を呈し、違法薬物をやめても、今度はアルコールや処方薬、市販薬の乱用に移行するなど、物質をさまざまに変遷させて乱用が継続する傾向（polysubstance abuse) がある。

　このような多衝動性過食症の病態を呈する物質使用障害患者の大半は、操作的な診断で境界性パーソナリティ障害の診断基準を満たす。その意味では、ガンダーソンとザナリーニが言う、「多衝動性過食症などという臨床単位は存在せず、多衝動性過食症に伴うさまざまな衝動行為は、いずれも境界性パーソナリティ障害の一症候でしかない」という指摘には、ある程度の妥当性がある。

　しかしその一方で、彼らの多物質乱用傾向を単に「高度な衝動性」にもとづく「自己破壊的」な行動として一括するだけでは、患者に「理解してもらえた」という感覚を持たせることができず、治療関係の構築に支障を来す。それだけでなく、治療を失敗に終わらせる可能性もないとはいえない。というのも、くわしくは次節で述べるが、こうした患者は必ずしも単なる自己破壊性だけから、それこそ「手当たり次第」に物質を乱用しているわけではなく、彼らなりの理由があることが少なくないからである。

3) 境界性パーソナリティ障害を伴う物質使用障害の治療

1●不適切な『自己治療』としての物質使用

　意外に思うかもしれないが、多物質を乱用する多衝動性過食症患者はさまざまな意図から巧みに物質を使い分けていることが多い。例えば、やせ願望や肥満恐怖にもとづく体重コントロールの意図から、覚せい剤のような精神刺激薬や、塩酸メチルエフェドリンや無水カフェインを含有する市販薬を大量に用いて食欲を抑制し、大量のアルコール飲料を飲むことで自己誘発嘔吐をしやすくしていたり、睡眠薬を過量摂取することで昏睡的な眠りによって、深夜の過食発作を回避しようと試みている場合がある。

　また、この一群の患者の多くが、境界性パーソナリティ障害の中核症状である感情調節の障害――「ささいな刺激で怒りの感情が爆発し、いったん爆発するとそれがなかなか鎮まらず、せっかく鎮まっても、次は以前よりもささいな刺激で感情の爆発が生じてしまう」――を抱えている。このため、日々の生活において感情はまるでジェットコースターに乗っているかのように激しく、そしてめまぐるしく揺れ動いている。患者のなかには、例えば怒りを鎮めるために大量のアルコールや抗不安薬・睡眠薬を使用し、感情の鬱積により生じた抑うつ気分を改善するために、覚せい剤やその他の精神刺激薬を用いる者がいる。あるいは、外傷記

憶のフラッシュバックがもたらす恐怖から気持ちを逸らし、感情麻痺や解離、あるいは、パニック状態や突発的な自殺行動を回避するために、アルコールや睡眠薬・抗不安薬を用いている者もいる。

　要するに、この一群の患者に見られる物質使用には、困難や状況や感情的苦痛を「生き延びる」のに役立つ「自己治療」[xii]としての意義があり、おそらく短期的にはメリットがある。しかし長期的には、精神刺激薬の常用は効果が切れた後の虚脱感や抑うつ気分を悪化させ、アルコールや睡眠薬・抗不安薬の乱用は衝動性・易解離性を高めて、自殺行動を誘発してしまう。その意味では、物質使用障害の治療は最優先事項の一つである。

2●物質使用障害が併存する境界性パーソナリティ障害の治療方針

　とはいえ、境界性パーソナリティ障害を伴う物質使用障害患者に対して、「断酒・断薬」を治療目標とする従来型の物質使用障害治療プログラムを押しつければ、容易に治療から脱落してしまうであろう。性的な外傷体験を抱える者の場合には、男女混合の集団療法がフラッシュバックを刺激し、物質使用の再発を誘発してしまったり、外傷体験の反復強迫のようなかたちで性的な行動化を引き起こし、回復のプロセスからの脱落を招いたりする危険性もある。

　したがって、治療者としては、治療の場を安全に保つ工夫に努力を傾注しつつ、当面は治療関係の継続を第一の目標に据えた関わりをしていくことになろう。そのなかで、感情調節能力を高めるスキルトレーニングをしながら、物質使用の短期的なメリットと長期的なデメリットについて話し合いながら、「断酒・断薬」を治療目標とする従来型の物質使用障害治療プログラムに参加できるタイミングをうかがうことになる。

　なお、治療経過中、患者が一気に断薬を決意することはまれで、たいていは、乱用対象となる薬物がさまざまに変遷していく。しかしよく見ると、少しずつ医学的にも社会的にも自分の人生に対するデメリットが少ない物質へと乱用物質が変化していく傾向があることに気づかされる。その意味では、それはそれで患者なりの損失回避（harm reduction）的な努力の現れといえるかもしれない。おそらくそのような観点も持ちながら、治療関係を長く継続させることが、将来、「多少ともマシな転帰」を得るうえで必要であろう。

4)おわりに

　境界性パーソナリティ障害の臨床において患者の物質使用に関心を持つことは、治療上のメリットがある。注意深い臨床家であれば気づいているはずだが、一般精神科医療機関を訪れる境界性パーソナリティ障害患者の多くが「クスリ」好きである。卑近な例をあげれば、彼らの多くが喫煙や飲酒の習慣を持っている。なかには、食事もろくにとらずにヘビースモーキングをし、やたらとコーラやコーヒーを日常的に大量摂取している者は珍しくなく、しばしばその背景には体重コントロールや感情調節などの意図がある。しかし、そうした物質の使用が感情を安定化させたり、衝動性を高めたりしていることもある。

　その意味で、本稿で述べたことは、物質使用障害の治療を専門としない一般の精神科医にとっても役立つことがあろう。　　　　　　　　　　　（松本俊彦）

参考文献
i　Morita, N., Satoh, S., Oda, S., et al. (1996) Relationship between solvent inhalation and antisocial behavior: Special emphasis on two types of violence seen in solvent abusers. *Psychiatry and Clinical Neurosciences*, 50(1), pp. 21-30.
ii　Johns, A. (1997) Substance misuse: A primary risk and a major problem of comorbidity. *International Review of Psychiatry*, 9(2-3).
iii　Wallace, C., Mullen, P., Burgess P., et al. (1998) Serious criminal offending and mental disorder. Case linkage study. *The British Journal of Psychiatry*, 172, pp. 477-484.
iv　Chermack, S. T. and Giancola, P. R. (1997) The relation between alcohol and aggression: An integrated biopsychosocial conceptualization. *Clinical Psychology Review*, 17(6), pp. 621-649.
v　Josephs, R. A. and Steele, C. M. (1990) The two faces of alcohol myopia: Attentional mediation of psychological stress. *Journal of Abnormal Psychology*, 99(2), pp. 115-126.
vi　De Leo, D., and Evans, R. (2004) The impact of substance abuse policies on suicide mortality. In International Suicide Rates and Prevention Strategies (pp. 101-112). Cambridge: Hogrefe & Huber Publishers.
vii　Gunderson, J. G. and Zanarini, M. C. (1987) Current overview of the borderline diagnosis. *The Journal of Clinical Psychiatry*, 48, Suppl: 5-14.
viii　Walsh, B. W. (2005) *Treating Self-injury*. New York: Guilford Press.（松本俊彦・山口亜希子・小林桜児（訳）(2007)『自傷行為治療ガイド』金剛出版）.
ix　山口亜希子・松本俊彦 (2005)「女子高校生における自傷行為――喫煙・飲酒、ピアス、過食傾向との関係」『精神医学』47(5), pp. 515-522.
x　Linehan, M. M. (1993) *Cognitive-behavioral treatment of borderline personality disorder*. New York: Guilford Press.
xi　Lacey, J. H., Evans, C. D. (1986) The impulvist: A multi-impulsive personality disorder. *British Journal of Addiction*, 81(5), pp. 641-649.
xii　Khantzian, E. J., Albanese, M. J. (2008) *Understanding Addiction as Self Medication: Finding Hope Behind the Pain*. Lanham: Rowman & Littlefield Publishers.

7　精神科訪問看護と子育て世帯への支援

はじめに

　パーソナリティ障害は多くの領域において問題となる精神疾患であるが、その対応が特に重視されるのが地域精神保健活動である。その主な理由は、パーソナリティ障害に由来する問題に地域の人々や家庭生活に強い影響を与える性質があるからであろう。本稿では、パーソナリティ障害の人が対象に多く含まれる、母子精神保健活動における経験を報告することにしたい。

　筆者らが運営に参画している多摩在宅支援センター円は、「精神科病院と地域をつなげる（医療と福祉をつなげる）」ことを目標に掲げて、東京都八王子市において2005年6月に発足したNPO法人である。次いで2005年9月、その一事業として「独立型精神科訪問看護ステーション円」が開設された。その後、3か所の訪問看護ステーションが増設されている。

　この訪問看護サービスの実践の中で筆者らは、全体の7割を占める統合失調症といった従来の利用者のほかに、それまでの精神科医療や精神障害者生活支援事業所で見られなかった利用者に出会うようになった。それは、パーソナリティ障害と診断されている母親とその子どもたちだった。その母親たちは、複雑な家族関係の中で生活しており、「育児放棄」、「虐待」といった問題を多く呈していた。さらにそのようなケースでは、子どもを対象として活動する関係機関との連携ができておらず、自分自身も十分なサポートを受けていないことがしばしばであった。

　筆者らは、このようなケースについて検討を重ねた結果、訪問看護という個別支援のみでなく、母親を対象とする育児支援のグループプログラムが必要と考えて、2008年から子育て中の母親グループMCG（Mother Child Group）事業を導入した。その後、その実績をもとに、2012年から立川市において多職種チームで支援を行うPCG（Parent Child Group）事業をスタートさせた。

　訪問看護による個別支援を受けながらPCGのグループワークに参加することで、回復していった事例を次に紹介する。

症例──Oさん（女性）

Oさんは、現在26歳（支援開始時22歳）となっている主婦である。家族は現在、夫と子ども2人。パーソナリティ障害（境界性のもの）の診断を受けている。

Oさんと児童相談所スタッフとの関わりが開始されたきっかけは、第1子を出産して3か月後、Oさんが育児困難の状態に陥り、それを見かねた両親が児童相談所・子ども家庭支援センターに連絡したことだった。スタッフが訪問すると、児が泣きっぱなしであるのに、本人のOさんは寝ていたという有様だった。

児童相談所のスタッフは、Oさんと夫を説得し、養育困難のケースとして子どもの一時保護の手続きを行った。Oさんはその後、「子供をきちんとみられなかった」と自責的になり、「死にたい」と訴えるようになった。そして夫に助けを求める電話を繰り返した後に、かつて処方された残薬を過量服薬して、救急病院での治療を受けた。この事件のために、子どもは乳児院で養育されることになった。

3か月後、子どもは保育園への入園を機に乳児院より自宅に戻されることになった。その後Oさんは、「時折リストカットしたくなる」と訴えていたが、自宅に子どもが帰ってから2か月後、「ストレスの限界を超えた」ということで、自宅で暴れて家具を壊す事件を起こした。しかしこの時も、地域の精神保健サービスを受け入れようとしなかった。さらに、自宅ベランダで飲酒・酩酊してボヤを出したため、1週間の精神科病院への入院となった。この前後にも実家の両親に対して暴力があり、両親との関係は疎遠なものとなっていた。

1●Oさんの生育史

Oさんは3歳まで祖母宅で育てられた後、両親と一緒に生活するようになったが、その中で母親の身体的虐待やネグレクトを受けるようになった。さらに、10代では学校でいじめに遭い、不登校となり、家では母親に暴力を振るうといった問題を起こしていた。その後、短期間のアルバイトをするなどして生活していた。18歳頃、情緒不安定・離人感を主訴として精神科クリニックにてカウンセリングを受けていた。

21歳での妊娠を機に結婚・出産した。既往に特別の疾患は報告されていない。

2●訪問看護の開始

子どもが1歳になる頃、ようやくOさんは、精神科クリニックでのカウンセリ

ングや訪問看護を受け入れることを決断した。彼女は、その援助によって「自分のことを整理したい」と述べていた。

訪問看護導入時のOさんは、話し方はぶっきらぼうだが、自分から話そう・自分でどうしたらよいかを考えようとする姿勢を見せていた。筆者らは傾聴に努めるという姿勢で関わった。それでもOさんは、訪問する看護師に警戒心を抱いていたようだ。彼女は、クリニックの担当医に「訪問看護は必要なときのみでいい。他はほっといてほしい」と述べていた。

3●訪問看護の関わりの進展

週1回（ただしOさんの希望で週1～2回訪問が追加されたことあり）の頻度で訪問を重ねるうちに、「つい子どもを叩いちゃう。そうすると自分を責めるようになる」といった子育ての悩みを打ち明けるようになった。それに対して看護師は、Oさんなりの対処方法を一緒に考えていくことを提案した。そこでは、Oさんの生活状況・考え方・感じ方を受け入れ、Oさんに寄り添うようにして、対処方法を一緒に練り上げてゆく作業が行われた。そこでの看護師は、Oさん自身が対処方法を考え、実行できるようになるように援助したいという姿勢で関わることを心がけた。

次に訪問看護導入2年後のエピソードを紹介する。それは、子への虐待のあった翌日にその体験を振り返るという場面である。

Oさんは、「子どもに『ママ、キライ！　あっち行って！』と言われて、「我慢できず、同じレベルで対応しちゃって」子どもを両手で繰り返し叩いた。子どもは泣きながら寝入った」と述べた。彼女は、「子どもが反抗すると対処法がわからない。子どもなんかキライだ！　可愛くない」と言う。さらに「保育園に休みの連絡を入れたら「お父さんは？」と訊かれた。私は信用されてないということなんだ。どうせダメなんだ」、「両親にしろ、友人にしろ、誰も理解してくれない。どうせ話をしても無駄」、「もともと自分に自信がない」、「人の目が気になる」と自己評価の低さ、対人関係での敏感さを訴えていた。

これに対して看護師は、Oさんが母親としての役割を果たしており、子が成長していることはOさんの功績であることを伝えた。Oさんはその評価に安心感を抱くことができたという。彼女は、その肯定的な評価を支えにして、見失った自分を取り戻そうとしているようだった。

4 ● 自分自身で振り返りを開始する

　このような介入を繰り返すうちに、Oさんは自己否定、両親との確執、薬の効果、イライラの原因、虐待したときの気持ちなどを言語化し、「夫や子とうまくやっていくため」の対処方法を考えることを始めるようになった。例えば、「（朝子どもがなかなか起きないことに）イライラしないように早めに起こす」ことで、自分の欲求不満を回避することができるようになった。訪問看護において本人の努力と子供の成長を確認する中で、Oさんには、「役に立つときもある」、「音楽好きみたい」と、子どもについての肯定的な評価が広がっていった。

　次第にOさんは、それまでの自分の失敗や暴れるといった行動を振り返ることができるようになった。さらに自分の行動が現実逃避ではなかったかと振り返り、その行動の子供への影響を認識する作業を進めるようになった。

　訪問看護3年目、彼女は第2子を出産した。2か月ほどして彼女は、育児疲れから2週間ほど乳児院に預けることを選択した。看護師には、慎重を期して子どもを預けることを決めたOさんに親としての責任感が備わってきたように感じられた。その後は、地域支援を受けながら、2児の子育てを継続しており、現在はPTA役員もこなしている。

5 ● PCGに参加する

　訪問看護が開始されて3年が経過すると、Oさんは看護師と共にPCGに参加するようになった。そこでの彼女は、「他の人はどうなの？」と、他の母親の工夫や努力に関心を示していた。すると他のメンバーからOさん自身の経験に興味を持たれるということがあり、それが彼女の自己評価を高めたようだった。さらにそれは、自分自身の行動とその子どもへの影響を振り返ることを促す結果となった。このようなPCGでの体験の意味は、訪問看護の個別支援の中で繰り返し確認が行われた。

　Oさんは、このように同じ課題を抱える母親たちと相互に学び合うことによって、母親としての自信をつけていった。担当医はこのようなOさんを「地域支援が開始されてから、人格面での成長がみられる。不満や不安の訴えは多いが、高い学習能力によって、問題点を把握し、それへの対策を進めている。易怒性もコントロールされつつある」と評価している。

6 ● 考察

　訪問看護は、生活の現場にスタッフが入って生活に密着した問題を扱う活動であり、地域精神保健活動の有力な手段の一つである。その課題は、第一に専門技能を活かして患者をサポートすることであり、第二に必要な社会資源、医療資源を導入すること、第三に関わるさまざまな専門性や役割を持つスタッフがチームとして力を発揮するように（ケース会議を開くなどして）援助活動を管理することである。

　パーソナリティ障害（特に境界性パーソナリティ障害）では、対人関係の歪みが固定化していることが多く、極端な認知（二極思考）、自己評価の低落や自暴自棄の心境から、暴力や衝動行為などさまざまな問題が発生する。また、提示された症例でも示されているように、援助者との関係形成がスムーズに進まないことも稀でない。これには、地道な働きかけを重ねること、多方面からのアプローチを試みることが必要になる。

　パーソナリティ障害の人の訪問看護は、家族関係を扱うことになる可能性が高く、関与する専門スタッフが多くなりがちである。例えば、提示されたケースのような母子関係が問題になるならば、児童相談所、障害福祉課、担当医、ヘルパーといったスタッフの関与が必要になる。また、そこで見られるように、それぞれのアプローチが協調して利用者との信頼関係を作ってゆく作業が重視されるべきである。

　そこではさらに、さまざまな援助スタッフの間の情報共有や援助内容の調整が必要になる。実際には、利用者を取り巻く問題が複雑である、キーパーソンが不在である、地域の関係機関が関与していてもうまく管理、運営がなされていない、といった問題に見舞われていることが稀でない。援助者がチームとして機能するために役割分担やリーダーシップを確立するなどのチーム管理に配慮しなくてはならない。また、利用者の生活状況の変化が見られるときには、ケース会議を開いて、情報共有と方針策定を進めなくてはならない。

　チームによる援助の歯車がかみ合い始めると、利用者の安心感が強まり、衝動行為が防止されるようになる。同時に自分の行動を振り返り、そこから気づきを得ることができるようになる。そこではさらに、その体験の意味の確認が行われ、さらにこの状況を変えたいという回復への意志を高めていくことができる。

　本稿の症例では、グループワークによる育児援助活動も回復に寄与したと考えられる。

図II-7-1 母親モデル確立の過程

　これは、母親の育児支援や社会的孤立からの防止や家族の再統合を目指すものである。さらにこのような活動には、虐待にまつわる世代間連鎖や母親の病気再発、子どもの精神障害の早期発見に貢献することも期待できるだろう。

　ここではまた、精神疾患を抱えているという同じ立場の母親がグループミーティングに集い、回復意欲を支え合い、育児の悩みを共有できるということが母親たちの孤立感の緩和と精神的負担の軽減につながっている。

　図II-7-1に、訪問看護・個別支援や母親の育児支援のグループワークの中で見られた利用者の回復過程を示す。このような過程は、パーソナリティ障害の人々がさまざまな課題を克服する際にも観察されるものと考えられる。

（寺田悦子・小野加津子）

8　アメリカにおけるパーソナリティ障害の心理臨床の状況

はじめに──アメリカ文化と心理臨床

　国や文化を超えて、人に共通の心理や心理的健康もあれば、文化的影響を色濃く受ける部分もある。アメリカの心理学であれば、アメリカ文化という枠組みの中で理解されるべき側面があると言われている (Diener, 2009)。そうすると、アメリカの心理学に関する状況を知るためには、まずアメリカの文化や価値観を理解する必要があると考えられる。例えば、アメリカの個人主義がその一つとして挙げられる。個人主義は、個人を集団から自立した存在と捉え、個々のつながりは弱いという特徴がある。個人のニーズや権利、および個人的な目的に価値を置く。それに対し、集団主義の社会では、個々のつながりは強く、人は集団に属するものと捉える。そして、集団が掲げる目的が、個人の目的よりも重要視される特徴がある。アメリカやイギリスおよびドイツなどは個人主義的な社会であるとされ、日本やブラジル、またインドなどの国々は集団主義の特徴を有していると言われている (Triandis, 1995)。近年における欧米化により、日本もまた個人主義的になってきたとされるが、基盤にある主義は異なると考えられる。

　筆者は日本の高校を卒業後、1999年にアメリカの大学へ入学した。そこで心理学を専攻し、カリフォルニアにある大学院へ進学し、家族療法 (Marriage and Family Therapy) を学んだ。修士課程を修了後、カリフォルニア家族療法協会 (California Association of Marriage and Family Therapy) で定められている通り、インターンとして2年間、大学院附属心理・家族カウンセリングセンターと地域密着のカウンセリングセンターで、臨床経験を積んだ。個人・カップル・家族カウンセリング、またグループカウンセリングなどを含む3,000時間の臨床経験を積んだのち、カリフォルニア州家族療法士の免許を取得。その後も2年ほど有資格家族療法家 (Licensed Marriage and Family Therapist) として勤務した後、10年のアメリカ生活を終えて、日本へ帰国した。2009年5月より、精神科クリニックで心理士として働き、2012年に臨床心理士の資格を取得。同クリニックでの勤務を継続しながら、スクールカウンセラー、また電話カウンセラーなどの経験を積んできた。本稿で

筆者は、わが国とアメリカにおける上記のような心理臨床の経験に基づいて、アメリカにおけるパーソナリティ障害を対象とする心理臨床の発展過程や現在の状況について報告することにしたい。

1) アメリカの個人主義と心理臨床の発展

アメリカの個人主義に影響を与えた人物の一人として、17世紀に活躍したイギリスの哲学者ロック（Locke, J）が挙げられる（Bellah, et al., 1985）。当時広く支持されていたデカルト（Descartes, R）の生得論に対し、ロックは経験や教育が重要であるとした。また、人はその人の利益のために社会と関わるという、功利主義を主張した。人は共通の倫理観を持っているものであるというデカルト的な思想から、個々が何を感じるかという、個人に焦点を当てる思想へシフトしていったと考えられる。このように、日本とは異なる歴史の流れの中で、さまざまな哲学者や先人の思想により、現在のアメリカ文化が創られてきたのである。

では、アメリカの個人主義的な価値観は、特に心理学にどのような影響を与えてきたのか。前述したように、個人主義の社会では、個々の考えや気持ちが尊重されるということが前提とされる。社会科学者であるヴェロフ、ドゥヴァン、カルカ（Veroff, J., Douvan, E. and Kulka, R.）らは1957年から1976年頃に、アメリカ社会において「心理的革命」が起きたとしている（Bellah, et al., 1987）。これは、倫理観や社会的規範に比重を置いていた社会から、「心理的革命」を経て、自分の気持ちや気分などの心理的側面や、個を前提とした対人関係を重要視するようになったということである。他者とのつながりの中で、集団に対して責任が所在し、そこで人々は支えあい葛藤も抱く、というよりも、まず自分が何者であるか、自分探しができたかどうか、また自分が掲げたゴールに近づいているか、自分が相手をどう思うかというような、主観的で内面的なことが重要な課題と捉える社会になったのである（Bellah, et al., 1987）。

そのような社会であるから、カウンセラーやセラピストと呼ばれる心理専門家が、重要な役割を果たすとも考えられる。Bellahら（1985）は、集団への帰属意識が極端に薄い社会生活で、人は健康的に生きられるのかを疑問視している。つまり、家族や友人との交わりや、伝統から切り離された、個々のストーリーがそれぞれに進んでいく場合、人には心理的不安定さや孤立が生じるのではないかということである。それをサポートするのがカウンセラーやセラピストの存在だとも考え

られる。かつては伝統を共有する他者や同じ居住空間にいた近所同士のつながりがアメリカにも存在し、そのようなコミュニティは心理面においても役割も担っていた。しかし、現代においては、心理専門家がクライエントの内面性や主観を尊重し、クライエントが悩みを打ち明ける親密な相手になるという社会ができていると考えられる。一方で、近年アメリカではコミュニティの育成や自助グループの力について盛んに研究がなされ、それらの理論は多方面における現場で応用されてきた。これは、個人主義の社会の中で、集団主義的な要素を補おうとする動きとも解釈できる。アメリカ心理学会（American Psychological Association: APA）のホームページ内で「community」を検索すると、地域研究・活動部会（Society for Community Research and Action; APA Division 27）による活動報告も含め、8,105のアーティクルが該当した。

2) 診断基準のマニュアル化と治療

このような哲学的、歴史的背景の中で、パーソナリティ障害に対する理解や治療方法はどのように発展してきたのであろうか。1952年、アメリカ精神医学会（American Psychiatric Association）により、『精神障害の診断と統計マニュアル』（Diagnostic and Statistical Manual of Mental Disorders: DSM-I）の第一版が出版された。第二次世界大戦が勃発し、ストレスによる影響について、アメリカ合衆国旧陸軍省が文章をまとめた。このことが、DSM出版のきっかけとなった（Barton, 1987）。つまり、DSMはアメリカの社会的な情勢を受けて作成された、診断基準のマニュアルなのである。境界性パーソナリティ障害の診断には、カーンバーグ（Kernberg, O. F.）（1975）やガンダーソン（Gunderson, J. G.）（1984）の考えが大きく取り入れられた。また自己愛性パーソナリティ障害においては、フロイト（Freud, S.）などの影響も受けたが、ミロン（Millon, T.）（1969）、コフート（Kohut, H.）（1971）、そしてカーンバーグ（1975）の主張が診断基準を方向づけた（Oldham, et al., 2014）。DSMは改訂を重ね、2013年にDSM-5が出版された。今もなお議論されているが、パーソナリティ障害と性格特性をどのように区別するかという課題は、初版出版当時から存在していたと言われている。

また、出版が進むにつれて変わってきた部分もある。例えば、1980年に出版されたDSM-IIIでは多軸診断が採用され、また境界性パーソナリティ障害と自己愛性パーソナリティ障害がパーソナリティ障害に加えられた。DSM-5では、多軸診断が採用され

なかった。また、DSM-IVにおいてはパーソナリティ障害をカテゴリカルモデルにより捉えていた。しかし、多職種との協働という点においても、また診断基準としても、ディメンジョナルモデルが必要なのではないかという議論がなされ、DSM-5では2つの中間となるようなモデルが採用された。このように、アメリカの哲学や社会情勢を含めたアメリカ社会を背景にして、パーソナリティ障害の基準が作成されるに至り、出版ごとに変化を遂げながら、他国でも翻訳され使用されているのである。

　パーソナリティ障害は、アメリカでどのように治療されているのだろうか。アメリカで経験したことを基に考えてみると、アメリカ社会ではパーソナリティ障害に対する認知行動療法に似た考え方、自己啓発、家族に対するケアなどが、メディアや本で盛んに取り上げられ、人々の生活の中に溢れていることが分かる。「考え方を変える」、「セルフケアが大事」、「人間関係のパターン」などのように、心理療法でよく使われるようなフレーズが、日常会話の中でよく聞かれるのである。これは、カウンセリングを受けたことがない人でも、カウンセリングで得られるような、類似した情報を簡単に得ることができるという利点でもある。また、そのような心理のフィールドで発生した概念が、映画のテーマやコマーシャルのキャッチコピーとして用いられることもしばしば見受けられる。つまり、いつのまにか資本主義の一部として、心理とは関係のない商品の消費拡大のために、心理的概念が用いられるということでもある。このように、アメリカの人々の生活と心理学の普及は表裏一体という印象である。

　地域差はあると思われるが、個人開業のカウンセリングオフィスも街中に溢れている。例えばロサンゼルス郊外では、カウンセラーや医療関係者がそれぞれにオフィスを借りるオフィス街や医療ビルが、たくさん存在していた。これらの個人開業のオフィスでは、さまざまな理論を土台とした折衷的なカウンセリングが行われることが多いように感じられる。パーソナリティ障害の治療方法として挙げられる心理療法には、認知行動療法の流れを受け継いだざまざまなアプローチ、分析的アプローチ、また心理教育的な関わりなどが含まれる（Oldham, 2014）。カウンセラーのトレーニング次第であるが、来談者のニーズに合わせて、どの心理療法をどの程度使うかを決めているというのが、現実のようである。

　例えば、筆者が4年ほど勤めていたカウンセリング施設は、臨床心理士、家族療法家、ソーシャルワーカーなどが協働し、地域に根付いた心のケアを長年行ってきていた。それらの専門家は、個人カウンセリングのほかにも、さまざまな疾患を対象としたグループカウンセリングを行っていた。例えば、ドメスティック

バイオレンス (DV) の被害者・加害者に対するグループや、薬物依存の治療も行っている。これらのグループに自発的に参加するクライエントもいれば、裁判所からの命令などで来所する人もいる。

　また、一概には言えないが、そのようなクライエントの中には、自己愛性パーソナリティ障害や、境界性パーソナリティ障害などの併発もしばしば見られた。そのため、カウンセラー同士で丁寧にカンファレンスを行い、またクライエントの同意のもと保護観察官や精神科医などと連携を図りながら、毎回のカウンセリングを実施していた。DVや薬物依存の問題を扱うだけでは、問題の根本的解決やクライエントの心理的変化をサポートできないためである。クライエントのパーソナリティ障害を視野に入れた上で、他の専門家と足並みをそろえて、DVや薬物依存の問題を扱うのである。

　カウンセラー自身がどのように見立て、治療を進めるかという、カウンセラーの専門性をクライエントに伝えていく努力もしているようである。カウンセリング施設や開業しているカウンセラーは、ホームページを作成し、そこにカウンセラーの教育的バックグラウンド、心理士としての免許や資格の有無、またクライエントの悩みについてのカウンセラーの考えを示すことが多い。こうすることにより、クライエントがカウンセラーのタイプや質をある程度理解した上で、カウンセラーを選べるのである。これは、カウンセラーとクライエントの関係性にとどまらず、その地域で活動する専門家同士のネットワーキングでも同様である。どこにどのようなカウンセラーや他の専門家がいるかを明確化し、適した専門家にクライエントを紹介できるという関係性構築が重要と言われている。

　特定の心理療法を行う治療施設も存在する。例えば、弁証法的行動療法 (Dialectical Behavioral Therapy: DBT) はパーソナリティ障害の中でも、境界性パーソナリティ障害の治療方法として、リネハン (Linehan, M. M.) により開発された (Linehan, 1993)。行動科学の流れや、禅の考え方であるマインドフルネスを取り入れたアプローチである。リネハン協会 (The Linehan Institute) のホームページでは、DBTに関する説明や効果研究によるエビデンス、そして折衷療法ではなくDBTで治療することのメリットを示している。また、カウンセラー向けのトレーニングなどを紹介し、トレーニングを終了した者には資格を与えるシステムがあることを明確にしている。そのようなホームページを見ることによって、クライエントも自分の治療や成長のために、どういったカウンセラーまたは心理療法を選択したいのか、考えることが可能となっている。

3) 日本の心理学の発展

　こうして、歴史や文化が土壌となり、社会的状況との相互的な関わりの中で、アメリカの心理学は発展を遂げているのである。日本は集団主義的な文化が根底にあり、言うまでもなく、アメリカとは異なる歴史をたどってきた。また、日本にはアメリカほど個人開業するカウンセラーがいない。スクールカウンセラーやカウンセリング施設も増加の一途をたどっているが、アメリカの状況とは異なる。アメリカをはじめとして、他国で発展してきた優れた理論を学び、心理的援助の普及を目指すことはとても重要であるが、アメリカと日本の違いや、日本独自の状況について十分に検討しながら心理的ケアに臨むということは不可欠であろう。また、日本の長い歴史や社会の中で、現代のカウンセラーが担う役割について考え、日本の心理学と社会との相互的影響も吟味する必要があろう。特に、筆者も含め臨床現場にいるカウンセラーたちが、目の前の状況に対応しつつ、さらに多角的な理解も深めることは、日本の臨床のレベルを上げる一歩になるのではないだろうか。
　　　　　　　　　　　　　　　　　　　　　　　　　　　　（小金井希容子）

参考文献

Barton, W. E. (1987) *The history and influence of the American Psychiatric Association*. Washington, DC: American Psychiatric Press.

Bellah, R. N. (1985) Individualism. In Bellah, R. N., Madsen, R., Sullivan, W. M., et al. (Eds.) *Habits of the Heart: Individualism and Commitment in American Life* (pp. 142-163). Berkeley, CA: University of California Press.

Bellah, R. N. (1987) Therapeutic thinking and social relations. In Bellah, R. N., Madsen, R., Sullivan, W. M., et al. (Eds.) *Individualism and Commitment in American Life: Readings on the Themes of Habits of the Heart* (pp. 146-150). New York: Harper & Row.

Gunderson, J. G. (1984) *Borderline Personality Disorder: A Clinical Guide*. Washington, DC: American Psychiatric Press.

Kernberg, O. F. (1975) *Borderline Conditions and Pathological Narcissism*. New York: Jason Aronson, Inc.

Kohut, H. (1971) *The Analysis of the Self: A Systematic Approach to the Psychoanalytic Treatment of Narcissistic Personality Disorders*. New York: International Universities Press.

Linehan, M. M. (1993) *Cognitive-behavioral Treatment of Borderline Personality Disorder*. New York: Guilford Press.

Millon, T. (1969) *Modern psychopathology: A biosocial approach to maladaptive learning and functioning*. Philadelphia: J. B. Saunders Company.

Oldham, J. M. (2014) Personality Disorders: Recent History and New Directions. In Oldham, J. M., Skodol, A. E., Bender, D. S. (Eds.) *Textbook of Personality Disorders*, 2nd ed (pp. 1-9). Washington, DC: American Psychiatric Publishing.

Tov, W. and Diener, E. (2009) Culture and Subjective Well-being. In E. Diener (Ed) *Culture and Well-Being: The Collected Works of Ed Diener* (pp. 9-41). London: Springer.

Triandis, H. C. (1995) *Individualism And Collectivism*. Boulder: Westview Press.

9　オーストラリアにおけるパーソナリティ障害治療の状況

1) ヴィクトリア州における精神保健サービスの概要

　オーストラリア（以下「豪州」）は連邦制を採用する国であり、各州が独自の政府と法律を有している。公的保険医療サービスに関しても、連邦政府は国全体の戦略立案と関連予算の提供、およびモニタリングを実施するのみで、国民に対する直接のヘルスケアサービス提供に関しては各州政府が責任を負っているため、国全体の状況を一律に論じることは難しい。そこで、本章では豪州の中でも最も精神保健サービスが充実している州の一つとされているヴィクトリア州における取り組みを中心に紹介することにしたい。

　ヴィクトリア州の精神保健サービスは、GP（総合医・一般医：General Practitioner）を中心としたプライマリーケア（身近な地域にあるアクセスしやすい包括的・総合的な保健医療福祉サービス）と、より高度で専門的な援助サービスとが複合的に組み合わされる形で整備されている。後者の専門的な精神保健サービスは緊急支援や入院、退院後のフォローといった幅広い地域支援をカバーする地域精神保健サービス（Area Mental Health Service: AMHS）、特定の問題や障害に焦点化した専門的な支援を提供する専門的支援サービス（Statewide and Regionalised Specialist Service: SRSS）、リハビリテーションなどの回復期の支援を行うリハビリテーション支援サービス（Psychiatric Disability Rehabilitation and Support Service: PDRSS）の3つのサービスから構成されており（図II-9-1）、SRSSの一つとして境界性パーソナリティ障害（Borderline Personality Disorder: BPD）を抱えた人を支援するための専門機関（後述のスペクトラム）が設置されている。なお、わが国の公的医療保険制度では被保険者が全国にある医療機関を自由に選択して受診することが可能であり、メンタルヘルスの不調を抱えた者も初めから精神科の専門医を受診することができるが、豪州の公的医療制度の下で専門的医療サービスを受けるためには、原則として定められた地域内のGPを受診して紹介を受ける必要がある。

地域精神保健サービス
(Area Mental Health Service: AMHS)

- 3つの年代に区分(子ども・青少年、成人、高齢者)
- 多様な援助サービスやチームで構成
- 地域ごとにサービス内容やチーム構成は異なる
- 緊急支援／危機介入(急性期のアセスメントや入院支援など)
- 訪問支援、退院後のフォロー
- コンサルテーション、リエゾン　　etc.

↓

専門的支援サービス
(Statewide and Regionalised Specialist Service: SRSS)

- 特定の問題や障害に焦点化した専門的支援を提供
- 各地域の援助者に対する研究やコンサルテーション
- パーソナリティ障害、摂食障害、重複障害などに特化した支援
- 先住民や母子に特化した支援　　etc.

↓

リハビリテーション支援サービス
(Psychiatric Disability Rehabilitation and Support Service: PDRSS)

- NGOなどの民間精神保健セクターが提供する医療以外のサービス
- セルフヘルプ
- キャリア・サポート
- 訪問支援、レスパイト・ケア　　etc.

図II-9-1　ヴィクトリア州における公的精神保健医療サービス
(*An introduction to Victoria's public clinical mental health service*をもとに筆者作成)

2) ヴィクトリア州におけるBPDの地域支援
──スペクトラムの活動概要

　豪州では、1993年に国の第二次精神保健戦略 (Second National Mental Health Strategy) が示され、BPDを抱えたクライエントに対して地域精神保健サービスにアクセスする権利が明確に保証された。また、1990年代前半から、弁証法的行動療法 (Dialectical Behavior Therapy: DBT) やメンタライゼーションに基づく治療 (Mentalization Based Therapy: MBT) といったBPDに対する効果的な治療法が確立されてきた。こうした流れの中で、先にも示した通り、ヴィクトリア州では、パーソナリティ障害に代表される複雑なニーズを抱えたクライエントに対する集中的なアセスメントと治療を提供する機関として、1998年にスペクトラム (Spectrum) と呼ばれる専門機関が設置された。
　スペクトラムでは自傷行為や自殺を企図する危険性が高い重症のパーソナリティ障害 (特にBPD) を抱えたクライエントを対象に、AMHSの支援を受けていることを前提条件としてさまざまな支援活動が行われている。中でも特に重点を置いている活動の一つが地域の対人援助職に対する専門的支援であり、心理療法に関

するワークショップ等の開催に加え、各地域の援助チーム会議やカンファレンスにスタッフを派遣し、診断や治療計画、あるいは治療技法についての助言などを行っている。

　こうした後方支援的活動に加えて、スペクトラムでは、個別のケースに対する直接的治療も実施されている。具体的には、個人療法、グループ療法、居住型治療の3つの方法が提供されているが、こうした治療サービスの導入に先立ち、本人への面接、カルテ情報の収集や関係する援助者・家族からの聞き取り、ケースカンファレンス、心理検査などを用いた詳細なアセスメントが実施されることは言うまでもない。なお、スペクトラムが実施する個人療法は、各地域のAMHSが実施しているケースマネジメントや治療を補完する形で行われ、可能であればスペクトラムのスタッフがクライエントの住む当該地域まで出かけて行って診察を行うこともある。また、居住型治療の期間中も、地元のAMHSとの連携は密に保たれており、あくまでもクライエントの生活基盤が存在する地域内での関わりに支援の重点が置かれている。さらに、AMHSにおけるBPDの地域支援には多職種の援助者が関わっているが、実際の援助計画の構築はクライエントも交えた協働作業で行われ、援助者会議にクライエント本人を含めることもある。

3）BPD支援における治療構造のあり方

　「適切な距離を保ち、巻き込まれないように注意しましょう」。BPDを抱えたクライエントに対する支援に関して、こんな標語を目にしたことのある読者も少なくないだろう。しかし、援助者はいったいどうやったらクライエントとの適切な距離を保ち、巻き込まれずに済むのだろうか？　言い換えるなら、BPDを抱えたクライエントとの関わりにおいて、援助者はどのような治療構造（援助の枠組み）を設定したらよいのだろうか？

　こうした疑問に応えてくれるかのように、スペクトラムではクライエントとスタッフの双方が参照できるガイドラインが作成されており、行動制限や守秘義務の方針といった治療上のルールから、相手を尊重したコミュニケーションの取り方といった対人関係上の約束事まで、丁寧に明文化されている。また、ガイドラインの冒頭では、こうした記述内容がクライエントやスタッフを罰したり価値判断を下したりするためのものではないことも明記されており、全体を通して治療の場を安全に保ちつつ、クライエント自身が自分の行動の責任を持てるような治

療構造を可能な限り包摂的に設定することで、クライエント自身の成長につなげていこうとする姿勢が伝わってくる。例えば、自傷行為については、他のクライエントに自傷行為のことを話すことやその手段を提供したりすることは、クライエント同士の安全を脅かす行為として禁止されている。また、自傷行為の傷の治療を受けないまま治療グループに参加することや、傷を隠さずに来所することも禁じられている。しかし一方で、自傷行為をすること自体が治療への参加を禁止する基準にはなっていない。同様に、治療への大幅な遅刻や無断欠席については禁止されているが、事前にスタッフに連絡を入れれば遅刻や欠席が認められることが明記されていたり、あるいは禁止事項を破っていったん治療から脱落したとしても、再度治療に復帰できるようスペクトラムのスタッフが関わり続けることなども明記されている。このように、BPDの支援においては、単に援助者側の都合をクライエントに押し付けて行動を制限するのではなく、治療構造を利用しつつ協働的な治療関係を安全かつ柔軟に継続させるといった視点が求められると言えよう。

4）自殺リスクのマネジメント

さて、BPD支援においては、自傷や自殺企図といった自己破壊的行動のマネジメントも重要な課題となるが、この点についてもヴィクトリア州の取り組みから学ぶべき点が多い。

自殺予防学の領域では、自殺傾向（suicidality）は比較的切迫度の高い「急性の自殺傾向」（acute suicidality）と、切迫度は比較的低いが長期に遷延する「慢性の自殺傾向」（chronic suicidality）とに区別される。BPDを抱えたクライエントの多くは後者の慢性の自殺傾向を有しているわけであるが、この慢性の自殺傾向はクライエントにとって「どうしようもなくなったら自殺すればよい」といったある種の「保険」としての意味を持っており、これを治療で取り除くことは容易なことではない。また、こうした慢性の自殺傾向を抱く者は、周囲から救済的な反応が得られないと短時間で急激に自殺のリスクが高まってしまうといった特徴も、同時に併せ持っている。こうした前提のもと、ヴィクトリア州のAMHSにおける自殺リスクのマネジメントは、慢性の自殺傾向を取り除くことが目標ではなく、急性の自殺傾向への移行リスクを低減させることに重きが置かれている。また、こうしたクライエントに見られる急性の自殺傾向への移行は、「自分の身の安全を自

分で守る（大人としての）責任をもたない」という意味で「退行」としてとらえられ、クライエントの急性の自殺傾向が高まった際のAMHSにおける短期的な援助目標は、この退行状態からクライエントを回復させることに主軸が置かれる。

なお、AMHSではこうした急性の自殺傾向の高まりに対する長期間の入院治療は、退行をより病的なものにし、かえって自殺のリスクを高めてしまうと考えるため、急性の自殺傾向のマネジメントにおいては、緊急入院はできる限り短期にし、入院と同時に退院後の地域支援の計画を立てるという方針が取られていることも興味深い。

5）まとめ

本章では、豪州ヴィクトリア州におけるBPDの地域支援について概略を説明した。ここまで見てきた通り、ヴィクトリア州におけるBPDの地域支援においては、援助者とクライエントとが協働しながら、問題が起こった後に対応する（reaction）のではなく、むしろどういったことが起こり得るかをあらかじめ予測しながら援助計画を立て（proactive）、仮に計画通りに進まなかったとしても援助を打ち切るのではなく、どのような援助であれば互いに協働しあえるのかについて粘り強く交渉を続けることが重視されている。もちろん、日本と豪州ではさまざまな制度上の違いがあることは事実ではあるが、上記のような関わりの視点は、私たちの日々の臨床にも生かしていくべきものではないだろうか。 　　　　（勝又陽太郎）

参考文献
勝又陽太郎（2011）「海外におけるBPDの地域支援　―豪州の場合―」『精神科治療学』26（9），pp. 1111-1117.
スペクトラム ホームページ（http://www.spectrumbpd.com.au/）.
Victorian Government Department of Human Services (2006) *An introduction to Victoria's public clinical mental health service*. Victorian Government Department of Human Services.

10　パーソナリティ障害の薬物療法

　パーソナリティ障害の薬物療法は通常単独では行われず、精神療法との組み合わせ療法が基本である。薬物は、例えばセロトニンやノルアドレナリン、ドパミンといった脳の神経伝達物質の調整異常を背景とした精神症状に対して効果を発揮するが、パーソナリティ障害でみられる症状の一定部分はその人のパーソナリティに基づく自我親和的なものであり、狭義の精神障害とは異なるメカニズムを持つと考えられるためである。

　しかしながら、パーソナリティ障害の治療における薬物療法の役割は（限定的であるにしても）決して軽視されるべきではない。臨床では、患者が呈するそれぞれの症状に対して対症的な処方が行われるが、それによって一時的または部分的に症状が緩和され、苦痛の軽減とともに、統合的に行われる他の治療（各種精神療法）を容易にしたり効果を高めたりすることが期待できる。また、パーソナリティ障害は気分障害、不安障害など他の精神疾患を併存している割合が高いため、併存症に対する薬物が必要となる。

　パーソナリティ障害では、一般に経過が不安定で状況依存的であることや、臨床試験での高い脱落率や対象者の選択バイアスが生じやすい背景から、薬物療法の効果研究に困難を抱えることが多い。このためパーソナリティ障害に対する薬物療法のエビデンスは充分とは言えないが、その中でも境界性パーソナリティ障害、統合失調型パーソナリティ障害、回避性パーソナリティ障害などでは比較的多くのエビデンスの集積がある。

　以下、まずパーソナリティ障害全体に共通する考え方を記述し、次に個々のパーソナリティ障害の薬物療法について述べる。

1) 薬物療法の導入

　薬物療法が与える影響は、薬物がその人に作用する薬理学的効果のみとはいえない。薬物療法のプロセスの中で治療同盟が深化することはあるし、治療者との関係のもとで薬物療法を行うことによって患者が自分の問題を見つめ主体的に治

療に関わるようになるといった治療促進的な要素を期待できるかもしれない。また、患者やその周囲に対して、薬理作用といった医学的モデルに近い見地から症状の説明を行えるメリットがあり、患者の病状に対する理解が（精神療法に比べると）本人や周囲にとって受け入れやすくなる可能性がある。

反対に、薬物療法が依存や退行、過量服薬などの問題を招き、結果として不慮の転帰に繋がることや、あるいは副作用や期待通りの効果が得られないなどから治療関係の悪化や医療不信を招くこともしばしば生じる。転移、逆転移、抵抗など精神療法でみられる現象が薬物療法を介して認められることも多い。

このため、薬物療法を行うにあたってあらかじめ患者と共有すべき事柄や、治療者が注意すべき点についていくつかの指針が提言されている。その主なものを表II-10-1にまとめた。

表II-10-1 薬物療法を行うにあたって患者と共有すべき事柄／治療者が注意すべき点
（参考文献、および筆者の見解を交えて作成）

薬物療法を行う際に患者と共有しておくべきことがら
- 薬物療法によってどの症状の改善をめざすか
- 薬物の作用、副作用
- 効果発現や効果判定までの期間
- 薬物療法の限界（薬物療法は治療の一部分であり、薬物によって障害が解決するものではないこと）
- 薬物療法を行う過程で葛藤が生じる可能性について（薬物または精神療法に対する価値下げや、薬物療法に対する投影など患者の病理の反映が起こりうる）
- 患者の協力と責任が不可欠であること（服薬時間や量を守る、自己判断での中止やアルコールとの併用をしない、効果のモニタリングについて協力してほしいこと、など）
- 服薬遵守ができない場合や、依存や乱用が生じた場合の限界設定
- 過量服薬となった場合の危機対応

医療者側が気をつけるべきこと
- 充分なベースライン評価を行う
- 投薬の目的を明確にする
- 身体状態や副作用の有無を確認するために、投与前や維持療法中の身体検査を行う
- 薬効の評価に一定期間（少なくとも3か月）をかける
- 効果判定には他職種の援助者や家族などから幅広く情報収集し、総合的な判断を行う（状況依存的な変化や症状としての易変性と、効果とを判別する）
- 多剤または過量投与、漫然とした長期処方を避ける
- 依存や乱用を防ぐ
- 薬物療法に対する患者の両価的な感情に注意を払う（例えば、処方してくれる医師や、処方を受ける行為に対して陽性感情が生じる一方、薬による有害作用や医師に管理されているように感じるなどにより陰性感情が生じることがある。そのため、患者が投薬をどのように受け止めているかに関心を持つことが大切である）
- 薬と関連して、問題のすり替え、操作、症状の隠蔽などの病理が生じる可能性を予見しておく
- 危機対応の方法を明確にする

2) 薬剤の選択

　治療薬の決定に際しては、パーソナリティ障害の分類によらず、まず治療の標的症状と全体の機能レベルを明確にすることが基本といえる。そのうえで、薬物の持つ薬理作用と個々の患者の病理、重症度、治療歴、身体状態、アドヒアランス、患者の管理・サポート体制などを総合的に勘案し、多くのなかからバランスの取れた薬剤が選択される。臨床で比較的よく使用される主な薬剤を表II-10-2（214ページ）に記したが、パーソナリティ障害の薬物療法に特定の治療アルゴリズムはないため、患者と協力しながら試行錯誤で薬物の調整が行われているのが実情といえる。

　一般に、合併する狭義の（生物学的要因の大きい）精神疾患や、抑うつ、不安、怒り、攻撃性、衝動性の症状に対しては薬物による一定程度の効果が期待できる。一方で、同一性の拡散や見捨てられ不安、慢性的な空虚感、自殺行動などへは有効性は示されていない（WFSBP, 2007）。

3) パーソナリティ障害の薬物療法

1●境界性パーソナリティ障害

　境界性パーソナリティ障害に対しては、かつて症状を3つのクラスター、すなわち①認知・知覚症状、②感情に関連した症状、③衝動性・行動制御困難に分類し、①認知・知覚症状に対しては低用量の抗精神病薬、②感情や気分の問題に対しては選択的セロトニン再取り込み阻害薬（Selective Serotonin Reuptake Inhibitor: SSRI）または他の抗うつ薬、③衝動性や行動の問題にはSSRIや低用量の抗精神病薬、あるいは気分安定薬／抗てんかん薬を用いるといったターゲットアプローチが推奨された（APA, 2001）。

　SSRIやセロトニン－ノルアドレナリン再取り込み阻害薬（Serotonin-Noradrenaline Reuptake Inhibitor: SNRI）は気分症状や不安、衝動性に対するファーストラインの薬剤であるが、しかしそれらがかえって脱抑制や易刺激性、攻撃性の増悪をもたらすことがあり、とくに児童思春期においては自殺リスクを増加させる報告もあるため、慎重な処方が求められている。三環系抗うつ薬やモノアミン酸化酵素阻害薬（Monoamine Oxidase Inhibitors: MAOI）も気分症状を改善する報告があるが、認容性や、過量服薬による致死的な副作用発現のリスクが高いことから推奨されず、

特にMAOIは食事制限を要するといった制約があることから、アドヒアランスの問題のある患者には使用が困難である。

抗精神病薬（定型抗精神病薬、非定型抗精神病薬）は、被害的な認知や幻聴、猜疑心といった認知・知覚領域の症状に対して用いられることが多い。非定型抗精神病薬は気分や不安に対する安定化作用（5-HT_{1A}レセプターの遮断作用）が期待でき、衝動性、攻撃性（5-HT_{2A}のアンタゴニスト）に対しても効果報告がみられる。定型薬では非定型薬に比して錐体外路症状や遅発性ジスキネジアの副作用を引き起こしやすく、抗コリン作用、心血管系副作用も強いため積極的に用いられることは少ない。非定型薬は、アリピプラゾール、ブロナンセリン以外は体重増加や代謝系副作用に特に注意が必要である。

気分安定薬／抗てんかん薬は、双極性障害を併存した症例に対する気分の安定化に役立つ。バルプロ酸ナトリウム、カルバマゼピンは境界性パーソナリティ障害だけでなく、クラスターBパーソナリティ障害の攻撃性、衝動性、うつ症状に効果があったという報告や、不安焦燥に改善が期待できるという報告がある。ラモトリギン、トピラマートは怒り、反応性の攻撃性に効果を認めたという報告もある。双極性障害では第一選択薬となる炭酸リチウムは、有効血中濃度と中毒量が近接する薬剤であり、過量服薬のおそれのあるケースではリチウム中毒から致死的となりうるので推奨されない。

広く使われているベンゾジアゼピン系抗不安薬は、不安に対して一定の効果はあるものの、依存形成や脱抑制のリスク、認知機能への影響などから安易な処方は控えるべきである。

2●統合失調型パーソナリティ障害

統合失調症で使用されるよりも少量の抗精神病薬を用いることが多い。リスペリドンは陽性・陰性症状類似の症状両者に改善がみられ、オランザピンは精神病症状、うつ症状、全体的機能に効果があったという報告がある。

抗うつ薬については、抑うつ、不安、対人過敏に対して効果が認められなかったという研究結果がある。

3●その他のパーソナリティ障害

反社会性パーソナリティ障害では攻撃的あるいは衝動的な行動上の問題に対して抗精神病薬や気分安定薬が、回避性パーソナリティ障害の不安などにはSSRIや

表II-10-2 パーソナリティ障害に使われることのある向精神薬

うつ薬

選択的セロトニン再取り込み阻害薬（Selective Serotonin Reuptake Inhibitor: SSRI）

薬剤名（商品名）	パロキセチン（パキシル）、フルボキサミン（ルボックス、デプロメール）、セルトラリン（ジェイゾロフト）、エスシタロプラム（レクサプロ）など
一般的な適用・効能	うつ状態、不安、パニック障害、強迫性障害、社交不安症、外傷後ストレス障害など
副作用	悪心、頭痛、傾眠など。重篤なものにはセロトニン症候群
特徴	三環系抗うつ薬などに比べると、副作用が少なく安全性が高い。効果発現に2週間程度要する。自殺リスクが増大するという報告があり、適応を充分吟味する必要あり。18歳未満への投薬は禁忌のものが多い
使用例	抑うつ気分、不安・焦燥、緊張、意欲低下等の症状に対して。強迫症状の改善、衝動コントロールの改善、食欲の改善

セロトニン―ノルアドレナリン再取り込み阻害薬（Serotonin-Noradrenaline Reuptake Inhibitor: SNRI）

薬剤名（商品名）	デュロキセチン（サインバルタ）、ミルナシプラン（トレドミン）
一般的な適用・効能	うつ病、疼痛性障害
副作用	悪心、頭痛、口渇、便秘、眠気、排尿困難など
特徴	気分や意欲に関連するセロトニン、ノルアドレナリン両者をシナプス間隙に増加させる。SSRIに比べると効果発現までが1～2週間程度と若干早い
使用例	うつ症状や抑制症状に対して。心因性疼痛に対して用いることもある

三環系抗うつ薬（Tricyclic Antidepressants: TCA）

薬剤名（商品名）	クロミプラミン（アナフラニール）、アミトリプチリン（トリプタノール）、イミプラミン（トフラニール）など
一般的な適用・効能	うつや不安の改善
副作用	鎮静、口渇、便秘、振戦、起立性低血圧、排尿困難、痙攣、心毒性など
特徴	作用は強力だが副作用も強い。生じうる副作用のひとつに心毒性があり、大量服薬時には致死的となることがある
使用例	うつ、不安・焦燥、強迫症状等の改善。SSRIやSNRIで改善がみられない場合に、安全に配慮した上で使用することがある

非定型抗精神病薬

セロトニン―ドパミン拮抗薬（Serotonin-Dopamine Antagonist: SDA）

薬剤名（商品名）	リスペリドン（リスパダール）、ペロスピロン（ルーラン）、ブロナンセリン（ロナセン）
一般的な適用・効能	幻覚妄想、精神運動興奮の改善
副作用	パーキンソン症状、アカシジア、ジスキネジア、ジストニア、悪性症候群、心血管系の副作用、性機能障害、鎮静、便秘、口渇、血液障害、肝障害など
特徴	定型抗精神病薬に比べて副作用は軽減。脂質・糖代謝系の副作用、性機能障害への注意が必要
使用例	幻聴や被害的な認知、感覚・感情の過敏性の改善。不安・焦燥・緊張の緩和。衝動コントロール、怒り、攻撃性に対して

多元受容体標的化抗精神病薬（Multi-Acting-Receptor-Targeted-Antipsychotics: MARTA）

薬剤名（商品名）	オランザピン（ジプレキサ）、クエチアピン（セロクエル）
一般的な適用・効能	統合失調症の精神症状、双極性障害の躁症状・うつ症状の改善
副作用	SDAに類似
特徴	糖尿病患者への投与は禁忌。体重増加、脂質異常症などのリスクがSDAよりも高い。SDAに比べると鎮静作用が強い
使用例	SDAに同じ。気分の安定化作用や衝動性、攻撃性への効果を期待して用いることがある。不眠の改善

ドパミンシステムスタビライザー（Dopamine System Stabilizer: DSS）

薬剤名（商品名）	アリピプラゾール（エビリファイ）
一般的な適用・効能	統合失調症の精神症状、双極性障害の躁症状・うつ症状の改善
副作用	SDAに類似。不眠、頭痛、神経過敏など

特徴	代謝系副作用や性機能障害のリスクが低い。鎮静効果は弱い
使用例	SDAに同じ。意欲の改善や気分の安定化を期待できることがある

定型抗精神病薬

ブチロフェノン系

薬剤名（商品名）	ハロペリドール（セレネース）
一般的な適用・効能	統合失調症（抗幻覚妄想作用が強い）、躁病
副作用	錐体外路症状、悪性症候群、心血管系の副作用、便秘、口渇
特徴	パーキンソン症状やアカシジアなどの錐体外路症状が出現しやすい
使用例	幻聴や被害的な認知、感覚・感情の過敏性の改善。強い不安・焦燥・緊張の緩和

フェノチアジン系

薬剤名（商品名）	クロルプロマジン（コントミン、ウィンタミン）、レボメプロマジン（ヒルナミン、レボトミン）
一般的な適用・効能	統合失調症、躁病、神経症の不安・緊張・抑うつ、催眠・鎮静作用
副作用	過鎮静、ふらつき、便秘、口渇、心血管系の副作用
特徴	鎮静作用が強い
使用例	強い不安緊張、興奮、怒り、攻撃性、衝動性、不眠の改善など

気分安定薬／抗てんかん薬

薬剤名（商品名）	炭酸リチウム（リーマス）
一般的な適用・効能	抗躁作用、双極性障害の再燃予防作用
副作用	振戦、甲状腺機能低下、心伝導障害、脳波異常、白血球増多、腎障害、嘔吐、下痢
特徴	治療濃度と中毒濃度が近接しているため脱水や腎機能低下、併用薬との相互作用で中毒を起こしやすい。過量服薬では致死的となる
使用例	気分の安定化を目的として
薬剤名（商品名）	カルバマゼピン（テグレトール、レキシン）
一般的な適用・効能	てんかん、躁うつ病、統合失調症の興奮状態、三叉神経痛
副作用	ふらつき、複視、嘔気、眼振、無顆粒球症、再生不良性貧血、剥離性皮膚炎、肝機能障害
特徴	重篤な皮膚症状が出現することがあるため、副作用の兆候が見られた場合は服薬を中止し医師に相談すること
使用例	情動の安定化目的に。不安・焦燥、攻撃性、衝動性の改善
薬剤名（商品名）	バルプロ酸ナトリウム（デパケン、ハイセレニン、セレニカ）
一般的な適用・効能	てんかん、てんかんに伴う性格異常（不機嫌、易怒性）、躁うつ病の躁状態
副作用	胃腸障害、肝障害、振戦、体重増加、脱毛、血液障害、高アンモニア血症、膵炎
特徴	催奇形性のリスクがあり妊婦には原則禁忌（他の気分安定薬の多くでも同様）
使用例	情動の安定化目的に。不安・焦燥、攻撃性、衝動性の改善
薬剤名（商品名）	ラモトリギン（ラミクタール）
一般的な適用・効能	てんかん、双極性障害の気分エピソードの再発再燃予防
副作用	重篤な皮膚症状が現れることがある
特徴	併用薬物により投与法、投与量が異なる。服薬方法が細かく定められており服薬は医師の指示に従うこと
使用例	怒り、攻撃性、不安定な気分に対して

注意すべき副作用（以下が見られた場合は速やかに医師に相談すること）
セロトニン症候群：SSRIや抗うつ薬によって発現。セロトニンの機能亢進による。発熱、発汗、悪寒、下痢、振戦、精神錯乱、興奮、ミオクローヌス、腱反射亢進など
アクチベーション症候群：抗うつ薬による。激越、焦燥、不安など
退薬症候群：抗うつ薬、抗不安薬、睡眠薬、抗てんかん薬などの急激な中止による。中断後3日以内に胃腸症状、頭痛、眩暈、不安、焦燥、不眠、易刺激性の亢進など
悪性症候群：抗精神病薬の使用に伴う副作用。高熱、筋強剛、発汗、振戦、尿失禁、意識障害など
中毒性表皮壊死症、スティーブンス-ジョンソン症候群：おもに抗てんかん薬で起こる、重篤な皮膚症状

MAOIが用いられることが多い。

　上記以外のパーソナリティ障害でも、標的症状に応じた薬物療法が行われているのが現状であろう。

　パーソナリティ障害の薬物療法の現状や処方に伴う注意事項、実際に用いられる薬剤などを中心に述べた。今後、研究によって薬物療法の実証的な裏づけが集積し、個々の患者の状態に即した精度の高い治療が可能になることを期待したい。

（渡邊由香子）

参考文献

ガンダーソン, J. G.（著）黒田章史（訳）(2006)『境界性パーソナリティ障害 クリニカル・ガイド』金剛出版.
パリス, J.（著）黒田章史（訳）(2014)『境界性パーソナリティ障害の治療——エビデンスに基づく治療方針』金剛出版.
American Psychiatric Association (2001) Practice Guideline for the treatment of patients with borderline personality disorder. *The American Journal of Psychiatry*, 158 (10 Suppl), pp. 1-52.
Herpertz, S. C., Zanarini, M., Schulz, C. S., et al. (2007) World Federation of Societies of Biological Psychiatry (WFSBP) Guidelines for Biological Treatment of Personality Disorders. The World Journal of Biological Psychiatry, 8 (4), pp. 212-244.

第III部 資料編

1 パーソナリティ障害に関する統計資料
2 パーソナリティ障害の診断基準
3 相談・治療機関

●パーソナリティ障害は、十分統計が取られていない精神障害の一つである。その主な理由は、対応・治療を要する問題として、パーソナリティ障害よりもそれに合併する精神障害が前面に出ていることが多いため、しっかり診断されないケースがあること、パーソナリティ障害の特徴がその障害を持つ人と健常者との間で連続的に分布しているため、診断がその方法や場面によって大きく変動する性質があること、また診断手続きが煩雑で時間が取られるので診断が詰められないことが多いこと、を挙げることができる。その結果、わが国では、その診療統計にパーソナリティ障害の診断が示されていない医療機関が少なくない。そのため、ここで示される統計は、海外のものが多くなっている。このような事情から、ここに示す統計資料は、わが国のパーソナリティ障害の概況を知るための参考として理解していただきたい。

●パーソナリティ障害の診断についての資料は、本書の「イントロダクション」で示したように、パーソナリティ障害概念が混乱した状況にあることを反映して、複雑な構成となっている。ここでは、DSM-5に従って、従来から引き継がれた診断基準と代替診断基準の2つの概略が示されている。代替診断基準では、その病理の本質について明瞭に記述されている代わりに、診断のための評価ポイントが多くなってしまい、臨床現場でそれを行うことが困難だという事情から、「代替」診断基準という位置づけになったという経緯がある。

●資料編の最後には、わが国で利用できる相談機関が提示されている。パーソナリティ障害のために特化した相談窓口はほとんど見当たらないのだが、そこから生じることの多い問題行動を手掛かりにして相談したり、対応や治療についての情報を得たりすることは十分可能である。当事者やその家族などの関係者に役立てていただけたら、それはパーソナリティ障害の問題を軽減させる糸口となるだろう。

1　パーソナリティ障害に関する統計資料

1) 疫学調査

　表III-1-1は、トゥルル（Trull, T. C.）らの論文（2010）に示されている近年の一般人口に対する疫学調査の所見をまとめたものである。コイド（Coid, J.）らの研究は、英国の周到に計画・実施された626人を調査対象とする疫学研究である。米国の全国合併診断研究（第二次）NCS-Rは、2001～03年に行われた、5,692人を対象とするものであった。アルコールおよび関連障害全国疫学調査（NESARC）は、2001～05年に行われた対象者が4万人を超える大規模研究である。トゥルルらは、NESARCのデータを使って、診断基準の症状に苦痛が伴われているものだけを使って診断をつけ直した修正診断が、従来のパーソナリティ障害の有病率とほぼ一致すると主張している。

表III-1-1　最近の疫学研究におけるDSM-IVパーソナリティ障害の頻度（Trull, et al., 2010）

パーソナリティ障害（DSM-IV）	Coid, et al.(2007)	NCS-R	NESARC	NESARC修正診断
妄想性パーソナリティ障害	0.7	—	4.4	1.9
統合失調質パーソナリティ障害	0.8	—	3.1	0.6
統合失調型パーソナリティ障害	0.1	—	3.9	0.6
反社会性パーソナリティ障害	0.6	0.6	3.8	3.8
境界性パーソナリティ障害	0.7	1.4	5.9	2.7
演技性パーソナリティ障害	—	—	1.8	0.3
自己愛性パーソナリティ障害	—	—	6.2	1.0
回避性パーソナリティ障害	0.8	—	2.4	1.2
依存性パーソナリティ障害	0.1	—	0.5	0.3
強迫性パーソナリティ障害	1.9	—	7.9	1.9
A群クラスター	1.6	5.7	7.1	2.1
B群クラスター	1.2	1.5	9.7	5.5
C群クラスター	2.6	6	8.1	2.3
何らかのパーソナリティ障害	10.1	9.1	21.5	9.1

※この表はTrull, T. J., Jahng, S., Tomko, R. L., Wood, P. K., and Sher, K .J.(2010) Revised NESARC personality disorder diagnoses: gender, prevalence, and comorbidity with substance dependence disorders. *Journal of Personality Disorders*, 24 (4), pp. 412-426. doi:10.1521/pedi.2010.24.4.412の表を簡略化したものである。
※A群クラスターは、奇妙で風変わりな群とされており、妄想性、統合失調質、統合失調型の各PDが含まれる。B群クラスターは、演技的感情的で移り気な群であり、境界性、自己愛性、反社会性、演技性の各PDが含まれる。C群クラスターは、不安で内向的な群であり、依存性、強迫性、回避性の各PDが含まれる。
※NESARC: National Epidemiologic Survey on Alcohol and Related Conditions
※NCS-R: National Comorbidity Survey Replication

このトゥルルらの報告の所見では、それ以前のパーソナリティ障害の疫学研究にも大筋で該当する、次のようなパーソナリティ障害の特性が確認される。その第一は、パーソナリティ障害の有病率は、従来の疫学研究の大多数で10のタイプのそれぞれが一般人口の1〜2%であり、何らかのパーソナリティ障害と診断されるのは一般人口の10%だということである。第二は、診断基準の使い方によって、パーソナリティ障害の診断は大きく変化する可能性があることである。

2) 医療機関における自殺未遂者とパーソナリティ障害

　救急医療、精神科医療機関において自殺関連行動（自殺未遂と自傷行為）の治療を受ける患者には、多くのパーソナリティ障害患者が含まれている。これは、パーソナリティ障害が比較的よく診断されている領域である。
　表III-1-2には、精神科医療における自殺関連行動（自殺未遂、自傷行為）の統計の一つとして、都立松沢病院における2006〜09年の統計を示す。
　わが国、およびいくつかの海外の救急医療における自殺未遂患者の報告の精神

表III-1-2　自殺関連行動を示して入院した患者とそれ以外の入院患者の比較

ICD-10による分類	自殺関連行動患者 (N=527)		その他の入院者群 (N=2,614)		全体 (N=3,141)	
	N	%	N	%	N	%
F0　器質性精神障害	20	3.8	127	4.9	147	4.7
F1　物質使用障害	78*	14.8	620	23.7	698	22.2
F10　アルコール使用障害	27*	5.1	369	15.1	423	13.5
F11-19　非アルコール使用障害	55	10.4	248	9.5	303	9.6
F2　精神病性障害	188*	35.7	1,474	56.4	1,662	52.9
F20　統合失調症	147	27.9	1,235	47.2	1,382	44.0
F3　気分障害	85*	16.1	247	9.4	332	10.6
F30-31　双極性気分障害	19	3.6	143	5.5	162	5.2
F32-34　うつ病・気分変調症	66*	12.5	104	4.0	170	5.4
F4　神経症性障害・適応障害	60*	11.4	112	4.3	172	5.5
F43.2　適応障害	28	5.3	33	1.3	61	1.9
F44　解離性障害	12	2.3	30	1.1	42	1.4
F50　摂食障害	5	0.9	19	0.7	24	0.8
F60　パーソナリティ障害（PD）	143*	27.1	108	4.1	251	8.0
F60.31　情緒不安定性PD境界型	41*	7.8	14	0.5	55	1.8
F7　精神遅滞	27	5.1	153	5.9	180	5.7
F8　心理的発達の障害	11	2.1	37	1.4	48	1.5
F9　小児期・青年期に発症する行動・情緒の障害	2	0.4	5	0.2	7	0.2

※この表は、林直樹・石川陽一・五十嵐雅ほか（2011）「精神科病院に自殺関連行動を呈して入院した患者の特徴——都立松沢病院病歴統計から」『精神医学』53(10), pp. 1005-1014の表を簡略化したものである。
※ *p<0.001（診断（群）の患者および当該診断（群）のない患者におけるSB患者の比率の比較（χ^2 test）による）

科診断などの所見を表III-1-3に示す。

表III-1-3に見られるように、自殺関連行動を示す患者の精神障害はさまざまであ

表III-1-3 救急医療機関における自殺未遂者のパーソナリティ障害などの精神科診断

報告者	平均年齢 男性:女性(例)	診断	自殺関連行動の種類
松原ら(山口市)(2008)[a]	35歳 46:118	神経症障害など(F4)32%、気分障害(F3)25%、精神病性障害(F2)13%、パーソナリティ障害(F6)22%	過量服薬73%、切傷18%、服毒4%、縊首2.4%
山田ら(横浜)(2007)[b]	38歳 126:194	気分障害24%、適応障害18%、精神病性障害17%、物質使用障害11%、パーソナリティ障害34%	過量服薬49%、切傷16%、飛び降り13%
中山ら(盛岡市)(2006)[c]	42歳 44:81	気分障害35%、神経症障害など(F4)34%、精神病性障害10%、脳器質性障害(F0)4%、パーソナリティ障害10%	過量服薬50%、切傷14%、毒・農薬14%
伊藤ら(東京)(2004)[d]	−	気分障害40%、適応障害39%、精神病性障害17%、パーソナリティ障害27%	過量服薬64%、飛び降り・飛び込み16%、切傷12%
鈴木ら(東京)(2003)[e]	39歳 (全体で296例)	神経症障害など(F4)45%、気分障害18%、精神病性障害17%、パーソナリティ障害11%	過量服薬61%、飛び降り16%、切傷11%
伊藤ら(東京)(2002)[f]	− (全体で248例)	気分障害26%、精神病性障害14%、神経症9%、物質使用障害3%、パーソナリティ障害13%	過量服薬78%、縊首11%、切傷4%
飛鳥井(東京)(1994)[g]	38歳 144:121	精神病33%、うつ16%、物質使用障害13%、パーソナリティ障害11%	切傷28%、縊首3%、過量服薬27%、飛び降り18%
Baca-Garcíaら(スペイン)(2004)[h]	36歳 182:327	気分障害41%、物質使用障害24%、精神病性障害8%、パーソナリティ障害29%	過量服薬81%、切傷12%
Milnes(英国)(2002)[i]	約30歳 63:87	適応障害32%、うつ病25%、物質使用障害11%、精神病1%、パーソナリティ障害13%	過量服薬89%、切創5%
Söderberg(スウェーデン)(2001)[j]	36歳 23:41	気分障害55%、パニック障害14%、統合失調症9%、適応障害8%、パーソナリティ障害78%(境界性パーソナリティ障害55%)	過量服薬80%
Hawら(英国)(2001)[k]	約30歳 58:92	気分障害72%、アルコール使用障害27%、神経症性障害23%、摂食障害11%、精神病性障害5%、パーソナリティ障害46%	過量服薬96%

a:松原敏郎ほか(2008)『精神医学』50, pp. 329-335. b:Yamada T, et al. (2007) *BMC Psychiatry*, 7: 64. c:中山秀紀ほか(2006)『精神医学』48, pp. 119-126. d:伊藤敬雄ほか(2004)『精神医学』46, pp. 389-396. e:鈴木博子ほか(2003)『日本救急医学会雑誌』14, pp. 145-152. f:伊藤滋朗ほか(2002)『日本臨床救急医学会雑誌』5, pp. 22-28. g:飛鳥井望(1994)『精神神経学雑誌』96, pp. 415-443. (自殺既遂例はここに含めていない) h:Baca-García E, et al. (2004) *Psychiatric Services*, 55, pp. 792-797. i:Milnes D, et al. (2002) *Journal of Psychosomatic Research*, 53, pp. 819-822. j:Söderberg, S. (2001) *Nordic Journal of Psychiatry*, 55, pp. 163-167. k:Haw C, et al. (2001) *British Journal of Psychiatry*, 178, pp. 48-54.

るが、うつ病、神経症性障害などのほかにパーソナリティ障害も重要な精神障害である。また、自殺関連行動を示すパーソナリティ障害の患者は、比較的若年の女性で自殺関連行動を繰り返すケースが多いことが繰り返し指摘されている。わが国の報告の所見と海外の研究を比較することは、研究フィールドの特徴や研究方法に違いがあるため困難であるが、先述のパーソナリティ障害（特に境界性のもの）と自殺未遂との関連は、容易に確認することができる。表III-1-3のソーダバーグ（Söderberg, S.）の報告で特にパーソナリティ障害の比率が高いのは、これのみがパーソナリティ障害の診断のために構造化面接を行っているせいである。構造化面接によるパーソナリティ障害診断は、臨床診断よりも多くなる傾向がある。わが国の精神科病院における構造化診断面接による研究（林直樹ほか（2009）『精神神経学雑誌』111, pp. 502-526）でも、155人の自殺関連行動を呈した入院患者の中にパーソナリティ障害が87％（境界性パーソナリティ障害が55％）という比率で見いだされている。

表III-1-2の患者の自殺関連行動の方法は、過量服薬26％、切傷37％、縊首13％などである。そこではまた、自殺関連行動は、パーソナリティ障害、うつ病、神経症性障害で多いことが示されている。

3) 合併精神障害

合併精神障害は、パーソナリティ障害の対応・治療において特に重要な要素である。パーソナリティ障害には、合併精神障害が多く見られ、それが当事者・患者に重大な障害をもたらすからである。その合併の実態を示すため、表III-1-4に、800人の精神科外来患者を対象として行われたジマーマン（Zimmerman, M.）らのパーソナリティ障害と合併精神障害の研究の所見を示す。

この表では、10種のパーソナリティ障害のタイプと他の精神障害の関連が示されている。それぞれの精神障害の10％以上に見られ、それと関連しているパーソナリティ障害を挙げるなら、

・大うつ病：境界性、回避性パーソナリティ障害、C群クラスター
・パニック障害：境界性、回避性、強迫性パーソナリティ障害、C群クラスター
・心的外傷後ストレス障害：境界性、依存性、強迫性パーソナリティ障害、A群、B群、C群クラスター

表III-1-4 精神科外来患者のパーソナリティ障害患者にみられる合併精神障害(抜粋)(Zimmerman, et al., 2005)

分類	大うつ病 あり(N=384)		なし(N=475)		パニック障害 あり(N=180)		なし(N=679)	
	N	%	N	%	N	%	N	%
妄想性パーソナリティ障害	18	4.7	18	3.8	8	5.6	28	3.9
統合失調質パーソナリティ障害	10	2.6	2	0.4**	3	2.1	9	1.3
統合失調型パーソナリティ障害	4	1.0	1	0.2	3	2.1	2	0.3*
反社会性パーソナリティ障害	11	2.9	20	4.2	7	4.9	24	3.3
境界性パーソナリティ障害	47	12.2	33	6.9**	24	16.9	56	7.8**
演技性パーソナリティ障害	5	1.3	4	0.8	1	0.7	8	1.1
自己愛性パーソナリティ障害	7	1.8	13	2.7	4	2.8	16	2.2
回避性パーソナリティ障害	78	20.3	48	10.1**	31	21.8	95	13.2**
依存性パーソナリティ障害	11	2.9	1	0.2**	4	2.8	8	1.1
強迫性パーソナリティ障害	33	8.6	42	8.8	19	13.4	56	7.8*
A群クラスター	28	7.3	20	4.2	12	8.5	36	5.0
B群クラスター	54	14.1	58	12.2	25	17.6	87	12.1
C群クラスター	105	27.3	82	17.3**	46	32.4	141	19.7**
何らかのパーソナリティ障害	197	51.3	194	40.8**	79	55.6	312	43.5**

・アルコール依存:反社会、境界性パーソナリティ障害、B群クラスター

となる。これらの精神障害とパーソナリティ障害の関連は、他の多くの研究においても、ほぼ一貫して確認されている。 (林直樹)

社交不安障害				心的外傷後ストレス障害				アルコール依存			
あり(N=239)		なし(N=620)		あり(N=92)		なし(N=767)		あり(N=85)		なし(N=774)	
N	%	N	%	N	%	N	%	N	%	N	%
17	7.1	19	3.1**	8	8.7	28	3.7*	1	1.2	35	4.5
8	3.3	4	0.6**	3	3.3	9	1.2	0	0.0	12	1.6
4	1.7	1	0.2*	1	1.1	4	0.5	1	1.2	4	0.5
12	5.0	19	3.1	9	9.8	22	2.9**	9	10.6	22	2.8**
44	18.4	36	5.8**	24	26.1	56	7.3**	15	17.6	65	8.4**
4	1.7	5	0.8	1	1.1	8	1.0	2	2.4	7	0.9
4	1.7	16	2.6	3	3.3	17	2.2	5	5.9	15	1.9*
108	45.2	18	2.9**	24	26.1	102	13.3**	9	10.6	117	15.1
4	1.7	8	1.3	2	2.2	10	1.3	3	3.5	9	1.2
32	13.4	43	6.9**	10	10.9	65	8.5	5	5.9	70	9.0
24	10.5	23	3.7**	10	10.9	38	5.0*	1	1.2	47	6.1
48	20.1	64	10.3**	26	28.3	86	11.2**	22	25.9	90	11.6**
122	51	65	10.5**	30	32.6	157	20.5**	17	20.0	170	22.0
182	76.2	209	33.7**	59	64.1	332	43.3**	44	51.8	347	44.8

※この表は、Zimmerman, M., Rothschild, L., and Chelminski, I.(2005) The prevalence of DSM-IV personality disorders in psychiatric outpatients. *The American Journal of Psychiatry*, 162(10), pp. 1911-1918. doi:10.1176/appi.ajp.162.10.1911の表を簡略化したものである。
※ * p<0.05、** p<0.01

2　パーソナリティ障害の診断基準

1) パーソナリティ障害の全般的診断基準

　DSM-5におけるパーソナリティ障害の2つの全般的診断基準を対比させた表III-2-1を下に示す。ここでは、両者がほぼ対応する診断基準を同じ行に並べている。

　この表に示した2つの全般的診断基準の間で最も異なっているのは、基準AとBである。ここでは、パーソナリティ障害をパーソナリティ機能の減損（低下）として明快に定義している代替診断基準の方が、ずっとシンプルで分かりやすい記述となっている。また、代替診断基準では、パーソナリティ障害の広範さ（基準C）と持続性（基準D）が比較的なものだという研究の進歩を反映した記述の変更が行われている。

表III-2-1　DSM-5における2つのパーソナリティ障害の全般的診断基準（要約）

DSM-IVのものとほぼ同じ全般的診断基準	DSM-5代替診断基準
A. その人の属する文化における標準から著しく偏った内的体験および行動の持続的パターン。それは、(1)認知（自己、他者、および出来事を知覚し解釈する様式）、(2)感情（情動反応の広がり、強さ、不安定さ、適切さ）、(3)対人関係機能、(4)衝動コントロールの2つ以上の領域に表れる	A. パーソナリティ機能（自己／対人関係）の4領域の2領域以上に中等度以上の減損がある G. その障害および特性は、個人の発達段階あるいは社会文化的環境における標準から外れている
B. その持続的パターンには柔軟性がなく、個人的および社会的状況の幅広い範囲に広がっている	C. パーソナリティ機能の障害およびパーソナリティ特性の表現は、広範な個人的および社会的状況にわたって比較的柔軟性がなく一貫している B. 1つ以上の病的なパーソナリティ特性をもつ
C. そのパターンによって、臨床的に明らかな苦痛、または社会的、職業的もしくは他の重要な領域における機能障害が引き起こされている	
D. そのパターンは長期間安定して持続しており、その始まりは遅くとも青年期もしくは成人期早期までさかのぼることができる	D. その障害および特性は、長期間比較的安定しており、それらの発現は少なくとも青年期あるいは成人早期までさかのぼることができる
E. その持続的パターンは、他の精神疾患の表れ、またはその結果では説明されない	E. その障害および特性は、別の精神障害によってより良く説明されない
F. そのパターンは、薬物（薬物乱用や投薬）の作用や一般身体疾患（例えば頭部外傷）の直接的な作用によるものではない	F. その障害および特性は、単に物質の生理学的影響あるいは別の医学的状態の結果であるとは考えられない

2）DSM-5代替診断基準における特定のパーソナリティ障害の診断基準

　DSM-5代替診断基準における特定のパーソナリティ障害には、反社会性、回避性、境界性、自己愛性、強迫性、および統合失調型パーソナリティ障害群の診断基準が含まれている。特定のパーソナリティ障害のそれぞれは、パーソナリティ機能の障害（基準A、表III-2-2）および特徴的な病的パーソナリティ特性（基準B、表III-2-3）によって診断される。　　　　　　　　　　　　　　　　　　　　（林直樹）

表III-2-2　特定のパーソナリティ障害の診断基準A：パーソナリティ機能の障害（要約）

自己機能		対人関係機能	
同一性	自己志向性	共感性	親密さ
反社会性パーソナリティ障害			
自己中心性；自尊心が自己の利益、権力、または快楽に規定されている	自己の満足を求める目標設定；向社会的な内的規範を欠く	他者の感情・利益に関心がない；他者を傷つけることに良心の呵責がない	親密な関係を築く能力の欠如；虚言、強制、策略によって、他者の操作・支配・威嚇を行う
回避性パーソナリティ障害			
社会的に不適切、魅力がないといった低い自己評価；過度の恥の感覚	目標を追求しない、危険をおかさない、または新たな対人接触を避ける	他者から否定的にみられると推測し、批判・拒絶に敏感である	好かれていると感じなければ、対人関係を避ける；恥の感覚などによって親密な関係を持てない
境界性パーソナリティ障害			
過度な自己批判などで自己像が不安定；慢性的空虚感；ストレス下での解離状態	目標、志望、価値観、または人生設計の不安定さ	対人的過敏性によって他者の感情・欲求の認識の困難；他者を否定的に理解する	不信、困窮、見捨てられ不安によって親密な関係が著しく不安定になる；理想化とこき下ろし、過度の巻き込まれとひきこもりの間を揺れ動く
自己愛性パーソナリティ障害			
自尊心の制御のために過度に他者を引き合いに出す；過大または過小な自己評価；自尊心の変動で情動制御が変化する	他者の承認を得るための目標設定；判断が特権意識のために不合理に高い、または低すぎる；自身の動機に気づかない	他者の感情および欲求を認識する能力の障害；他者に調子を合わせる；自分の他者への影響を過大または過小に評価する	対人関係は表面的で、自尊心の制御に利用される；他者に関心がほとんどない、および個人的利益を優先することによって制約される相互関係
強迫性パーソナリティ障害			
自己意識が主に仕事や生産性に依拠している；強い情動体験およびその表出が制限される	融通が利かず、要求水準が高すぎることなどで課題・目標の達成が困難である	他者の考え、感情または行動を理解すること、および尊重することが困難	対人関係より仕事や生産性を優先する；対人関係の障害となる堅苦しさ、頑固さ
統合失調型パーソナリティ障害			
あいまいな自己と他者の境界；ゆがんだ自己像；状況や内的体験と情動表出との不一致	非現実的または一貫性のない目標；一連の内的規範が明らかでない	自分の行動が他者に及ぼす影響を理解できない；他者の動機・行動を誤って解釈する	不信・不安によって親密な関係を形成できない

※DSM-5のパーソナリティ障害代替診断基準では、この4種のパーソナリティ機能のうち、2種以上で中等度以上の減損があれば、基準Aを満足すると規定されている。

表III-2-3　特定のパーソナリティ障害の診断基準B：病的パーソナリティ特性（要約）

反社会性パーソナリティ障害	
7つの病的パーソナリティ特性のうち、6つまたはそれ以上（18歳以上であることが診断に必要）	**対立** (1) 操作性：他者への影響または他者操作のための口実を頻繁に用いる；自己の目的達成のため誘惑、魅力、饒舌または迎合を用いる (2) 冷淡：他者の感情・問題に関心がない；他者に対する自己の行動の有害な影響について罪悪感がない；攻撃性：嗜虐性 (3) 虚偽性：不誠実さ；自己を偽る；でっち上げを言う (4) 敵意：頻繁な怒りの感情；些細な侮辱に反応した怒りまたは易怒性；卑劣な報復的な行動 **脱抑制** (5) 無謀さ：危険・大胆で、自己を傷つけるおそれのある活動をする；退屈しやすさ、および退屈を打ち消すための軽率な活動；自己の限界に関心がなく、自己への危険を否認する (6) 衝動性：刺激に即時に反応して衝動的に行動する；無計画に瞬間的に行動する；計画を立てることが困難 (7) 無責任：金銭的および他の義務または約束を無視する；同意および約束を無視する
回避性パーソナリティ障害	
4つの病的パーソナリティ特性のうち3つ以上があり、そのうち1つは(1)不安性でなければならない	**否定的感情** (1) 不安性：神経過敏、緊張、パニックの強い感覚；不確かなこと、恐怖、心配、または脅威を感じる；恥への恐れ **離脱** (2) ひきこもり：社会的状況で寡黙である；社会的接触および活動の回避；社会的接触に加わらない (3) 快感消失：人生の体験に楽しみがない、参加しない；物事に喜びを感じるまたは興味をもつ能力がない (4) 親密さの回避：親密な関係または恋愛関係、性的関係を回避する
境界性パーソナリティ障害	
7つの病的パーソナリティ特性のうち4つ以上で、そのうち少なくとも1つは(5)衝動性、(6)無謀さまたは(7)敵意でなければならない	**否定的感情** (1) 情動不安定：不安定な情動体験および頻繁な気分変動；過度に強烈な情動 (2) 不安性：しばしば対人的ストレスに対する反応における神経過敏、緊張、またはパニックの強い感覚；過去の不快な体験、将来の悲観的な見通しについての心配；不確かなことに恐怖、脅威を感じる；自制心を失うことの恐怖 (3) 分離不安感：過度な依存および自律性の完全な喪失の恐怖に関連する、重要な他者からの拒絶および／または別離についての恐怖 (4) 抑うつ性：落ち込み、惨めさ、絶望の感情；悪い気分状態からの回復の困難さ；将来に対する悲観；広い範囲の羞恥心；低い自尊心；自殺念慮および自殺関連行動 **脱抑制** (5) 衝動性：刺激に即時的に反応して衝動的に行動する；無計画に瞬間的に行動する；計画的に行動できない；情動的苦痛のもとでの自傷行為 (6) 無謀さ：危険・大胆で、自己を傷つけるおそれのある活動をする；退屈しやすさ、および退屈を打ち消すための軽率な活動；自己の限界に関心がなく、自己への危険を否認する **対立** (7) 敵意：頻繁な怒りの感情；些細な侮辱に反応した怒りまたは易怒性

自己愛性パーソナリティ障害	
病的パーソナリティ特性の両方	**対立** (1) 誇大性：明白なまたは隠された特権意識；自己中心性；自分は他者よりも優れているという信念を強固にもっている；他者を見下す (2) 注意喚起：他者の注意を引こうとする過剰な試み；称賛を求める
強迫性パーソナリティ障害	
4つの病的パーソナリティ特性のうち3つ以上で、そのうち1つは、(1) 硬直した完璧主義でなければならない	**脱抑制の対極** (1) 硬直した完璧主義：自分自身と他者の行動を含むすべてが、欠点なく、完全であるべきとする融通の利かないこだわり；細部まですべてにおいて正確さを確保するために時機を逸する；正しい物事のやり方は1つしかないと確信する；考えおよび/または視点を変えることが困難；細部、組織、および順序へのこだわり **否定的感情** (2) 固執：その行動が効果的でなくてもずっと固執する；失敗しているにもかかわらず同じ行動を続ける **離脱** (3) 親密さの回避：親密な関係または恋愛関係、性的関係を回避する (4) 制限された感情：情動を引き起こす状況にほとんど反応しない；情動体験および表出が制限されている；無関心さまたは冷淡さ
統合失調型パーソナリティ障害	
6つの病的パーソナリティ特性のうち4つまたはそれ以上	**精神病性** (1) 認知および知覚の統制不能：奇妙なまたは普通でない思考過程、あいまい、迂遠、抽象的、細部にこだわりすぎた、または常同的な思考または会話；さまざまな知覚様式における奇妙な感覚 (2) 異常な信念や体験：思考内容および現実に関する見解が他者に奇異とみなされる；体験の非現実さ (3) 風変わりさ：奇妙な、普通でない、または奇異な行動・外見；普通でない、または不適切な発言 **離脱** (4) 制限された感情：情動を引き起こす状況にほとんど反応しない；情動体験および表出が制限されている；無関心さまたは冷淡さ (5) ひきこもり：社会的状況で寡黙である；社会的接触および活動の回避；社会的接触に加わらない (6) 疑い深さ：対人的な悪意または危害の徴候に過敏；他者の誠実性および忠実性を疑う；被害感情

3 相談・治療機関

　パーソナリティ障害は、わが国において診断がなされないことがしばしばあり、さらに、広い範囲の問題行動と関連しているために、それを専門的に受け付ける「パーソナリティ障害相談」といった名称の相談窓口はほとんど見当たらない。それゆえ、実際的な相談方法は、具体的な問題行動や困っていることについての相談をすることである。代表的な問題行動としては、自傷行為・自殺未遂、暴力、物質使用、ひきこもりを挙げることができる。これらの行動の背後には、しばしばパーソナリティ障害が潜んでおり、それへの対応が問題の解決・軽減の糸口となることが稀でない。

　治療についてもわが国では、パーソナリティ障害を専門的に扱っている医療機関の数がごく限られている。パーソナリティ障害の治療も、相談の場合と同様に、実際の問題行動が治療開始の糸口になることが多い。

　相談・治療において当事者・患者および家族などの関係者は、当事者・患者こそ問題解決の主役であることを認識することが重要だろう（第Ⅱ部参照）。しかし、家族などの関係者は、当事者・患者の問題への取り組みを促し、当事者・患者を支えることで、回復の後押しができることも事実である。この意味で、当事者や家族などの関係者の自助グループの役割はごく大きいというべきである。現在、わが国でも境界性パーソナリティ障害の家族会や当事者の会（自助グループ）が徐々に発展しつつある。大いに期待できる動きである。

　次に、代表的な相談機関、相談窓口を示す。

1) 精神保健相談

a●精神保健福祉センターと保健所

　精神保健福祉センターは、保健所をはじめとする地域の精神保健活動を担う機関・組織のとりまとめを行うと同時に、受け付けた相談に専門的な対応を行っている機関である。厚生労働省のホームページ (http://www.mhlw.go.jp/kokoro/support/mhcenter.html) では、全国の精神保健福祉センターの所在地・連絡先を一覧する

ことができる。

　保健所は、地域の関係機関や組織と力を合わせて精神保健の増進のための相談、援助活動を進める最も基本的な機関である。都道府県ごとの保健所は、http://www.phcd.jp/03/HClist/で検索することができる。

b●情報提供の窓口

　精神保健相談についての情報提供は、次のような窓口で行われている。

内閣府　こころの健康相談統一ダイヤル

　各都道府県・政令指定都市が実施している「心の健康電話相談」の共通番号0570-064-556に電話すると、電話の発信した地域を所轄する精神保健の相談機関に接続される。

厚生労働省　みんなのメンタルヘルス総合サイト

　厚生労働省は、こころの不調、病気に関する情報を発信する「みんなのメンタルヘルス総合サイト」（http://www.mhlw.go.jp/kokoro/）を運営している。ここでは、病気や症状の説明、医療機関、相談窓口、各種支援サービスなどの情報を得ることができる。

厚生労働省　医療案内

　厚生労働省が医療機能情報提供制度に基づいて開設している「医療情報ネット」（http://www.mhlw.go.jp/seisakunitsuite/bunya/kenkou_iryou/iryou/teikyouseido/index.html）では、都道府県ごとの医療機関の基本情報（診療科目、診療日、診療時間等）や、対応可能な疾患・治療内容などの情報が示されている。

2) 地域・家庭

a●子育てについての相談

　子育てについての相談は、各自治体にある児童相談所で受け付けている。児童相談所の全国共通ダイヤル「189」（いちはやく）は、厚生労働省が運用している相談窓口であり、ここに電話すると子育て、児童虐待などの子供に関する児童相談所の相談を受けることができる。

また、NPO法人児童虐待防止全国ネットワークのホームページ（http://www.orangeribbon.jp/counter/）では、児童虐待に関する相談窓口が掲示されている。

b◉教育についての相談

　現在、教育現場においてスクールカウンセラーやスクールソーシャルワーカーの活動が展開されている。それらのスタッフに相談することは、問題解決の重要な道筋の一つである。また、各自治体の教育センター、教育相談所もいじめの相談、高校未就学や中退した人の就学の相談などを随時受け付けている。これは、全国教育研究所連盟 のホームページ（http://nxc.jp/zenkyou/）で検索することができる。

　その他、文部科学省では、夜間・休日を含めて24時間、こどもからの電話相談を受け付けている「24時間子供SOSダイヤル」0570-0-78310（なやみ言おう）を運営している。

　大学の学生健康管理センターは、学生の精神保健問題の対応に熱心に取り組んでいる機関であり、来所相談やさまざまな情報提供のサービスを受けることができる。

c◉若者サポート、就労支援の相談

　現在、若者の自立・就労支援を行う施設として、若者サポートセンター、若者サポートステーションの開設が進められている。

　若者の精神保健についての情報は、厚生労働省の運営している「こころもメンテしよう～若者を支えるメンタルヘルスサイト～」（http://www.mhlw.go.jp/kokoro/youth/）で得ることができる。ここでは、憂鬱な気分、やる気がなくなる、不安になるといった、こころのSOSサインに対してどうすればいいか、などの情報の提供や、各種相談窓口の紹介が行われている。

よりそいホットライン

　全般的に生活や暮らしに関する相談を受け付けている窓口としては、一般社団法人社会的包摂サポートセンターの「よりそいホットライン」（0120-279-338）がある。そこでは、自殺予防、DV、性暴力、セクシャルマイノリティなど多彩な専門の回線が開設されている。

d●職場の問題についての相談

　職場の健康管理室や健康管理センターの産業医や保健師は、勤務者の精神保健相談を実施している。また、次のような機関で職場の問題について相談をすることができる。

総合労働相談コーナー

　厚生労働省の総合労働相談コーナーのホームページ（http://www.mhlw.go.jp/general/seido/chihou/kaiketu/soudan.html）では、各自治体にある総合労働相談コーナーを検索することができる。

働く人のメンタルヘルス・ポータルサイト　こころの耳

　厚生労働省の「働く人のメンタルヘルス・ポータルサイト　こころの耳」のホームページ（http://kokoro.mhlw.go.jp/）では、心の健康の維持と自殺や過労死の予防を目指して、精神保健についての情報提供や相談窓口の案内が行われている。そこではまた、メール相談や研修会などのイベントの情報を得ることができる。

勤労者メンタルヘルスセンター

　独立行政法人労働者健康福祉機構　勤労者メンタルヘルスセンターのホームページ（http://www.rofuku.go.jp/shinryo/senmon/tabid/389/Default.aspx）では、勤労者のメンタルヘルスを専門とする医療機関が掲載されている。

働く人の悩みホットライン

　一般社団法人日本産業カウンセラー協会の「働く人の悩みホットライン」（03-5772-2183）では、職場、暮らし、家族、将来設計など、働く人の悩みを相談することができる。

日本産業カウンセラー協会

　一般社団法人日本産業カウンセラー協会の全国相談室一覧（http://www.counselor.or.jp/consultation/tabid/292/Default.aspx）では、全国各地の支部で行っている相談室を検索することができる。

3）問題行動についての相談

a ● 自殺未遂・自傷行為
自殺予防総合対策センター　自殺総合対策窓口一覧

　自殺予防総合対策センターの「自殺総合対策窓口一覧」（http://ikiru.ncnp.go.jp/measures/madoguchi.html）では、各府省、都道府県、政令指定都市で、自殺予防対策をしている担当部署と連絡先が掲載されている。

いきる・ささえる相談窓口

　自殺予防総合対策センターの「いきる・ささえる相談窓口」（http://ikiru.ncnp.go.jp/ikirusasaeru/index.html）では、子育て、児童虐待、いじめ、家庭内暴力、ひきこもり、仕事・職場、経済問題、アルコールやギャンブルなどへの依存、健康問題など、自殺や自殺未遂の背景となる内容ごとの相談窓口が、各自治体ごとに掲載されている。

b ● DV・暴力についての相談
内閣府　配偶者からの暴力被害者支援情報

　内閣府の「配偶者からの暴力被害者支援情報」（http://www.gender.go.jp/e-vaw/）では、配偶者からの暴力に関する支援情報がまとめられており、さらに、法律や支援制度、相談窓口などが紹介されている。

内閣府　女性センター

　内閣府女性センターのホームページ（http://www.gender.go.jp/e-vaw/advice/advice06list.html）では、都道府県ごとの、配偶者からの暴力被害の相談機関が検索できる。

内閣府　DV相談ナビ

　内閣府の「DV相談ナビ」（0570-0-55210）では、最寄りの相談窓口（または希望の地域の相談窓口）の電話番号や相談受付時間などを自動音声で案内している。

c ● ひきこもり・薬物相談
　精神保健福祉センターや保健所は、ひきこもり・薬物の相談に特に力を入れて

いる。現在、ひきこもり地域支援センターの開設が全国で進められている。

　薬物問題の相談窓口は、厚生労働省の「薬物乱用防止相談窓口一覧」（http://www.mhlw.go.jp/bunya/iyakuhin/yakubuturanyou/other/madoguchi.html）で検索することができる。　　　　　　　　　　　　　　　　　　　　　　　（林直樹）

索引

英数字

AD/HD　78
AUDIT　49
A-Tスプリット　55
A群クラスター　21, 220, 223
BMI　49
BPD家族会　55
B群クラスター　21, 163, 220, 223
C群クラスター　21, 220, 223
DSM-5　14-17, 19-21, 201, 226
DSM-I　201
DSM-III　14-16, 201
DSM-IV　14-16, 19-20, 220, 226
DV　→ドメスティック・バイオレンス
ICD-9　14-15
ICD-10　15-16, 20, 221
MAOI　→モノアミン酸化酵素阻害薬
NICE　→英国国立最適医療研究所
SNRI　→セロトニン-ノルアドレナリン再取り込み阻害薬
SSRI　→選択的セロトニン再取り込み阻害薬
STEPPS　160, 183

あ行

依存性パーソナリティ障害　21, 223
遺伝的要因　22
医療ソーシャルワーカー　113
英国国立最適医療研究所　161
疫学　20
演技性パーソナリティ障害　21, 145
援助希求　138

か行

回避性　93, 149
回避性（不安性）パーソナリティ障害　21, 83, 213, 223, 227, 228
解離性同一性障害　143
買い物依存　189
解離　73, 140
学生支援士　82
過剰適応　108
画像研究　22
家族グループ　45
家族の絆　183
合併精神障害　19
カテゴリカルモデル　16, 202
過量服薬　37, 105, 148, 194, 212
感情調節　192
感情の予測と問題解決のためのシステム訓練　183
技能訓練　182
気分安定薬　212
虐待　22, 23, 110, 132, 193, 194
吸入剤乱用　188
境界性パーソナリティ障害　44, 54, 89, 124, 201, 227, 228
境界性パーソナリティ障害（情緒不安定性・境界型）　21
強迫性パーソナリティ障害　21, 227, 229
クライシスプラン　119
刑事施設　132
拘禁状況　151
口唇期性格　15
抗精神病薬　212
構造化面接　20
行動実験　95
肛門期性格　15

個別支援会議（ケア会議）　29, 38, 42, 119
個別支援会議コンサルテーション　144
コンサルテーション・リエゾン　114

さ行

サイコパシー　33
再犯防止　135
三環系抗うつ薬　212
自己愛　62, 78
　──の傷つき　83
自己愛性　149
自己愛性パーソナリティ障害　21, 55, 61, 80, 201, 227, 229
自己観察　157
自己機能　17
自己決定　41
自己肯定感　149
自己治療仮説　49
自己の断片化　63
自殺（関連）行動　161, 187, 191
自殺未遂　36, 148, 160, 221, 234
自傷行為　36, 44, 54, 73-75, 128, 188-189, 206-208, 221, 234
自助　41
シゾイドパーソナリティ障害　→統合失調質パーソナリティ障害
児童養護施設　142
自閉症スペクトラム障害　122
社会的孤立　141
習慣型（性）自傷　129
就職支援機関　84
出社拒否　92

主要5因子モデル　16, 18
ジョイニング　83, 182
小精神病エピソード　101
承認　76, 103, 177
衝動／習慣型自傷　129
職場のメンタルヘルス対策　90
診断合併　18
心理技官　128
心理教育　74, 182, 202
心理検査　93
随伴症状と診断（ひきこもりのもの）　83
スーパー救急病棟　103
スキーマ療法　165
スクールカウンセラー　77
生育環境　23
制限設定　103
精神病質パーソナリティ　15
精神病性（パーソナリティ特性としての）　17
精神保健福祉センター思春期・青年期相談　44
性的逸脱行動　189
生物学的要因　22
セクシャル・ハラスメント　88
窃盗癖　189
セロトニン　22, 210
セロトニン-ノルアドレナリン再取り込み阻害薬　212
選択的セロトニン再取り込み阻害薬　162, 212
前頭葉　22
双極性障害II型　149
双生児研究　22
措置入院　100, 116
損失回避　191

た行
体重コントロール　192
帯状束　22
対人関係機能　17
対人不信　108
代替診断基準　16, 19, 226
代替診断モデル　14
大麻乱用　188
対立　17
多機関連携　35
多衝動性過食症　189
多職種チーム　3
多神論的記述的症候論モデル　14, 15
脱価値化　172
脱抑制　17
地域移行・地域定着支援事業　29
地域生活支援センター　39
ディメンジョナルモデル　16
転移性恋愛　146
投影性同一化　171
統合失調型パーソナリティ障害　21, 66, 227, 229
統合失調質パーソナリティ障害　21, 170
特定妊婦　64
ドパミン　210
ドメスティック・バイオレンス　111
──の目撃（子どもの虐待としての）　112

な行
内省　156
認知行動療法　165
ネグレクト　74, 167, 194
ノルアドレナリン　210

は行
パーソナリティ構造　170
発見的な質問　118
発達過程　23
反社会性（傾向）　129
反社会性パーソナリティ障害　21, 30, 227, 228
万能感　63
ひきこもり　59, 82
ひきこもり地域支援センター　60
否定的感情　17
プレコックス感　65
分裂　171
米国精神医学会　14
辺縁系　22
弁証法的行動療法　90, 160, 175, 203
弁証法的行動療法家族技能訓練　45, 182
訪問看護　193, 194
暴力　189

ま行
見捨てられ抑うつ　91
ミロン臨床多軸目録　14
民生委員　66
メンタライゼーション　44, 206
メンタライゼーション療法　161
妄想性（猜疑性）パーソナリティ障害　21, 30, 66, 117
モノアミン酸化酵素阻害薬　162, 212

や行
薬物依存　108, 203
薬物依存離脱指導　133
薬物療法　162

ら行
リスクアセスメント　75
リストカット　52, 54, 72, 88, 132, 142, 147, 194
理想化　63
離脱　17
臨床遺伝学　22

「パーソナリティ障害」編者

林 直樹(はやし なおき)	帝京大学 医学部精神神経科学講座	
松本 俊彦(まつもと としひこ)	国立精神・神経医療研究センター 精神保健研究所／自殺予防総合対策センター	
野村 俊明(のむら としあき)	日本医科大学 医療心理学教室	

執筆者(五十音順)

		担当
有賀 道生(ありが みちお)	国立重度知的障害者総合施設のぞみの園 診療部	事例20
伊藤 絵美(いとう えみ)	洗足ストレスコーピング・サポートオフィス	理論編2
今井 淳司(いまい あつし)	東京都立松沢病院 精神科	事例13
牛木 潤子(うしき じゅんこ)	福島刑務所 福島刑務支所	事例19
内山 裕之(うちやま ひろゆき)	相模ヶ丘病院	事例2
大嶋 栄子(おおしま えいこ)	NPO法人リカバリー	事例4
奥村 雄介(おくむら ゆうすけ)	八王子医療刑務所	事例22
小野 加津子(おの かつこ)	NPO法人多摩在宅支援センター円	理論編7
勝又 陽太郎(かつまた ようたろう)	新潟県立大学 人間生活学部	事例8・理論編9
門本 泉(かどもと いずみ)	府中刑務所	事例18
黒田 章史(くろだ あきのり)	黒田クリニック	理論編5
黒田 治(くろだ おさむ)	東京都立松沢病院 精神科	事例1
小金井 希容子(こがねい きよこ)	臨床心理士 米国カリフォルニア州家族療法士	理論編8
小林 桜児(こばやし おうじ)	神奈川県立精神医療センター	事例14
塩谷 隼平(しおや しゅんぺい)	東洋学園大学 人間科学部	事例21
庄 紀子(しょう のりこ)	神奈川県立こども医療センター	事例17
髙岸 百合子(たかぎし ゆりこ)	駿河台大学 心理学部	事例12・事例16
武田 綾(たけだ あや)	NPO法人のびの会	事例5
玉置 夕起子(たまき ゆきこ)	地域生活支援センターMOTA	事例2
寺田 悦子(てらだ えつこ)	NPO法人多摩在宅支援センター円	理論編7
林 直樹	編者	イントロダクション 理論編1・資料編
平島 奈津子(ひらしま なつこ)	国際医療福祉大学三田病院 精神科	理論編3
福榮 太郎(ふくえ たろう)	横浜国立大学 保健管理センター	事例7
福榮 みか(ふくえ みか)	横浜市立みなと赤十字病院	事例15
堀江 桂吾(ほりえ けいご)	山梨英和大学 人間文化学部	事例9・事例11
松本 俊彦	編者	理論編6
村松 健司(むらまつ けんじ)	首都大学東京 学生サポートセンター	事例3・事例10
谷田 征子(やつだ まさこ)	お茶の水女子大学 人間発達科学研究所	事例6
遊佐 安一郎(ゆさ やすいちろう)	長谷川メンタルヘルス研究所	理論編4
渡邊 由香子(わたなべ ゆかこ)	帝京大学 医学部精神神経科学講座	理論編10

監修者・編者

野村 俊明 日本医科大学医療心理学教室教授。精神保健指定医・精神科専門医・精神科指導医・臨床心理士。主な著書に『非行精神医学――青少年の問題行動への実践的アプローチ』(共著、医学書院、2006年)、『生命倫理の教科書――何が問題なのか』(共編著、ミネルヴァ書房、2014年)など。

青木 紀久代 お茶の水女子大学基幹研究院准教授。臨床心理士。主な著書に『いっしょに考える家族支援――現場で役立つ乳幼児心理臨床』(編著、明石書店、2010年)、『社会的養護における生活臨床と心理臨床』(共編著、福村出版、2012年)など。

堀越 勝 国立精神・神経医療研究センター 認知行動療法センター センター長。クリニカル・サイコロジスト(マサチューセッツ州)。主な著書に『精神療法の基本――支持から認知行動療法まで』(共著、医学書院、2012年)、『ケアする人の対話スキルABCD』(日本看護協会出版会、2015年)など。

林 直樹 帝京大学医学部精神神経科学講座教授。日本精神衛生会理事。主な著書に『パーソナリティ障害とむきあう――社会・文化現象と精神科臨床』(日本評論社、2007年)、『よくわかる境界性パーソナリティ障害』(主婦の友社、2011年)など。

松本 俊彦 国立精神・神経医療研究センター 精神保健研究所 薬物依存研究部 部長／自殺予防総合対策センター 副センター長。主な著書に『自傷行為の理解と援助――「故意に自分の健康を害する」若者たち』(日本評論社、2009年)、『薬物依存とアディクション精神医学』(金剛出版、2012年)など。

これからの対人援助を考える くらしの中の心理臨床
②パーソナリティ障害

2016年2月5日　初版第1刷発行

監修者	野村 俊明・青木 紀久代・堀越 勝
編　者	林 直樹・松本 俊彦・野村 俊明
発行者	石井 昭男
発行所	福村出版株式会社
	〒113-0034　東京都文京区湯島2-14-11
	電話　03-5812-9702／ファクス　03-5812-9705
	http://www.fukumura.co.jp
装　幀	臼井 弘志(公和図書デザイン室)
印　刷	株式会社文化カラー印刷
製　本	協栄製本株式会社

© 2016 Toshiaki Nomura, Kikuyo Aoki, Masaru Horikoshi, Naoki Hayashi, Toshihiko Matsumoto
Printed in Japan
ISBN978-4-571-24552-7

定価はカバーに表示してあります。
落丁本・乱丁本はお取り替えいたします。

福村出版 ◆ 好評図書

野村俊明・青木紀久代・堀越 勝 監修／野村俊明・青木紀久代 編
これからの対人援助を考える　くらしの中の心理臨床
① うつ
◎2,000円　ISBN978-4-571-24551-0　C3311

さまざまな「うつ」への対処を21の事例で紹介。クライエントの「生活」を援助する鍵を多様な視点で考察。

A. F. リーバーマン・P. V. ホーン 著／青木紀久代 監訳／門脇陽子・森田由美 訳
子ども-親心理療法
トラウマを受けた早期愛着関係の修復
◎7,000円　ISBN978-4-571-24054-6　C3011

DV,離婚,自殺等で早期愛着が傷ついた乳幼児・就学前児童と家族の回復を目指す子ども-親心理療法。

増沢 高・青木紀久代 編著
社会的養護における
生活臨床と心理臨床
●多職種協働による支援と心理職の役割
◎2,400円　ISBN978-4-571-42047-4　C3036

社会的養護で働く心理職の現状と課題を踏まえ,多職種協働の中で求められる役割,あるべき方向性を提示。

秋山邦久 著
臨床家族心理学
●現代社会とコミュニケーション
◎2,100円　ISBN978-4-571-24039-3　C3011

近年増え続ける親子間のコミュニケーション不全に注目し,心理臨床的立場から現代社会と家族援助を考える。

吉田弘道 著
心理相談と子育て支援に役立つ
親面接入門
◎1,500円　ISBN978-4-571-24051-5　C3011

子どもの心理相談と並行して行われる親面接について,典型的な事例をもとに実践的なポイントを解説した入門書。

E. W. マコーミック 著／古川 聡 訳
認知分析療法（CAT）による
自己変革のためのマインドフルネス
●あなたはなぜ「わな」や「ジレンマ」にはまってしまうのか？
◎4,500円　ISBN978-4-571-24058-4　C3011

後ろ向き志向の人生に苛まれる人が「自分を変える」ための「気づき」を視覚的に理解する認知分析療法の実践。

橋本創一・横田圭司・小島道生・田口禎子 編著
人間関係でちょっと困った人&
発達障害のある人のためのサポートレシピ53
●本人と周囲がおこなうソーシャルスキルトレーニング
◎1,900円　ISBN978-4-571-42042-9　C0036

タイプ別に分け,豊富な事例から本人と周囲ができる解決策を提示。人間関係でお困りの方におすすめの1冊。

◎価格は本体価格です。